保育実践への
エコロジカル・アプローチ

アフォーダンス理論で世界と出会う

山本一成

九州大学出版会

はじめに

　保育は環境を通して行われる。しかし、保育を行う私たちは、どれだけ環境について知っているだろうか。

　環境と出会いゆく、子どもたちの姿を想像してみる。温かく、くぐもった音の聞こえる母親の胎内から、冷たい外気と光の刺激にあふれた外の世界へと飛び出し、目を開き、大きく息を吸い込み、子どもは環境に触れ始める。しだいに自己とその外部を区別し、環境の探索にも慣れてきたころ、子どもたちは保育園にやってくる。幼いその子の生きる環境は、新鮮な驚きにあふれ、輝き、躍動している。「つみ木をなめるときのざらざら」、「缶を転がす愉快な音」、「ぬいぐるみを布で覆うと見えなくなる不思議」。子どもは日々、環境に能動的に関わり、新たな環境と出会いながら、この世界を知るための旅を始めていく。保育は、そんな子どもの人生に関わるところから始まる。

　さて、一方で、保育を行う側の私たちは、どのような環境を生きているか。つみ木や、缶や、布は、私たちにとって驚きにあふれ、輝き、躍動して見えているか。私たち"大人"は、そのような環境を生きることは難しいだろう。では、それはなぜか。木や缶や布が、ありふれた、つまらないものだからか。私たちがそれらの事物を、すでに十分に知っているからか。

　私は、自らが保育者として過ごす中で、大人が出会っている環境と子どもが出会っている環境の違いに興味を惹かれ続けた。私たち保育者と子どもたちは環境を共有しているように見える。しかし、子どもたちは私たち大人とは違った仕方で、環境を経験しているようにも思える。そして、子どものよ

i

うに環境を見たり、感じたりすることへの憧れを抱く、保育者としての私がいる。保育者としての私にとって、「環境」は大いなる謎であり、関心の対象であった。

　本研究で提示するエコロジカル・アプローチは、そのような関心に基づき、私自身の経験とその省察から、保育の環境について理論化を試みたものである。本書が生まれてきたプロセスとしては、はじめに私自身の環境の経験があり、その事例の省察として第Ⅲ部の保育実践研究が生まれ、次にそれらの研究の認識論への省察として第Ⅱ部が生まれ、最終的に環境概念について研究した第Ⅰ部が生まれてきたという順序になっている。エコロジカル・アプローチの全体像は通読することによって明らかになるよう書かれているが、必ずしも本書を第Ⅰ部から順番に読んでいく必要はない。保育者としての関心に基づいて本書を読まれる方は第Ⅲ部から、方法論としてのエコロジカル・アプローチに関心がある方は第Ⅱ部から、保育学・教育学における環境概念に興味のある方は第Ⅰ部から読み始める方がリアリティのある読み方ができるかもしれない。ただし、保育実践へのエコロジカル・アプローチは、その一部だけを切り取って成立するものではないことは申し添えておきたい。

　私自身の環境との出会いの経験とその省察からたどりついたのは、環境がそこにありながら "出会われていない" ということのもつ可能性であった。環境とは、究め尽くすことができないことに重要な秘密があったのである。

初出一覧

　以下にそれぞれの章の初出を示す。なお、本書を制作するにあたり、それ
ぞれの論文に大幅な加筆・修正を行っている。

序　章　書き下ろし

第 1 章　書き下ろし

第 2 章　書き下ろし

第 3 章　書き下ろし

第 4 章　「プラグマティズムから捉え直す保育実践研究―現象学的記述と
　　　　生態心理学的記述の保育実践における相補性を例として―」『京都大学
　　　　大学院教育学研究科紀要』第 59 号　305-317 頁（平成 25 年 3 月）

第 5 章　「教育における『意味』と『価値』の探求―エドワード・リード
　　　　の生態学的経験科学を通して―」『京都大学大学院教育学研究科紀要』
　　　　第 60 号　181-193 頁（平成 26 年 3 月）

第 6 章　「保育における『そこにあるもの』の価値―アフォーダンス理論
　　　　の自然実在論的解釈を通して―」『大阪樟蔭女子大学紀要』第 5 巻
　　　　43-50 頁（平成 27 年 1 月）

第 7 章　「主体性のジレンマを超える保育者の関わりについての省察―エ
　　　　ドワード・リードの生態心理学概念を手がかりに」『乳幼児教育学研究』
　　　　第 21 号　47-56 頁（平成 24 年 12 月）

第 8 章　「保育環境に潜在する「意味」と「価値」―砂のアフォーダンス
　　　　から生じるコミュニケーションを例に―」『子ども研究』第 5 巻　37-42
　　　　頁（平成 26 年 8 月）

第 9 章　書き下ろし（事例については、一部下記にて発表）

　• "Reconsideration of moral education and ecological imagination in early
　　childhood : Focusing on awareness of relational self in daily life", 『臨床教育
　　人間学』第 13 号　77-82 頁（平成 27 年 3 月）

　• "How do we experience the reality of life?: Consideration of educational opportunities in nature and cultural activities", Pacific Early Childhood Education Research Association 16th annual conference, Macquarie University.（平成 27 年 7 月）

終　章　「『ありふれたもの』からの教育―生活に潜在する生成体験のメディアについての考察」『生活体験学習研究』第 16 巻　47-56 頁（平成 28 年 7 月）

目　次

はじめに　　i

初出一覧　　iii

凡　例　　ix

序　章　保育実践へのエコロジカル・アプローチに向けて ················ 1

1. 本研究の問題意識　　1

2. 本研究の構成　　8

第Ⅰ部　生きられた環境の保育実践研究の必要性

第1章　環境概念についての理論的諸問題 ···························· 19

　　　　——「生きられた環境」の記述へ向けて

1. ダーウィンの進化論——世界観の変容と有機体 – 環境論の誕生　　20

2. ユクスキュルの環境論——動物が生きる環境への問い　　27

3. シェーラーの人間論——人間の世界の固有性への問い　　40

4. デューイの経験論

　　——有機体 – 環境のトランザクションとしての経験と成長　　49

5. 教育的状況において生きられた環境を記述する方法　　60

第2章　保育環境研究とその課題 ······························· 67

　　　　——保育環境研究のメタ理論の必要性

1. 保育環境研究とその課題　　67

2. 体験の保育学とその課題　　79

v

目　次

第3章　現象学的保育研究の功績と課題 ･････････････････････････････ 89
　　　　──他なるものの意味作用の背景化
　1. フッサールの現象学的方法　90
　2. 現象学的保育研究における理論的課題　94
　3. 保育環境の実在論に基づく生きられた経験の科学へ　109

第Ⅱ部　エコロジカル・アプローチに基づく
　　　　生きられた環境の保育実践研究論

第4章　記述される経験の側面性と記述の相補性 ･･････････････････････ 117
　　　　──プラグマティズムを手がかりにした保育実践研究論
　1. 経験を記述する保育実践研究──表情的記述と機能的記述　117
　2. 記述される経験の側面性　121
　3. プラグマティズムから保育実践研究を捉えなおす　125
　4. 保育実践研究の地平──経験の多様性の尊重へ向けて　132

第5章　環境の「意味」と「価値」の記述と経験の成長 ･･････････････ 137
　　　　──エドワード・リードの生態学的経験科学
　1. エコロジカルな「意味」と「価値」を含んだ経験科学の構築　138
　2. 多元的リアリティをもつ経験概念の再興　145
　3. 経験の成長へ向けた探求──記述のパラドクスを超えて　150
　4. 子どもにとっての「意味」と「価値」を探求すること　156

第6章　「そこにあるもの」のリアリティの探求 ･････････････････････ 161
　　　　──「自然な実在論」から捉えなおす保育環境のアフォーダンス
　1. 保育者は子どもと「共通のリアリティ」をもつことができるのか　162
　2. パトナムの「自然な実在論」　163
　3. アフォーダンスの記述を通した環境のリアリティの探求　169
　4. 保育における「そこにあるもの」の価値　174

目　次

第Ⅲ部　生きられた環境の記述的保育実践研究

第7章　人的環境：「みんなにとってのヒロシ」との出会い・・・・・・・・・・・181
1. 主体性のジレンマとその克服の試み　181
2. 人間−環境のトランザクションの記述から
　　教育的関わりを問いなおす　183
3. 保育者−環境−子どもという系の記述　184
4.「環境としての子ども」の記述　189
5.「みんなにとってのヒロシ」のリアリティと研究の課題　197

第8章　物的環境：「贈与される砂」との出会い・・・・・・・・・・・・・・・・・・201
1. 環境を通した保育と環境との出会いの創発性　201
2.「ありふれたもの」の充たされざる意味　203
3. 潜在する環境の「意味」と「価値」との出会い　205
4. 保育環境に潜在する「意味」と「価値」に開かれること　209

第9章　自然や社会の事象：「気づかれていない命」との出会い・・・・・・・213
1. 保育者と子どもはどのように自然と出会うか　214
2. 種との出会い：「くりかえす命」のリアリティ　216
3. 野菜との出会い：「食べられる命」のリアリティ　218
4. 馬との出会い：「表現する命」のリアリティ　221
5.「気づかれていない命」と自然体験　225
6. エコロジカル・アプローチの射程と限界　226

終　章　生活のなかで日常を超えるエコロジカル・アプローチ・・・・・・・・・・235
　　　　　　　──保育における「出会われていない環境」の探求と自己変容
1. 日常を超えることの教育的意味　236
2. 環境との出会いの記述がメディアとなるとき　239
3.「出会わせようとする」ことの陥穽　241

vii

目　次

4. 保育環境への姿勢　　244
5. 私自身にとっての保育環境のリアリティ　　246

文献一覧　　251
あとがき　　265
索　引　　268

凡　例

（1）引用の際は、角括弧［］内に著者名、文献の出版年（翻訳から引用した場合には等号＝の後に翻訳の出版年）、コロン：の後に該当の頁数を示している。また、書籍や論文の初出時を示すときには、出版年の後に小括弧（）として入れている。

（2）エドワード・リードとジェームズ・ギブソンの著作の引用に際しては、基本的に原書の頁数を記載しているが、訳出にあたって翻訳書を参照している。

序章

保育実践へのエコロジカル・アプローチに向けて

1. 本研究の問題意識

　ある夏の日、私とコウジの二人で、裏山に遊びに行ったときの出来事であった。二人で気持ちよく散歩していると、曇っていた空が晴れ、山の木々の中に日差しが差し込んできた。そのときコウジが、「うわー、雪みたい」と声に出した。私ははじめ、コウジの言葉の意味がよく理解できずにいた。コウジの言葉を不思議に思い、コウジの見上げる先を見ると、そこには普段と変わることのない山の木々があった。しかし、しばらく木々を眺めていると、突然、光を受けた無数の葉が輝き、まるで雪のように白く光っていることに気がついた。それは、葉が緑であると思いこんで生きている私には見ることができない世界だった。私はうれしくなり、「ほんまや、雪みたいやなあ」と応えた。

　このエピソードは、私がかつて保育者として働いていたときに生じた出来事を記したものである[1]。

　コウジの言葉は、暑い真夏の昼下がりに、冷たく輝く冬の世界を出現させた。頭上を覆いつくす真っ白な世界は、その白さに融けそうになるほど美しいものだった。私とコウジはしばらく立ち止まり、ただ森を見つめる時間を過ごした。

　もしもコウジが頭上を覆う葉の白さを私に伝えてくれることがなければ、ともに立ち止まり、森を全身で感じる心地よい時間は訪れることがなかった

であろう。そして、私はこのような世界を経験することなく一生を終えていたのかもしれない。木の葉は緑であるという固定観念は、無意識に知覚に影響を与え、ありのままの世界を隠蔽することになる。歳をとり、周囲の事物を見慣れていくなかで、人は新たな仕方で世界と出会うことができなくなっていくが、子どもの知覚に目を向けてみるとき、ありふれた事物と異なる仕方で出会う可能性が開けることがある。

　照葉樹の葉は強い光を受けて真っ白に輝くということに、私は気づくことなく生活していた。毎日通っていた園の裏手で、木々の葉は、陽光がそこに差し込むたびに、誰にも気づかれることなくひっそりと輝いていたのだ。そして、その木々の葉は、今この瞬間も、あの場所で、誰にも気づかれることなく輝いているだろう。私はこのとき、子どもが生きている世界をともに歩むことの大切さと同時に、保育者自身が日常生活のなかの身近な環境の価値にもっと目を向けていくことが、保育にとって非常に重要なことなのではないかと強く感じることになった。

　このときの出来事は、保育のなかで、ある独特のリアリティ（reality）[2]を伴って経験されたものである。コウジの言葉から白く輝く葉と出会ったことで、私は保育者であることを一瞬忘れ、子どもとともに世界に融けていくような時間を過ごした。そしてその経験を振り返るとき、「子どもとともに新たな仕方で環境と出会う」という、その出来事の意味が省察されることとなった。私と子どもは、同じ環境のなかにいながら、異なる仕方で環境と出会っている。保育学はこのような環境のリアリティを、どのように扱っていくことができるのだろうか。

　私はここで「子どもとともに出会う世界」の内容よりも、「子どもとともに環境と出会う」という出来事の方に問いを向けていきたい。このことは、私の関心が、保育における豊かな意味世界の条件（condition）に向けられていることを示している。「コウジが新たな世界と出会えたこと」を条件づけているものは何だろうか。それらの条件は他の保育者や他の子どもたちにとっても新たな世界との出会いを可能にするものなのだろうか。私はその点に関心をもっている。そのため、問われるべきは、「環境を通した保育」において、私自身が、あるいは他の保育者が、実践の手がかりにすることがで

きる環境であり、それは私自身の保育実践のなかで、すなわち私 − 環境 − 子
どもの系のなかで生きられた環境でなければならない。

　「環境を通した保育」が保育の基本的方法であることは、「保育所保育指
針」や「幼稚園教育要領」において示されている。保育者は、子どもの生活
が豊かなものとなるよう計画的に環境を構成し、工夫して保育を行ってい
く。そのことで幼児は自発的に環境に関わり様々な経験を得ることができる
［厚生労働省 2017、文部科学省 2017］。1989 年に「環境を通した保育」の考
え方が導入されて以来、多くの保育環境についての理論的、実践的研究がな
されてきたことで、「環境」は間接的な教育のための方法として、現代の保
育学に浸透したといえるだろう ［無藤 2009: 13］。

　一方、環境は教育の 5 領域のひとつとして、子どもの経験内容としても位
置づけられている。身近な環境に好奇心や探究心をもって関わることによっ
て、物の性質や数量、文字といったことに興味をもったり、自然の大きさ、
美しさ、不思議さに気づくことなどが、内容の取扱いとして挙げられている
［文部科学省 2008b: 133-135］。環境が子どもの生活のなかで経験されるもの
である以上、方法としての環境と内容としての環境を厳密に切り分けること
は難しいが ［森上ら 1997: 183］、環境は現在のところ、保育者が構成する対
象でありつつ、子どもが能動的に関わる対象でもあると考えられているとい
うことができるだろう。

　方法あるいは内容として扱われる保育環境論のなかで、先のエピソードに
おける環境のリアリティはどのような意味をもつものとして位置づけられる
のだろうか。方法としての環境の理論が指し示すのは、保育者が構成し、保
育に利用する環境である。その点、白い葉は私が構成した環境ではないた
め、このときの環境を方法の文脈に位置づけることは難しい。一方、内容と
しての環境の理論が指し示すのは、子どもの経験する環境である。その意味
で、白い葉をコウジの美的経験をもたらしたものとして内容の文脈に位置づ
けることはできるが、私自身に衝撃を与えることとなった白い葉のリアリ
ティについては扱っていくことができない。つまり、保育者が経験する環境
を、内容としての環境の理論のなかに位置づけることはできないのである。
いずれにしても、「私が気づいていなかったが、それまでもそこにあった」

環境の実在（reality）を保育実践にとって意味あるものとして扱っていく上で、現在の保育環境論は十分なものであるとは言えないだろう。

　保育の環境とは、保育の現場を生きる保育者と子どもたちにとっての環境であり、環境のリアリティは、保育における出会いのなかで経験されるものである。そうであるならば、保育環境の意味や価値は、保育者−環境−子どもという関係のなかでその実在を確証していくものでなければならない。つまり、保育のなかで出会う環境のリアリティ／実在（reality）を保育学の俎上に載せていくためには、一人称の保育者の経験の記述から出発して、環境を通した保育方法や環境についての経験内容について省察する方向で理論を構築していくことが求められる。このとき出会われる環境は、意味や価値を伴って保育者に経験されるものであると同時に、保育者がそれを手がかりにして保育実践を行うものである。それは、主観的な実在であると同時に物理的な実在としても捉えられなければならない。このような環境の実在を明らかにする理論構築を行うことが本研究の課題となる。

　このような要請から提示されるのが、保育実践へのエコロジカル・アプローチ（Ecological Approach）という理論である。保育実践へのエコロジカル・アプローチは、アメリカの心理学者であるジェームズ・ギブソンが『生態学的視覚論（The Ecological Approach to Visual Perception）』（1979年）で確立した生態心理学と、それを継承し発展させたエドワード・リードの生態学的経験科学を理論的基盤としつつ、その環境の知覚理論・経験理論を保育実践の探求の理論として再構築したものである[3]。生態学的経験科学では、環境は外部にある実在として、「意味」や「価値」に満ちたものとして捉えられる[4]。人間を含む動物はこれらの実在を共有し、それぞれ異なるアスペクトを知覚することで、多様な「意味」や「価値」を伴った世界を経験する。ギブソンはこのような有機体−環境の相補性を、環境の「アフォーダンス（affordance）」の知覚として言い表す。

　　環境のアフォーダンスとは、環境が動物に提供する（offer）もの、良いものであれ悪いものであれ、用意したり備えたりする（provide or furnish）ものである。アフォードする（afford）という動詞は辞書にあるが、アフォーダンスという名

詞はない。この言葉は私の造語である。アフォーダンスという言葉で私は、既存の用語では表現し得ない仕方で、環境と動物の両者に関連するものを言い表したいのである。この言葉は動物と環境の相補性を包含している。[Gibson 1979: 127＝1985: 137，傍点はギブソン]

　アフォーダンスの理論は、「環境に存在する事物の『意味』や『価値』が直接的に知覚されることを示している」[*Ibid.*, p.127]。アフォーダンスは、生活者の周囲を取り巻く情報によって成り立ち、生活者によって経験され、利用されるものである。アフォーダンスは、環境に実在する「意味」や「価値」を示しているが、それらは主観によって対象に付与されたものではない。アフォーダンスは、行為の可能性として環境に潜在し、人間や動物がそれを知覚することで現実化するものである。

　実際には、アフォーダンスは客観的特性でも主観的特性でもない。あるいはそう考えたければその両方であるのかもしれない。アフォーダンスは、主観的−客観的の二分法の範囲を越えており、二分法の不適切さを我々に理解させる助けとなる。それは環境の事実であり、同様に行動の事実でもある。それは物理的でも心理的でもあり、あるいはそのどちらでもないのである。[Gibson 1979: 129＝1985: 139]

　アフォーダンス概念については第 5 章で詳述するが、環境との出会いは「主観的」と言い表すことのできる側面と、「客観的」と言い表すことのできる側面の両方を含んだ経験である。そして多様な潜在する環境が、このような出会いそのものを条件づけている。ギブソンの実在論を保育実践の文脈に置いてみるとき、出会われる環境の「意味」や「価値」は、実践のなかで知覚されることで現実化／実現し（realize）、実現したアフォーダンスは保育のリアリティ／実在（reality）を指し示すものとして位置づけられる。そして保育環境には、未だ潜在する、保育者および子どもの単独の視点からは汲みつくすことのできない「意味」や「価値」が潜在しているということになる。エコロジカル・アプローチによる環境の記述は、アフォーダンス概念を

手がかりに保育者や子どもが経験する「意味」や「価値」のリアリティを記述しつつ、その出会いの条件となっている環境の実在について考察しようとするものである。

　本研究全体を通して明らかになるように、エコロジカル・アプローチは、保育者－環境－子どもの関係を系として捉え、そのトランザクション（transaction）そのものを記述しようとする[5]。そして、記述された環境の「意味」と「価値」は、保育者を中心としたコミュニティのなかで共有され、探求されるものとして位置づけられる。エコロジカルな環境は、ありふれたものでありながら、未だ出会われざる側面を隠しつつそこにある。このことは、環境との出会いが私自身にとっての経験であるだけでなく、他の保育実践者、他の子どもとも共有可能なものであることを示している。保育者が気づくことがなかったが子どもが気づいていた、あるいは子どもが気づくことがなかったが保育者が気づいていた環境のリアリティ／実在を探求することによって、保育実践は日常のエコノミーから抜け出し、生活を活気づけていく（revitalize）ものとなる。

　エコロジカル・アプローチは、保育環境の「意味」や「価値」についての協同的探求である点で科学的であることを志向すると同時に、保育者自身による保育環境の哲学的探求、すなわちここでは“保育者としての私（筆者）”自身による哲学的探求でもある。ギリシャ語で‘oikos’は、主に「家」を意味し、エコロジーとエコノミーの共通の語源となっている。ここでいう「エコロジカル」とは、保育者にとってのリアルな生態（エコロジー）であり、保育者がその経験を省察し報告する家政学（エコノミー）を含意している。エコロジカル・アプローチが省察の対象とするのは、あくまで私にとってそこにある環境であり、私的な関心と状況の偶然性によって貫かれた、一回性の環境との出会いのリアリティである。

　しかし、私にとってそこにある環境から出発する探求は、必ずしもひとりよがりで閉鎖的な探求ではない。私的な出会いの経験が省察され、言語化されるとき、その出会いは公共的な意味を帯びる可能性をもっている。アメリカの哲学者ヘンリー・デイヴィッド・ソローが、ウォールデン湖畔での生活をつづった『森の生活』（1854 年）は、彼の生活が「決算報告（accounting）」

として綴られることによって、私的な生活のエコノミーの記述を哲学的に豊饒なものにすることを可能にした［Cavel 1972=2005: 39］。スタンリー・カベルによれば、「決算報告」とは、その見積もりにいかなる誤りもないことが求められる、一行一行が正直さのしるしとなるような書き言葉である点で、話し言葉から区別される[6]。実践者のコミュニティにおいて、実践にとって重要な概念は、あいまいな概念の実践者同士での語りなおし（recounting）や、実践者内で共有される「わざ言語」［生田・北村 2011］によって、話し言葉を通して十分に伝達される。しかし、それらの実践上重要な概念が、語りというコミュニケーション上の制限を超えて、より広い公共性をもつためには、そのリアリティを「書き留めることによって生き返らせる」ような［Cavel 1972=2005: 36］、厳密な書き言葉として表現されることが必要となる。エコロジカル・アプローチにおいて書くということは、保育実践者でありつつ保育研究を行う者が、自身の生活の意味すなわち保育実践の意味を「決算報告」し、次なる実践のなかで働いていく概念として、自らの環境との出会いの経験を甦らせていく行為である。その書き記された概念が、話し言葉を超えて、多様なコミュニティのなかで読まれ、批判され、あるいは継承されることで、エコロジカル・アプローチは公共的なものとなっていくのである。

　結論を先に述べるならば、私自身の「決算報告」として見出されるのは、「出会われていない環境」についての探求の理論である。「出会われていない環境」の概念は、「方法としての環境」と「内容としての環境」という思考様式の双方に〈他なるもの〉を引き込んでいくことになる。保育の現場には、保育者のねらいを実現する手段としても、子どもにとって有用な経験内容としても捉えきることができない予測不可能な環境がある。そして、そのような環境との出会いを通してしか生じ得ない、保育者や子どもの自己変容につながる重要な体験がある。このような出会いは偶然性に貫かれているが、それでも保育者が、潜在する環境の「意味」や「価値」を聴き取ろうとする姿勢をもつことによって、新たな仕方で世界と出会い、生活のなかで日常を超えていく保育実践を生み出していくことができるはずなのである。

2. 本研究の構成

　本研究は、第Ⅰ部（第1章〜第3章）がエコロジカル・アプローチの必要性を論じるための先行研究の批判と問題設定、第Ⅱ部（第4章〜第6章）がエコロジカル・アプローチに基づく保育実践研究論、第Ⅲ部（第7章〜第9章）が私と子どもたちによって実際に「生きられた環境」についての記述的保育実践研究、終章が全体のまとめになっている。

　エコロジカル・アプローチを提示するにあたり、まずは環境概念に関する理論的諸問題について整理し、本研究の教育学・保育学における位置づけを確認する必要がある。エコロジカル・アプローチは、一人称の保育者、すなわち本研究では"保育者としての私"が経験する環境を対象としている。しかし、その環境について言語化していくためには、教育学・保育学のなかで語られる「環境」概念との対話を経なければならない。それは、保育者の言語と教育哲学の言語の対話であるとも言い換えることができる。これら2種類の言語は、保育という同じ事象について語ろうとするのであるが、その語られる立ち位置の違いから、対話においてある種の「不快感」を生じさせるものである［山本 2015: 30］。この「不快感」を伴う対話は、保育者という職業人としての生活から、教育哲学を学ぶ者へと立場を変えた私自身の課題であったと同時に、教育学・保育学という実践の学に内在する重要な課題でもある。保育者の立場から「環境」や「出会い」について語ることを貫きつつ、それらを教育哲学の言語との対話を通して概念化することで、エコロジカル・アプローチが提示される。エコロジカル・アプローチは、保育の実践と哲学的考察を往還することで、実践と理論が両輪となった保育学となることを目指している。

　そのような意図に基づき、第Ⅰ部では、「環境」「世界」「経験」といった概念が、教育学・保育学との関係上、どのような問題の系譜をもつのかについて確認する。第1章は、チャールズ・ダーウィンの進化論に環境概念を考察する手がかりを得る。ダーウィンの進化論が、ヤーコプ・フォン・ユクスキュルの生物学やマックス・シェーラーの人間学、ジョン・デューイの経験

論に与えた影響について考察し、人間と動物の生きる世界の差異についての議論が教育人間学の起源となったこと、およびダーウィンの思想がプラグマティズムから生態心理学へと受け継がれる有機体－環境論の起源となったことについて論じる。ダーウィンがもたらしたのは、人間と動物の連続性と差異をいかに扱うべきかという問題である。そのような問いをユクスキュルは動物種の多元的環境論として、シェーラーは"人間の世界"と"動物の環境"との対比として、デューイは有機体－環境のトランザクションにおける人間の成長の課題として、それぞれ受け止めた。ダーウィンを端緒として生じてきた世界と環境についてのそれぞれの問いは、教育的状況において生きられた環境を記述するための理論構築の課題として再解釈される。環境を有機体－環境のトランザクションにおいて経験されるものとして位置づけつつ、経験される環境を主体による意味付与に還元することのない理論構築が必要なことが明らかになる。

　第2章では、第1章で提示された論点を踏まえつつ、具体的な保育環境研究の課題を明らかにする。保育実践研究は客観主義的な心理学の影響を大きく受けてきたが、それは子どもの生きる体験的世界を理解しようとする上で、必ずしも有効なものとはならなかった。「環境を通した保育」は幼児の生活から出発して保育を行おうとする実践的概念であるが、環境を操作可能な対象として定義し実証する研究のみによっては、子どもによって生きられる環境のダイナミズムが失われることになる。このような状況は、保育学が生活のなかで生きられる体験の重要性を常に指摘しつつも、その体験を記述的に扱うためのメタ理論を十分に発展させてこなかった問題として捉えなおされることとなる。

　第3章では、客観主義の批判において重要な役割を果たしてきた現象学と、その方法を取りいれた現象学的保育研究について、保育環境論の立場から批判的に検討する。その中心となるのは、現象学的方法における意味付与の問題である。保育の生活のなかで生きられる世界を研究する上で現象学的方法が非常に重要な役割を果たしてきたことを評価する一方で、現象学的記述が、記述されるものを記述者の意識的生の内部へと回収することになるという問題について論じる。エコロジカル・アプローチは、環境の意味作用を

主体の意味付与に先立つものとして位置づける立場に基づいている。

　第Ⅱ部では、保育実践研究としてのエコロジカル・アプローチのメタ理論を展開する。まず第4章では、本研究が保育実践研究それ自体をどのような営みとして捉えるのかを明確にする。保育実践研究は経験を記述し省察するという特性をもつが、その行為をウィリアム・ジェームズおよびジョン・デューイのプラグマティズムの立場から捉えなおし、保育実践研究が次の保育者の行為にいかに働くかを含めて検証されるものであることを明らかにする。また、ある記述に用いられる理論的視点は経験の一側面に焦点を当てるにすぎないという限界をもつ一方で、多様な理論が相補的に用いられることによって、保育実践における経験の理解が深められることについて論じる。現象学的方法によって記述される経験の表情的側面と、生態学的方法によって記述される経験の機能的側面は、実践の理解にとってお互いを補完しあうものであることが明らかになる。

　第5章では、「生きられた環境」の記述理論として、リードの生態学的経験科学について論じる。リードは環境の「意味」や「価値」と出会うことで生きた「感じ（feeling）」を伴った経験が生じていくと考えた。この環境の「意味」と「価値」との出会いは、アフォーダンスの知覚として記述可能なものであり、アフォーダンスを記述していくことを通して、私たちは異なる世界観をもつ他者と経験を共有し、成長していくことができる。ここで論じられるリードの生態学的経験科学は、第Ⅲ部での保育環境についての記述的実践研究の理論的基盤となるものである。

　第6章では、リードの思想が、ジェームズから現代のプラグマティストであるヒラリー・パトナムへと受け継がれた「自然な実在論（natural realism）」の系譜に属するものであることについて論じる。「自然な実在論」は、外部にある事物を自我主観が意識に投影する観念として捉えるのではなく、直接知覚されるものであると捉える。ただし、それは実在を完全に映しとるような知覚ではなく、実在のアスペクトの知覚としてみなされる。外部の事物についての経験は共有可能なものであり、私たちは多様な視点を交流させることによって、共通の実在（common reality）を探求することができる。このようなパトナムの立場には、リードの生態学的経験科学との共通性が認められ

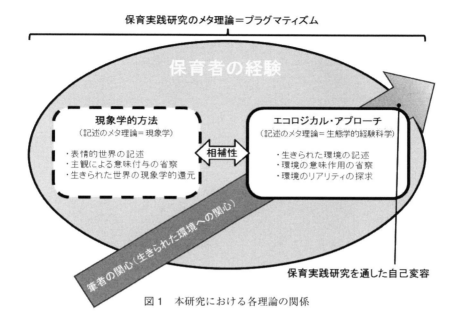

図1　本研究における各理論の関係

る。そして、この経験の共有と成長という営みは、保育の現場においては、生活のなかの「ありふれた」環境、「そこにある」環境との出会いから始まるものである。第6章での理論的考察によって、環境との出会いを記述し、共有することが、保育における環境のリアリティを探求するプロセスであることが明らかになる。

　第Ⅱ部までの考察によって、エコロジカル・アプローチによる保育実践の記述は、生きられた経験[7]を捉えようとする方向性を現象学的立場と共有する一方で、現象学とは決定的に異なる認識論・存在論的立場をとるものとして位置づけられる。さらに、両理論による記述方式の差異は、保育実践研究における生きられた経験の記述において、相補性をもつものとして捉えられる。

　本研究における理論間の関係を示したのが図1である。現象学的方法が表情的世界を記述し、その意味付与の過程について省察するのに対し、本研究が提示するエコロジカル・アプローチは、「生きられた環境」の記述を通し

11

て、環境の意味作用について省察する。前者の記述と省察が、保育者の内的
でアクチュアルな生きられた世界を描き出そうとするのに対し、後者の記述
と省察は、外部にある環境のリアリティを描き出そうとする。そして、両理
論に共通するのは、出会いとその記述・省察が、一人称の私の立場から行わ
れることに軸を置いていることであり、出会う自己が変容するものとして捉
えられている点である。現象学が終わりなき還元を繰り返していくことで世
界の意味を問いなおし続けるのに対し、エコロジカル・アプローチは終わり
なき探求の過程で絶対的に自己の外部にあるものに出会い続けていく[8]。

　両理論の認識論・存在論的差異が保育実践研究において相補性をもつこと
は、第4章にてプラグマティズムの立場から論じられる。私自身が保育者と
して自らの経験したことについて記述・省察し、次の保育実践へ向けて、そ
の意味を言語化しようと試みることは、ひとつの「生きる技芸」[Shusterman
1997=2012: 4] として捉えられる。その際、生態心理学的な言語と現象学的
な言語が記述する経験世界に差異が存在することは、保育実践をより豊かに
理解していくための実用性をもっている。筆者自身は、第Ⅲ部での保育環境
の記述的実践研究のメタ理論として生態学的経験科学を採用するが、それは
現象学に基づく方法を否定することを意味しない。いずれの理論を採用する
にせよ、それらは保育実践研究の道具であり、保育者として生きる私自身の
探求のための道具として位置づけられる。

　第Ⅲ部では、第Ⅱ部で論じられた保育実践研究のメタ理論に基づき、「環
境を通した保育」についての事例研究を行う。保育所保育指針に示されてい
る環境の定義を参照し、「人的環境」、「物的環境」、「自然や社会の事象」と
いう3つの環境について論じることとなる。それぞれについて、リードの生
態学的経験科学の観点から具体的な事例を記述・考察し、環境に潜在する
「意味」と「価値」が実現／現実化（realize）していく保育のプロセスを明ら
かにする。

　第7章は、「人的環境」を扱う。保育者は、実践のなかで子どもひとりひ
とりの主体性をとるか、保育者自身の意図をとるかという葛藤を経験するこ
とがあり、これは「主体性のジレンマ」の問題として扱われている。第7章
では、保育者が環境を調整することを通してこのジレンマを克服しているこ

とについて、具体的な事例を通して検討する。その事例の記述と考察に際して用いられるのが、リードの「充たされざる意味（unfilled meanings）」の概念である。

　第8章では「物的環境」を扱う。保育者は「ねらい」を込めて環境を構成することで「環境を通した保育」を行っていくが、保育の環境は必ずしも「ねらい」によって構成されたものだけではない。ときに、ありふれた環境が、思いがけない「意味」と「価値」を伴って経験され、保育にとって重要な意味をもつことがある。第8章では、「砂」という環境にコミュニケーションの媒体としての「意味」と「価値」が知覚されていく過程について記述し、環境に潜在する「意味」や「価値」について記述・考察する。

　第9章では、「自然や社会の事象」について扱う。保育における自然体験の重要性はさまざまなかたちで指摘されているが、その自然体験の「深さ」については論じることが難しい。第9章では「種との出会い」「野菜との出会い」「馬との出会い」という3つのエピソードについて記述し、それぞれのエピソードにおけるリアリティを記述するという角度で問題に取り組む。そこで論じられるのは、「気づかれていない命」という環境のリアリティである。私たちが"命あるものに囲まれつつもそれに気づかずに生活している"というリアリティは、保育の在り方を問いなおすための重要な視点となることが論じられる。第7章から第9章までの実践研究を経て、エコロジカル・アプローチの記述の具体的特徴が明らかになる。

　全体のまとめである終章では、エコロジカル・アプローチの教育学的意味について考察する。ひとりの保育者として「そこにあるもの」に潜在する「意味」と「価値」を探求することが、保育者としての自己変容につながっていくことについて論じる。環境は常に異なる仕方で出会われる可能性をもっている。保育者が未だ「出会われていない環境」を「気に留める」ことによって、保育者自身の新たな環境との出会いと、新たな子ども理解への道筋が開かれていくことになる。エコロジカル・アプローチは、保育者と子どもが生きる環境の問いなおしの過程として、保育実践・保育研究を更新していく方法となり得るだろう。

　人間にとって、環境は常にそこにある。そのありふれたものを問うこと

は、私たちに何をもたらすことになるだろうか。まずは「環境」「世界」「経験」という概念をめぐってなされてきた議論をたどることによって、保育環境を探求する第一歩を踏み出すことにしたい。

注
1）本研究のエピソードに登場する人物についてはすべて仮名を用いている。また、エピソードが記録された施設には研究の目的を説明し、個人が特定されない工夫を行った上で公開する許可を得ている。なお本事例は、私がかつて勤務していた京都造形芸術大学こども芸術大学（以下、こども芸術大学）での経験を記録したものである。こども芸術大学の詳細については、第7章にて記している。

2）本研究では、"reality" という語を、「実在」と「リアリティ」という二重の意味をもつ語として、文脈に応じて使い分けている。「実在」は、虚構と対比されるかたちで現実に存在するという哲学的意味を強調する際に用いられ、「リアリティ」は、現実感や確かさの感覚を含む日常言語としての意味を強調する際に用いられる。本研究の reality 概念は第6章で詳述する、「自然な実在論（natural realism）」の立場から導かれたものである。

3）染谷昌義は、ギブソンのエコロジカル・アプローチがもたらした革命的な観点として、「周囲・外部への転回（エコロジカル・ターン）」を挙げている［染谷 2017: 5］。エコロジカル・ターンとは、知覚や行動といった事象を解明する前提として、生き物の周囲を取り囲む外部についての存在論を整備することを求める立場であり、知覚や行動の外部にあるものが「何であるか」がわからなければ知覚や行動を理解することはできないという立場である。この立場は、環境が知覚に依存しているのではなく、知覚が環境に依存しているのだという世界観の転換を迫るものである。「意味」や「価値」は、主観によって構成されるのではなく環境の側に存在すると考えることによって、認識を条件づけている生態学的環境に目が向けられることになる。また、エコロジカル・アプローチは、周囲の環境がどのように改変されるのがより良いのかという問いによって、哲学の関心を問題解決的思考へ向かわせるものである［同書: 14］。なお、第Ⅱ部で詳述されるように、リードはギブソンのエコロジカル・アプローチを継承しつつ、それを独自の経験の学として発展させている。このことから、本研究ではリードの思想を「生態学的経験科学」と呼び、ギブソンの「生態心理学」と区別している。

4）ここでの「意味」と「価値」は、第5章で詳述するリードのアフォーダンスの資源解釈の立場に基づく概念である。環境の資源としてのアフォーダンスは、それを

序章　保育実践へのエコロジカル・アプローチに向けて

利用する者の存在とは独立して「価値」を所有している。しかし、その「価値」は生物と無関係に実現することはなく、生物に利用されるまでは潜在的な「価値」である［染谷 2017: 126］。本研究では、通常の用法と区別するために、リードの言う意味での「意味」と「価値」には「」を付すこととする。

5）エコロジカル・アプローチは、ジョン・デューイの有機体−環境論からトランザクションの立場を継承している。第1章で述べるように、デューイは初期から中期にかけての著作においては、有機体と環境の相互の交流過程を「相互作用（interaction）」という用語で言い表しているが、晩年の著作である『知ることと知られるもの』（1949年）においては、そもそもの「有機体」と「環境」という区分自体を成立せしめるような交流の過程を「トランザクション（transaction）」という用語で表している。デューイが、有機体−環境の関係を不可分な交流過程として捉えたことは一貫しているが、「トランザクション」の用語はより根源的なレベルでの相互変容を含む交流を指し示すものであり、エコロジカル・アプローチが目指すのは、この「トランザクション」の記述である。

6）訳者である齋藤直子が述べるように、"count"には計算するという意味と同時に、意味をなすもの、重要なもの、という意味がある［Cavel 1972=2005: 195］。「決算報告」という語には、重要なこと（what count）についての説明・報告というニュアンスが含みこまれており、そのことの意味を言葉によって生き返らせることが、生活からの哲学を成り立たせる。

7）「生きられた経験」とは、直接的で前反省的な生への意識を含む経験である。生きられた経験は時間構造をもっており、その非反省性ゆえにそれが直接明示するものを捉えることはできないが、事後的にはその意味を捉えることができるものである［Van Manen 1990=2011: 66］。「生きられた環境」という用語は、環境の経験もまた、そのような前反省的な生を含むものであるという立場から用いられている。なお、第3章で詳しく述べるように、本研究では現象学とは異なるかたちで、この生きられた環境の問題を扱うことになる。

8）絶対的に自己の外部にあるものと出会うという言明は、自己とその外部（環境）を不可分なものとして捉えるトランザクションの立場に矛盾するように思われるかもしれない。しかし、形而上学的には「外部」という言い方ができなくなるとしても、保育実践者の立場から捉えられる環境との出会い（encounter）という現象のレベルにおいては、そこで出会われているものは、自己の外部にあるもの（external things）として実感されている。本研究で「そこにあるもの（things out there）」と呼ばれる環境は、トランザクションの過程で経験されているものであると同時に、生

15

活者にとっては自己の外部にあるものとして知覚されている環境である。このとき一人称の私は、外部にある＝そこにあるものの実在／リアリティのアスペクトに接している（第6章参照）。エコロジカル・アプローチは、トランザクションの立場を貫くが、この実践的な意味での外部性を認めるものである。保育者にとって、環境との出会いは、ときに予想を超えた出来事として到来するが、このとき環境は、絶対的に〈他なるもの〉として実在するのである（第3章参照）。

第Ⅰ部
生きられた環境の保育実践研究の必要性

本研究が提示するエコロジカル・アプローチは、私自身の生きた環境の経験から出発しつつ、その「生きられた環境」の記述と省察について理論化しようとするものであるという特徴を持っている。私的な経験からなる理論が公共性をもつためには、そのアプローチがどのような思想的背景をもち、どのような問題を扱う上で有効であるのかが明示されなければならない。より具体的に言えば、本研究の関心から論じられる「環境」「世界」「経験」といった概念が、教育学や保育学のなかでどのように扱われてきたのかを明らかにしたうえで、本研究の立場を主張する必要があるだろう。以下では、教育人間学との関係から環境概念を捉えなおし、現象学的保育研究との比較考察を通して、「生きられた環境」を探求するための理論的課題と見通しについて明確にしていく。

第 1 章
環境概念についての理論的諸問題
──「生きられた環境」の記述へ向けて

　一般的に「環境」という言葉は、「自然環境」、「文化的環境」、「社会的環境」といったように、人間を取り巻き、生命や生活を支えているもの、人間に影響を与えるものを広く指し示す用語として用いられている。一方、「世界」という言葉は、地球上に存在する国や地域の全体を意味するほか、「学問の世界」や「音楽の世界」といったようにある特定の活動領域やその内容、「子どもの世界」や「ゴッホの世界」といったように、特定の集団や個人の生の領域、もしくはその表現内容を表す際にも用いられる。「環境」や「世界」という言葉はともに、広い意味での生命活動が行われる場を指し示しているが、日常語としてのこれら2つの言葉のニュアンスには微妙な差異がみられる。保育環境論を構築する上では、「環境」と「世界」という概念の差異について詳細に検討することが必要である。そして、その作業は、これまでの教育学のなかで「環境」と「世界」という概念がどのように論じられてきたのかを明らかにすることを通してなされなければならない[1]。

　教育人間学の分野において、「環境」と「世界」の差異は、動物と人間を分ける重要な境界線として描かれてきた。その議論の起源となっているのが、ダーウィンの進化論である。ダーウィンは、有機体と環境との相互作用を詳細に記述するという方法を通して生物の進化の法則を明らかにしたが、その思想は、人間と動物の境界について多くの議論を呼び起こした。なかでも、特に、ユクスキュルの環境論は、有機体－環境の機能的記述から、動物の生きる世界の"意味"を焦点化した点で画期的なものであった。また、ユクスキュルの環境論から影響を受けたシェーラーは、動物との比較から人間

の生きる世界の意味の独自性について論じることで、哲学的人間学を成立させた。ユクスキュルとシェーラーという教育人間学の源流となった思想家において、「環境」や「世界」といった概念がどのように扱われてきたのかを考察することは、「環境」という主題に内在する課題を明らかにする上で重要であろう。一方、ダーウィンの進化論を異なる仕方で受容し、生態学的経験科学の源流をかたちづくったデューイの思想についてもここで取り上げる。デューイは、有機体–環境のトランザクションの過程を「経験」として捉えることで、シェーラーとは対極的な、自然との連続性に基づく人間観を提示している。ダーウィンを起点としつつも、異なる議論を展開した三者の思想をもとに「環境」とは何かを考察することを通して、保育のなかで生きられた環境について記述し考察することを目指す、本研究の取るべき立場について明確にする。

1. ダーウィンの進化論——世界観の変容と有機体–環境論の誕生

（1）世界における人間の地位のゆらぎ

　ヨーロッパの哲学の歴史は神学とともにあり、そのなかで世界は神の設計によって創られた被造物として捉えられてきた。神によって創られた世界のなかで、神によって与えられた目的に向かって、生物は存在している。このような長きにわたって自明とされてきた世界観に根本的な揺さぶりを与えることになったのが、ダーウィンの進化論であった。創世記によれば宇宙の万物は6日のあいだにつくられたが、動植物の個々の種はその際に生じ、それ以来変化していないものとして考えられてきた。特殊創造説と言われるこの説を、根底からくつがえすことになったのがダーウィンの自然淘汰説なのである[2]。

　ダーウィンの誕生する19世紀に至るまでには、科学の発展に伴い生物の起源についての多くの仮説が主張されるようになるが、生物が親なしで発生する（発生した生物はすべて神が創造した種である）という自然発生説や、個体発生はあらかじめできあがっている成体のひな型が展開し発育すること

第 1 章　環境概念についての理論的諸問題

にほかならないとする前成説のような、特殊創造説と矛盾しない学説が教会
によって権威づけられることによって、世界と生物の起源は神に帰せられて
きた。

　このような科学と宗教の関係に重要な変化をもたらしたのが地質学の発展
である。キリスト教の神学者は、聖書の記述から計算して、創世から現代ま
でに経過した年月を約 6000 年と見積もっていたが、このような神学者の説
が自然の秩序を説明しようとする科学的関心と対立するようになっていくの
である。たとえば、18 世紀の博物学者であるジョルジュ＝ルイ・ルクレー
ル・ビュフォンは、地球の形態、熱量、化石の存在から推測して、地球が灼
熱状態から 74000 年かけて冷えてしだいに人間が生息できるように変化し
てきたという仮説を提示している。ビュフォン自身は神学者からの抗議を受
けてこの説を撤回することになるが、蓄積されていく科学的知見を受けて、
しだいに教会は科学に融和の態度を示すようになっていった。

　このような状況で登場したのが、ダーウィンの思想形成に大きな影響を与
えたチャールズ・ライエルの『地質学原理』（1830 年）であった。ライエル
の方法論は、「自然の基本的な法則は時間を通じて不変であるとみなすべき
である」「われわれが現在見ることのできる原因にのみ基づいて地質学的変
化を説明すべきである」「それらの原因は、今も昔も、強さが変わっていな
いと見なすべきである」という 3 つの原則に基づいており、神学的権威によ
らない自然の秩序と変化を明らかにしていこうとするものであった。この
「現在働いていて、われわれが見ることのできる現象やその原因に基づい
て、過去の現象を復元する」という方法論は、ダーウィンの進化の説明のな
かに受け継がれることとなる［内井 2009: 198］。これまで自然の摂理＝神の
設計としてしかみなされてこなかった種の変化という現象について、ダー
ウィンは現在行うことのできる生物種の観察からその背後に働く理論モデル
をうちたてることによって、これを説明しようとする。そのような立場から
考案されたのが「自然淘汰の原理」なのである。

　「自然淘汰」とは端的に言えば「有利な変異は保存され、不利な変異は排
除」されていく過程を指している［Darwin 1964（1859）=2009: 154］。ダー
ウィンは、すべての生物種は、その種が適応した物理的環境（physical

condition）で個体数を増やそうとするが、その増加率には限界があると考えた。ある動物種が、適応した物理的環境で生息可能な最大数に近づいた場合、その動物の個体数が増加するためには、現在の物理的環境とは異なる新しい場所で生息できるようにならなければならない。たとえば、浅瀬という生活条件での個体数の増加が限界を迎えた動物種は、陸に上がったり、木に登ったり、食物を変えていくことによって、つまり、子孫の習性や生理的構造が多様に変異することによって、さらに多くの子孫を残す可能性をもつこととなる。そして、そのような変異の結果に対してランダムに働くのが、自然淘汰のメカニズムである。そこでは環境により適応した個体が生き残り、祖先や他の変種との差異が増大していく。この分岐が長い時間のなかで拡大していくこと、あるいは変種同士の地理的な隔離によって特殊化が生じることによって、種が分岐していくのである［内井 2009: 102-122］。ダーウィンの自然淘汰説が綿密な観察の蓄積を伴って理論化されたことによって、神によってつくられた世界と生物種という物語は、根底から覆されることになったのである。

　以上のようにダーウィンは、自然科学的な観察とその結果を整合的に説明できる仮説の定立という作業を通して、それまでもっぱら形而上学的にのみ扱われてきた人間の起源（世界の起源）という問題へと迫ることとなった。もっとも、ダーウィン自身は『種の起源』（1859年）出版時、創世記については沈黙を守ろうとする態度をとったが、『種の起源』の提示する論点は、多くの民衆を巻き込むかたちで人間の起源と宗教観の対立の問題として取り上げられるようになっていくのである。進化論を認めることは、人間と動物との生物学的な連続性を認めることとなり、人間の地位やモラルの基準をキリスト教に求めることができなくなる。このことから、進化論に対して教会からはさまざまなかたちでの批判が行われたが、当時の聖書批判の強まりやルイ・パスツールによる「自然発生説」の否定など、さまざまな要因も重なり、ダーウィンの進化論を黙殺することはできなくなった。そして、その解決は主として、「科学は自然界の事象のみに関係し、宗教は人間のモラルの領域に関係するとして、両者のあいだに一線を画する」方向に求められたのである［八杉 1969: 156］。

第1章　環境概念についての理論的諸問題

(2) 闘争的世界における生物の適応

エルンスト・マイアーがまとめているように、ダーウィンが導き出した進化論は「神によってつくられた不変で完全な世界」というキリスト教教義の柱とも言える世界についての信念を否定するものでもあった［Mayr 1991=1994: 60-61］。自然界のなかで生物は常に生存か淘汰かという重圧にさらされており、種はそのような競争のなかで繁栄あるいは絶滅する。そこには「神の設計」を超えたメカニズムが働いている。

　　生存闘争の存在が普遍的な真理であることを言葉の上で認めることはたやすいが、この結論を常に意識することほど難しいことはない。少なくともこれは私の実感である。この結論を徹底的に認めないかぎり、生物の分布、個体数の減少、絶滅、変異などといったあらゆる事実を含む自然界の体系（economy）全体を明瞭に理解することはおぼつかないし、完全に誤解しかねないと、私は確信している。

　　一見すると、自然は歓びで輝き、この世には食物があふれているように見える。しかしそう見えるのは、のんきに囀っている小鳥のほとんどは虫や種子を食べて生きており、常に殺生をしているという事実に目を向けていないか忘れているからである。あるいは、その小鳥たち、その卵、雛たちもまた、猛禽や肉食獣の餌食になっているという事実を忘れているからなのだ。たとえ今は食料が豊富でも、年がら年中そうであるとは限らないことも忘れられがちである。［Darwin 1964（1859）=2009: 120-121］

ダーウィンは世界を「神によってつくられた不変で完全な」ものとは考えず、生存闘争と淘汰のメカニズムにさらされ、絶えず変化のうちにある未完成なものとして考えた。そして、生物の生存は、変異という個体の側の要因と、それが適応しなければならない生活条件＝生きる条件（conditions of life）との関係によって決定されるものであるとみなしたのである。

　ダーウィンが種の形成を明らかにする際に観察しなければならなかったのは、このような生物の生存と適応に関わる「あらゆる生物どうしや生物と物理的環境との相互関係」［Ibid., p.154］とその変化である。気候の変化が植物

23

第Ⅰ部　生きられた環境の保育実践研究の必要性

の生育に影響しそれを食料とする生物が影響を受けるといったように、生物
同士あるいは生物と物理的環境は複雑に関係し、それが生物の生活条件を形
作っている。競合する他の個体よりも少しでも多く食物を確保することので
きるような形態の変異が蓄積され、しだいに種を分岐させていくのであれ
ば、それを証明するためには、生物の（環境への）適応に関する形態や行動
の変化をつぶさに観察し、記録する必要がある。このような必要から、ダー
ウィンは世界のうちで、適応へあるいは淘汰へと向けられていく生物と環境
との相互関係を記述していくのである。

　生物とその生活条件との相互関係を捉えようとするダーウィンの議論は、
本研究が論じようとする「環境（environment）」概念の起源となっていると
みることができる。それは、ひとつは、ダーウィンが物理的環境を生物の行
動との関係の下で記述しようとしている点、もうひとつは、それらの環境 –
行動が「適応」という価値の問題を含んで議論されている点に見て取ること
ができる。

　　あらゆる生物の構造は、食物やすみかをめぐって競争する相手や、逃れなけれ
　ばならない相手、獲物にする相手など、他のあらゆる生物の構造と、たいていは
　見た目ではよくわからないが、きわめて本質的な面で関係し合っているというこ
　とだ。（中略）華奢な冠毛をもつタンポポの種子や、水かきのようなゲンゴロウ
　の脚を見ただけでは、それらの存在は空気や水との関係でしかないように見え
　る。ところがタンポポの冠毛がもたらす利点は、他の植物に占有された地面と緊
　密な関係がある。冠毛のおかげで、種子を遠くまで分散させ、空き地に落下させ
　ることができるからだ。ゲンゴロウの脚は遊泳に適応しているため、他の水生昆
　虫との競争において有利になる。獲物を捕らえたり、自分が獲物にならないよう
　逃げたりする上できわめて有効だからだ。［Darwin 1964（1859）=2009: 146］

　ここでダーウィンは、形態や行動を環境との本質的関係をもつものとして
論じている。その本質的関係とは、形態や行動が生存上の価値と関係してい
るという点である。ダーウィンは、次節で取り上げるミミズの行動の観察に
もみられるように、生物の形態や行動を環境への「適応」へ向けられたもの

24

第1章　環境概念についての理論的諸問題

として捉え、生物と環境を一体的に記述しようと試みる。その生物と環境との関係の機能的記述は、ギブソンのアフォーダンス概念を用いた環境記述の原点となっている[3]。

　どのような形態や行動が「適応」をもたらしているのかという関心に基づく観察は、環境を何らかの価値へ向けて行動する個体との関係から捉えるという、有機体－環境論の始原となっているということができる。「利点（advantage）」という表現が示すように、環境との関係においてより生存の可能性を高める形態が残され、そうでないものは淘汰される。環境は個体の生を可能にしている条件であり、その環境に適した行動（個体－環境関係）をとることこそが、生存を導くものとなる。速く泳ぐという行動は個体の環境への「適応」として捉えることができるのである。

　このように個体の生との関係から環境を捉え、それを記述しようとしたことがダーウィンの功績である。マイアーが指摘するように、ダーウィンは種をそれまで考えられていたような均質性に基づく実体として捉えるのではなく、多かれ少なかれ差異をもつ個体の集団（個体群）として捉えなおしたところに革新性をもっている［Mayr 1991=1994: 66］。個体の重要性に注目することがなければ、わずかな差異の蓄積が保存され種を形成するという自然選択説が唱えられることはなかった。そして、個体と環境との関係が観察の焦点になることがなければ、次節におけるユクスキュルの議論に表れてくるように、多様な生物種の、多様な個体が生きる環境の意味や価値が問題になることはなかったのである。

　しかし、ここで個体の重要性が見出されたとはいえ、ダーウィンにおいて個体は、種という集合を形成する部分として見出されたものにすぎず、環境は個体群の生存に関して選択圧をかけるものとして捉えられているにすぎない。本研究が探求しようとする「生きられた環境」を問題とするためには、次節でユクスキュルを取り上げて論じるように、「主体」の問題を経由しなければならないだろう。加えて、ダーウィンが論じるような「適応」の対象として捉えられる環境概念によっては、環境それ自体が作り替えられ、変化するという側面をうまく捉えることができない。個体群の観察において「適応」として捉えられるのは、種の存続という単一の価値に向けられた既存の

25

第Ⅰ部　生きられた環境の保育実践研究の必要性

世界へのマッチングであるが、「生きられた環境」の意味や価値を理解していくためには、多様な状況に置かれる生活者によって作り替えられていく環境のダイナミズムを捉えることが必要であろう。

　ここまで論じたことを整理すれば、ダーウィンの進化論の登場は、「人間 – 世界」「自己 – 環境」という問題を思考する上で、3つの転回をもたらしたと言うことができる。まず1つめは、これまで神学の対象とされてきた「人間 – 世界」の問題に対して生物の形態や行動の科学的観察によって迫ることになったという転回である。ダーウィンは世界を変化と連続性に基づいて捉え、現在観察することのできる事象から仮説を設定し、それを綿密に検証していくという科学的手法をもちいて、人間の起源、生命の起源に迫ることとなった。生物の科学的観察に基づいて世界について思考するという態度は、その後のユクスキュルの生物学的哲学へと影響を与えている。そして、世界を変化するものとして捉え、概念や認識を科学的検証の過程と結びつけていく思考は、後述するプラグマティズムの思想にも受け継がれていくこととなる。

　2つめは、ダーウィンの進化論が、世界のなかで特殊な位置を占めるとされてきた人間の地位を動物と連続するものへと位置づけなおしたことで、多くの人々のアイデンティティを揺るがすことになったという点である。進化論は、科学が宗教を超えた立場から生命と世界についての知識を生み出すことを導いた一方で、キリスト教的世界観と信仰を揺るがし、その転換に伴う実存的な問題を生み出すこととなった。そして、その人間の実存の問題は、「教育されなければならぬ唯一の被造物」［Kant 1923（1803）=1959: 331］であるとされる人間の教育の問題へと必然的に結びついていく。ダーウィンの進化論についての議論は、その後、人間学、教育学のなかで、人間の地位や、人間と動物との関係をいかに考えるのかという主題を巻き込みながら批判的に検討されていくことになるのである。

　そして、3つめに、個体の生が環境との相互関係のなかで成立していることについての思考が導入されたことである。それはあくまで種の一部をなすものとして捉えられた個体とそれが適応する環境との関係であり、本研究が目的とする保育者や子どもによって生きられた環境のリアリティを扱う思考

26

第 1 章　環境概念についての理論的諸問題

とはかなりの距離で隔てられたものである。しかし、この個体と環境との相互関係は、ユクスキュルによる「主体」概念の導入によって、生物主体によって意味づけられる環境（umwelt）の問題として捉えなおされていく。また、ダーウィンの理論は、後に述べるデューイの経験概念にみられるように、人間を有機体と環境とのトランザクションにおいて成長する存在として捉える思想系譜の原点となっている。これらダーウィン以後の環境論の展開は、保育環境の記述理論を構築する上で重要な示唆を与えるものである[4]。

　世界と環境についての問いは以上のような転回を経て、様々な分野において新たな論点を生じさせてきた。以下では、ユクスキュルの生物学、シェーラーの人間学、デューイの経験論について検討し、現代の保育学における環境概念を考察する手がかりを得ていきたい。

2. ユクスキュルの環境論——動物が生きる環境への問い

（1）個々の動物の環境（Umwelt）

　ダーウィンの進化論を擁護する立場は、ダーウィニズムと呼ばれたが、その解釈は常に一枚岩ではなかった。ダーウィニズムは時代と場所によって異なる立場を意味し、ときには特殊創造説を否定する立場、ときには自然淘汰説を擁護する立場といったように、多様な立場を指示する用語として用いられてきた［Mayr 1991=1994: 131］。また、ダーウィニズムに対しては多様な批判もなされてきた。たとえば、ダーウィンの自然淘汰説はトマス・ロバート・マルサスの『人口論』（1798 年）の影響を受けたものであり、自然淘汰は、外部からの圧力によって弱者を排除し最適者を残すスクリーニングのように解されてきた。この捉え方では、淘汰は環境からの選択圧によって決定されており、生物の主体性がほとんどみとめられない。そのため、ダーウィニズムは生物の能動性を無視した環境決定論であるという批判がいまだに根強い［入江 2010: 5］。このような決定論的世界観を批判する際に取り上げられてきたのが、生物主体が環境あるいは世界を「つくる」のだという論点である［Popper 1984=1995: 8］。

第Ⅰ部　生きられた環境の保育実践研究の必要性

　ダーウィンの影響を受けつつ、一方でダーウィニズムへの鋭い批判を展開したのが、ドイツの生物学者、ヤーコプ・フォン・ユクスキュルであった。ユクスキュルは 1884 年にエストニアのドルパート大学で動物学の研究を開始したが、そこでのダーウィン主義的な系統分類の研究を批判することから生理学へと転向している。ユクスキュルの批判は、ダーウィニズムが動物の主体性を低く見積もるということに加え、ダーウィニズムが、動物の系列を最も単純な構造体から最も変化に富む構造体へと段階を追って上昇していく完全化の証明であるとみなす点に向けられていた。このダーウィニズム批判から、ユクスキュルの多元的環境論が展開していくこととなる。

　そもそも生物においてより高等な、あるいはより下等な完全性の根拠は何かという問いを立てることができるとすれば、それは研究者が彼自身を取り巻く世界を「世界本体」（das Universum）であると見なす場合のみである。この「世界本体」は彼を包含すると同時に、すべての生物を包含しているのだとされる。そして一見したところすべての生物はこの「世界本体」に多少なりともうまく適応して存在している、と考えられるのである。
　この観点からは、人間自身の世界のみが決定基準として見なされ、その観点にしたがえば、より下等な動物の体制（Bauplan）はより高等な動物の体制、つまり人間のそれと比較してより低位のものに見えてくるのである。
　しかしこれは手で摑めるほど明々白々な誤謬である。というのは、すべての生物のその個々の体制は、その身体の機構において（im Gefüge seines Körpers）自己表現されているばかりではなく、その身体とそれを取り巻く世界とのあいだに存在する諸関係においてもまた自己表現されている。つまり動物の体制が、自律的に、動物の環境を創造するのである（Der Bauplan schafft selbsttätig die Umwelt des Tieres）。[von Uexküll 1921=2012: 11-12]

　ダーウィニズムは、いかにして高等動物の構造が下等動物のそれから進化してきたかという問題を明らかにすることに専従している[5]。このような思想は、人間は最も世界に適応した動物であり、人間の視点から見た世界こそが実在であるという立場を暗黙の前提としている。人間が見ることができる

28

第 1 章　環境概念についての理論的諸問題

世界こそが「世界本体」であるというこのダーウィニズムの前提からすれば、アメーバやダニは人間の適応度とは比較にならないほどわずかな範囲の「環境」に適応し、下等な生を送る動物だということになるだろう。しかし、ユクスキュルによれば、このような態度は「人間中心的な観察方法」[*Ibid.*, p.13] であり、人間は「人間自身の『環境』が普遍的に他の動物たちにも妥当するにちがいない、という誤った固定観念から自分を解放しなければならない」[*Ibid.*, p.329]。人間はすべての動物が「それぞれの動物を取り巻く、われわれのそれとはまったく異なるひとつの新しい世界の環」すなわち「その動物の環境（seine Umwelt）」[*Ibid.*, p.13] が存在するという立場から生物学を構築していく必要があるのである。

> つまりダーウィニズムの試みは、惨めな失敗に終っている。それにまたこうした試みは、まず何よりも個々の動物の環境が何なのかということを確定すべきだという、最も自然な課題に対する関心に背を向けてしまったのである。
>
> 　この課題は、それに対する経験を積んでいない者が勝手に想像するほど簡単なものではない。もちろん、任意の動物個体をその周辺（Umgebung）のなかで観察すること自体は、困難なことではない。しかしそれだけでこの課題が解決されたわけではけっしてない。実験を行う者は、この周辺のどの部分がその動物個体に作用し、またその作用がいかなる形態で生起したかを確定しなければならないからである。[*Ibid.*, p.13]

ユクスキュルの思想において、「環境（Umwelt）」と「周辺（Umgebung）」の区別は非常に重要な意味をもっている。前野佳彦の解説によれば、ユクスキュルのいう Umgebung には生物種を取り巻くすべての物理、化学データ、および他の種の働きかけがすべて含まれる [*Ibid.*, i]。しかし、それがそのまま生物種の Umwelt になるのではなく、生物はそれぞれに固有のいくつかの因子のみを選択して、自己に固有の Umwelt を主体的に創造する（schaffen）。たとえば私たち人間の目には、ゾウリムシは様々な色や光に満ち、捕食者となる他の生物に囲まれた「環境」に生きているように見えるが、ゾウリムシの体制を詳細に分析してみれば、その環境は「刺激を含む液

29

体と刺激を含まない液体」という2つの事物にのみ限定されていることがわかる［*Ibid.*, p.63］。このとき、他の捕食者や他の捕食者の視知覚を可能にする色や光といったUmgebungは、ゾウリムシの個体の生に関与するものであるが、個体自身には知覚されていない。つまり、私たちが動物の「環境」だと思い込んでいるものは、必ずしも動物の生きる世界に存在する事物ではない。人間のUmweltと動物のUmweltを同一のものと考えることはできないのである。

　ユクスキュルが、「アメーバ独自の環境に接近しようとするならば、彼の周辺一般がわれわれ自身にどう見えているかというようなことは忘れなければならない」［*Ibid.*, p.52］と述べるように、生物学の課題は、人間から見た「世界本体」を前提とするのではなく、任意の動物個体に作用することのない「周辺」を観察するのでもなく、その個体が生きる環境、その個体が体制を通して創造する環境を記述することを目指さなければならない[6]。ダーウィニズムが世界本体を単一の実在として捉えるのに対し、ユクスキュルはここで動物にとっての環境が、個々の体制によって創造される全く独自なものであるという立場をとる。体制とは、有機体の器官の諸部分が形成する機能的全体を指すが、生物学の課題は、この体制の意味を鮮明にし、個々の動物の環境と内的世界が体制によって相互依存関係を形成するその様態を事例に即して明らかにしていくことなのである［*Ibid.*, p.14］。

（2）動物主体が創造する環境

　では、「動物の体制が、自律的に、動物の環境を創造する」とはいったいどのようなことを意味しているのか。ユクスキュルが「すべての動物種は、彼固有の『環境（Umwelt）』の中心を占めている。彼は、その『環境』に対して、自律的な主体（Subjekt）として登場する」［*Ibid.*, p.330］というテーゼを生物学に導入するとき、この「自律的な主体」とはどのようなことを意味するのだろうか。

　ユクスキュルが動物の体制の探求を通してこのような課題に取り組もうとする際に、まず扱うのが有機体と機械の差異の問題である。ユクスキュルは、体制を明らかにしていく際、動物の構造と機械の構造を等置可能なもの

第1章　環境概念についての理論的諸問題

とみなす「機械的生物学（maschinelle Biologie）」[Ibid., p.41] を採用する。一方、ユクスキュルは動物そのものが機械と等置可能なものであるとは決して考えない。動物はその完成された器官において機械的特性をもつとともに、器官そのものを生成するという超機械的特性をもつ点で、機械から区別される。この超機械的特性をもつこと、つまり、動物が器官を形成し、体制それ自体を作り替えていくことが、動物が自律的な主体として環境を創造することの根拠になるのである。

　ユクスキュルは、動物の体制が環境を創造することを論じるにあたり、もっとも単純と考えられる体制をもつアメーバの環境から考察を始めている。アメーバの身体は液体状の原形質からなっているが、その形状を変化させ、移動や探索を行うことができる。アメーバは、身体が接触する基底が粗くざらついている場合にだけ、体を収縮させて偽足をつくりだし、それに付着することができる。また、食物から発せられる刺激を弁別し、その刺激を受けた場合にのみ外質を軟化させ、口蓋に似た開口部を形成する。このように身体を変化させながら特定の機能をもつ器官を作りかえていくのがアメーバの特徴である。また、あるアメーバは外質が傷つくと、その傷の周囲が内側に陥没し、トランペットの管のような形状になる。その後、その管の周縁の外質部分が縫合して傷が閉じ、内側に閉じられた外質は内質に吸収される。さらに、体の表面に傷がついた場合、その裂け目から液状の内質が流れだし、それが水と接触することによって外質に変化し、被膜を形成するということもある。このようにアメーバは、身体の内部と外側の境界を柔軟に転換することさえもできる。

　動物の体制がどのようなものであるかを確定するには、内部と外部の解剖学的な弁別がなされなければならない [Ibid., p.50]。内質がただ消化・分泌・吸収を行うのに対し、外質は環境からの作用を受け取り、刺激をそれに応じた運動形態へと変容させる課題を担っている。つまり、内と外の境界が確定されることで、何がアメーバにとっての環境なのかが決定されるのである。

　そしてこの際に注目すべきなのは、アメーバがこの内部と外部の区別、つまり消化を担う部分と運動を担う部分の細胞を柔軟に作り替えることができるという点にある。アメーバは、砂のざらつきや食物から発せられる外部か

31

第Ⅰ部　生きられた環境の保育実践研究の必要性

らの刺激を選択的に知覚し、自ら移動や捕食の器官をつくりだすことで運動を調節している。このように内部と外部の区別（つまり、何が自らにとって環境であるか）を柔軟に変更し、自らの体制をつねに再形成していく事実は、機械的な機構に回収することのできない調節機能を示しており、生物の主体性を特徴づけている。

　このようにアメーバは体制自体をつくりかえるが、多細胞の動物の多くはすでに出来上がった体制のなかでその機能を遂行するというかたちで秩序づけられている。ユクスキュルはこのことを、「アメーバの方が馬よりもいっそう機械ではない」という表現で言い表しているが、この確定された体制の分析こそが「機械的生物学」の課題なのである［Ibid., p.37］。

　なお、多細胞動物で最もこのような可塑性をもつ器官が脳である。脳は「対世界（Gegenwelt）」、つまり「高等動物の中枢神経内に確立された固有の世界」［Ibid., p.256］を作り出すという点で、超機械論的な特性を保っているのであるが、ユクスキュルはこのような主観的世界についての分析は、「テクネーとしての生物学（Technische Biologie）」［Ibid., p.72］の対象であるとして、「機械的生物学」の対象から除外する。つまり、ユクスキュルにとって、個々の動物によって作られる世界それ自体は不可知なものであり、動物の生きる世界を理解するとは、機械論的に観察可能な体制の事実から、彼らが生きる環境の見取り図を描き、接近するということに厳密に限定されるべきなのである。

　　われわれ、動物の部外者である観察者が確認しうることは、感覚的に知覚可能な事実、つまり外界が動物の身体に及ぼす諸々の作用と、動物がその作用に対して外界に応答する、やはり感覚的に知覚可能な反作用であり、それのみである。だからこそ、われわれ生物学者の手に届く範囲にある研究対象は、動物の身体のみであり、かれらの「意識」ではないのである。［Ibid., pp.326-327］

　個々の動物が生きる環境を理解する際に、このような限界を自覚することがなければ、動物の生きる世界を人間自身の認識の基準から決定し、動物の心理を人間の心理からの類比によって理解しようとする誤りを犯すことにな

第1章　環境概念についての理論的諸問題

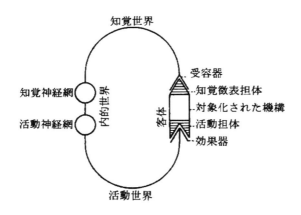

図2　機能環の図式［Ibid., p.73］

る。ユクスキュルは、このような限界を厳格に意識しつつ、機能環という概念を用いて動物の生きる世界を記述しようとするのである。

　機能環とは、動物の秩序化された体制と外的要因との連関を記述する際に、ユクスキュルが用いる概念である。機能環の図式は、動物がその環境内の事物に対して、知覚世界（Merkwelt）と活動世界（Wirkwelt）という二重の関係をもつと想定する。知覚世界は環境内の事物から送られてくる諸々の刺激を包摂しており、活動世界は効果器（行為を実行する器官）が捕捉しようとする領域から構成されている。知覚世界の面において、環境中のひとつの客体から送られてくる刺激は知覚徴表（Merkmal）を形成し、刺激を発する客体は知覚徴表担体となる。それらの刺激はいったん受容されると知覚神経網へと連結され、それが活動神経網へと受け渡される。活動神経網は効果器に一定の運動形態を割り振り、それらの運動が先ほどの客体に働きかけ、客体は活動担体となる。これが活動世界といわれるものである。ここで活動担体は知覚徴表担体と同一の客体の上で重合しており、「対象化された機構」を構成している。このように知覚の対象であり、行為の対象でもある客体を通して連結する環が機能環である（図2）。

　この機能環を明らかにすることが、動物の生きる世界を理解していく方法

33

となる。機能環には、〈捕食環〉、〈索敵環〉、〈生殖環〉、〈媒体環〉という4つのカテゴリーを措定することができ、それぞれの機能環によって、すべての動物はその固有の環境と緊密に連結されている［*Ibid.*, pp.73-75］。このような基本図式に基づき、ダニの捕食環やゾウリムシの索敵環といったさまざまな動物の機能環を記述することによって、ユクスキュルは動物の生きる世界をモデル化していくのである。

　　これまでの記述ですでに解明されたように、動物の身体自体がその種固有の環境の中心を形成する。われわれ観察者はその環境のなかにではなく、外に立ってそれを見ているわけだが、そのわれわれの眼に映じる最も際立った事実は、動物の環境が当該の種のみに属する事物によって充ち満ちているということである。したがってミミズの世界には、ミミズ的事物しか存在せず、トンボの世界にもまたトンボ的事物しか存在しない、等々と主張できる。［*Ibid.*, p.73］

　個々の動物種の環境についての具体的な記述はここでは割愛するが、ユクスキュルは動物の身体を中心とした、客観的に観察可能な行動（知覚と活動）の機構を記述することによって、個々の動物と環境内の事物との機能的関係を明らかにしようとする。その機能的関係は動物の体制によってつくりだされているものであり、その体制自体もまた動物自身によってつくりかえられる。ユクスキュルにとっての環境は、個々の動物がつくりだす多元的な世界として位置づけられるのである。

（3）個々の動物の環境を理解する方法についての批判的検討

　ユクスキュルは、「体制」という概念から動物の多様な環境を表現する上で、あえて機械論的・機能主義的な方法をとっている。このような方法は、保育における「生きられた環境」の記述方法として見たときにどのような示唆を与え、また、どのような限界をもつものだろうか。

　体制は動物の環境と内的世界を含むものであるが、この両者は客観的観察によって記述可能なものでなければならないとされている。そのため、ユクスキュルの方法によって明らかにされる内的世界とは、神経系の内部に喚起

第1章　環境概念についての理論的諸問題

される諸作用として客観的に記述可能な、即物的な世界である。ユクスキュルが記述する体制とは、動物の機械的な調節機能の観察によって描かれる、生命活動の機能モデルである。

　おのおのの体制は、われわれがひとつの有機体または機械についてより詳細な知見を獲得したあとにわれわれ自身が図面を引いた見取図にほかならない。体制は研究の対象とされた客体の内部でいかなる形態の諸過程が進行中であるかということをわれわれに示してくれる。体制はこれらの事象の概観的な記述を可能にしようとするのみで、それ以外の他の何事も欲してはいない。体制という言葉のこの意味をしっかりと守るときにだけ、諸々の誤謬を避けることができる。この誤謬は体制が有機体や機械における過程の進行に対する何らかの影響力を行使すると考えるやいなや、必然的に発生するものなのである。[*Ibid.*, p.20]

　体制とはあくまで人間側から描かれた動物の世界の図式である。この体制という図式は、動物の身体についての生理学的知見によって描かれるものであるが、動物の生の過程に直接的な影響を及ぼすものとはみなされない。つまり動物の生の過程それ自体は私たちにとって不可知であり、私たちはそれ自体を解釈しようとするのではなく、客観的に観察される事象に基づいてそのモデルを立てるというところに留まるべきなのである。体制を記述する際、内的世界に心理学的な解釈をもちこむことは許されず、擬人化や感情移入といった手法は徹底的に拒否されることになる。

　環境はもちろん当該の動物の観点から見れば、純粋に主観的な性格のものであり、動物主体を取り巻く個々の事象がすべて統合されることによってのみ意味を得る世界である。しかし、他方で、観察者の立場からすると、それはひとつの客観的な事象であり、観察と客体のあいだには客観的な関係が存在する。観察者の「魂」、つまり人間の感情移入がこの客観的描像に持ち込むすべての主観的思弁は、環境の真の性格を歪め、その研究成果を無価値なものへと転落させる。[*Ibid.*, p.275]

この、動物が生きる環境と、観察者によって描かれるそのモデルとの溝は深遠である。動物たちが生きる意味に満ちた環境は、その動物たちの世界の内からのみ理解できるものであり、その環境の意味について、人間の世界からの解釈を行うことはできない。そのため、体制という見取り図と、そこから理解される動物の生きる世界のモデルは、価値中立的なモデルとなる。アメーバの環境について、私たちはその環境の行動上の意味について機能的に記述することはできるが、その環境がもつアメーバにとっての価値について言及することは原理上許されない。「アメーバが餌に接近する」といった記述は観察された事実に基づいているが、「アメーバが餌を欲している」といった記述は、すでに人間の世界から動物の生の過程を解釈する誤謬が入りこんでいる。ユクスキュルは動物の世界の記述に関して、その限界を厳格に設定することによって、ダーウィニズムが陥った人間中心主義を回避するのである。

ユクスキュルの方法は、観察の対象への安易な感情移入を避けて、その対象が生きる世界を客観的に探求しようとすることの重要性を示してくれる。しかし、一方で保育のなかで生きられた環境を理解しようとする本研究の関心からすれば、その方法論にもやはり限界が認められる。子どもが生きる環境を理解する上で安易な感情移入や類比的思考は避けられなければならないが、子どもが生きる世界の意味や価値を抜きにした機能主義的記述によって、それを捉えることはできない。

そもそも、ユクスキュルが動物と環境との関係を価値中立的に捉えるのは、以下のようなダーウィニズム批判に基づいている。

個々の動物は、彼の環境に多少なりとも適応して生きているとされるが（ダーウィニズム）これは正しくない。そうではなく、すべての生物は、彼の「環境」に完全にぴたりと適合しているのである。[*Ibid.*, p.12]

つまりユクスキュルは、動物の形態や行動を生存という価値に基づく環境への適応として捉えるのではなく、動物の形態や行動を環境と一体となった調和的関係として捉えている。たった2つの刺激しか知覚することのできな

第 1 章　環境概念についての理論的諸問題

いゾウリムシは環境に適応できていないのではなく、「自らの環境におい
て、ゆりかごに眠る赤子よりもさらに安んじ、自足して暮らしている」［*Ibid.*,
p.66］と捉えられる。その主張の背景には、ダーウィン的な闘争的世界観へ
の批判があるのだが、一方で、動物の身体を中心にした環境との相互作用の
詳細な記述という方法はすでにダーウィンによってもなされていたものであ
る。特にミミズの行動の観察から知能について論じようとするダーウィンの
手法は、ミミズの生命維持過程における「調節」という行為に注目した機能
主義的な記述に基づいているということができる。この記述それ自体は、決
して人間中心的・心理主義的な記述ではない。

　ダーウィンは、『ミミズの行為によって肥沃な土壌がつくられること、そ
してミミズの習性の観察』（1881 年）のなかで、ミミズの知能について検討
している。佐々木正人はダーウィンのこの手法を行為と環境の関係について
の先駆的記述として位置づけ、「ダーウィン的方法」として論じている。

　佐々木によれば、ダーウィンは、ミミズの行動だけを記述するのでもな
く、行動を環境の記述に還元しているのでもなく、「穴ふさぎするミミズ」
にとってのみ意味をもつ物の性質を記述しようとしており、ミミズの身体を
組み込んだ記述を行っている［佐々木 2005: 55］。

　ダーウィンは、ミミズが巣穴をふさぐ材料となる葉をどのような向きで引
き込むのかについて、さまざまな条件下で観察している。先が尖り基部が広
いシナノキでは、葉先から引き込まれたのは 79%、基部からは 4%、真ん中
からは 17% という割合になっている。葉の面積から考えれば真ん中から引
き込まれる可能性が高いため、ミミズはランダムに葉をくわえて引き込んで
いるとは言えない。さらに、先端と基部が同形のキングサリの場合、葉先が
63%、基部が 27%、真ん中が 10% というように、基部から引き込まれる割
合は増えるものの割合は均等にはならない。このことから、ミミズが葉の先
をひっぱる習性をもつことが想定される。しかし、葉のかたちが多様で、葉
の端が巻き上がるシャクナゲを引っ張る場合、葉先が 34% であったのに対
し、基部が 66% の割合で引き込まれた。このことから、葉のかたちによっ
てはミミズは習性的に葉先を引っ張るのではなく、引き込みやすい最善の箇
所を選択することが推測できる。

第Ⅰ部　生きられた環境の保育実践研究の必要性

　一方、ダーウィンは葉の形状という要因だけでなく、土や空気の要因を変えて観察を行っている。たとえば、空気が温かいか湿度が高い場合、ミミズが葉を引き込む箇所の割合はランダムに近づき、また巣穴の近くに乱雑に置かれる事例も多くなる。このことは、ミミズの身体が乾燥するリスクが少ない場合、巣穴ふさぎの精度が雑になっていることを示している。さらに、よく踏み固められた砂利道の場合、葉先から引き込まれる割合は基部から引き込まれていた事例の5倍であったのに対して、土が柔らかい場合は葉先と基部の割合は3対1であった。つまり、巣穴の側が葉を引き込みやすい土の場合とそうでない場合によって、ミミズは葉を引き込む箇所を変えているのである。

　これらの膨大な観察の記録から、ダーウィンはミミズがある程度の知能を示すという結論が避けがたいと述べる。ミミズが物体を引き込む前の段階で葉の引き込むべき箇所を判断しているのなら、ミミズは何らかの概念（notion）をもつということが言えるが、観察の結果はこの仮説を支持しているように思われる。ミミズは試行錯誤することなく、引き込みやすい箇所から葉を引き入れており、また自らの身体との関係から葉を引き込む箇所を調節している。

　このように、ダーウィンは観察可能なミミズの行動の記述から、「知能」という仮説を検証するというスタンスで研究を行っている。このとき、ダーウィンが観察したのは環境と主体とのあいだの機能的な関係の記述であり、それはユクスキュルの環境論の基礎となる方法と重なっている。もっとも、ユクスキュルはダーウィンのミミズの観察を優れた研究として認めつつも、そこでダーウィンが引き合いに出す「知能」という仮説を心理学的解釈であるとして批判している［*Ibid.*, p.203］。しかし、ダーウィンが観察事例の蓄積によっても棄却できない仮説として残していた「知能」の可能性は、それに基づいてミミズの世界の解釈を行ったものではない。ダーウィンの記述は、生物の「調節」の記述であり、ミミズの知能の内実というよりも、ミミズと環境との関係の変容への仔細な関心に基づいている。「知能」という解釈が最終的に人間中心的なものになるのは、その仮説が動物の世界そのものを表すものとして完全に適用され、それに基づいた解釈が始められるときであ

38

る。ダーウィンの関心はそのようなものではなかった。

　佐々木によれば、この「ダーウィン的方法」は、「行為を、それが識別し、発見し、利用した周囲の物および環境の性質として、さらにそれらが複合する性質の集合として記述する」［同書 : 294］方法である。その過程の分析自体は、決して人間中心的な記述方法ではなく、むしろ生物と環境との機能的関係について擬人化を避けながら理解していくための科学的方法となり得るものである。ミミズ－環境の系を記述することは、価値中立的な単なるモデルではなく、現実に生物主体が利用する意味や価値を表現するものとして捉えることができる。ダーウィンの方法をこのように捉えなおすとき、観察者は観察される主体にとっての意味や価値の世界と絶対的な溝で隔てられているわけではない。

　ただし、ダーウィンとユクスキュルの方法を「生きられた環境」の記述として採用する上で決定的に問題であるのは、観察者と被観察者の関与という事象が全く考慮されていない点にある。保育という臨床的な場面に身を置く者にとって、観察は観察される側に影響を与えずに行うことが不可能であり、その場で出会われる事象を記述するためには、その方法が「関与しながらの観察」であることが前提となる［鯨岡 1999: 114］。ダーウィンもユクスキュルも、彼らが観察する動物に対して自分自身が影響を与えることを考慮する必要はなかったし、ましてや彼らが動物に関与することによって彼ら自身の世界が変容することはなかった。しかし、保育において環境は保育者と子どもの相互の関わりのなかで生きられるのであり、保育環境を記述するためには、一方的に動物を観察する機能主義的記述からは一線を画さなければならない。この問題については、本研究全体を通して応えていくべき課題となるだろう。

　また、ダーウィンにとっての個体が、種の概念を明らかにする上での匿名的なデータの一部でしかなかったのと同様に、ユクスキュルにとっての個体もまた、動物種の生きる環境を明らかにする上での一事例にすぎないものであった。ジョルジョ・アガンベンが指摘するように、ユクスキュルは 18 年ものあいだ餌もなく、環境から完全に隔絶された状態で生存したダニの事例に触れるのであるが、その個体が生きた世界についてはただ睡眠状態であっ

たのだろうと推測したに過ぎない［Agamben 2002=2011: 84］。しかし、「生きられた環境」として探求すべきなのは、ある動物種の世界からは例外のようにすら見える、この固有の個体の生きた環境であると言えるだろう。

　ここまで、ダーウィンおよびユクスキュルの世界観と科学的方法について述べてきた。ダーウィンが提起した動物（人間）と環境との問題は、ユクスキュルによって動物の多元的世界の問題として継承された。そして、ダーウィンとユクスキュルは対極的な世界観をもちつつも、有機体‐環境の相互作用についての機能主義的記述に関心をもつ点は重なり合っていた。この方法論の問題については、再度保育環境の記述について論じる際に取り上げることとし、以下では、ユクスキュルが提示した動物の世界の問題が、人間学の文脈でいかに論じられるようになるのかについて確認したい。

3. シェーラーの人間論——人間の世界の固有性への問い

（1）人間の課題と教育人間学

　ダーウィニズム批判の文脈からユクスキュルの環境論に影響を受けつつ、人間の世界の独自性について徹底的に考察したのがマックス・シェーラーであった。ここでは、シェーラーが、人間がそれに対して開かれている"世界"と、動物がそれによって拘束されている"環境"を区別することによって教育人間学の源流を形成した一方で、人間‐非人間を区別する思考様式が、ある種の権力構造をはらむことになったことについて論じていく。

　シェーラーにとって重要だったのは、ダーウィン以後の時代において、私たちが人間をいかに理解しなおし、いかにして人間として生きていけばよいのかという生の課題であった。

　　われわれは相互に関係しあうことのない自然科学的人間学、哲学的人間学、神学的人間学を所有してはいる。しかしわれわれは人間に関する統一的理念を所有してはいないのである。人間の研究にたずさわる特殊科学はしだいにその数をましているが、それら諸科学はどんなに価値あるものであるにしても、人間の本質と

第 1 章　環境概念についての理論的諸問題

いうものを解明するというより、むしろはるかに蔽い隠してしまう。上述した 3
つの伝統的思想圏が今日いたるところで動揺させられており、特に、人間の起源
の問題に関するダーウィン主義的解決が徹底的な衝撃を受けたということをさら
に考え合わせるならば、これまで人間が歴史のどの時代においても現代における
ほどに問題的となったことは、かつてなかったと言えるのである。[Scheler
1927＝2012: 13、傍点はシェーラー]

　シェーラーはこのような立場から、『宇宙における人間の地位』（1927 年）
においてユクスキュルの環境論をひきつつ、人間と動物の本質的な違いにつ
いて考察していく。シェーラーは、まず、有機体の心的原理について、「感
情衝迫」「本能」「連合的記憶」「実践的知能」という 4 つの階層に整理して
いる。感情衝迫の段階においては、感情と衝動は未だ分岐しておらず、日差
しの方へ向かう動きなどに見られるように、植物に対しても認められる。本
能は生得的・遺伝的な行動の様式であり、特定の動物種の、環境の配置に対
しての反応を形成するものである。第 3 の形式である連合的記憶は、動物の
行動が同じ性質の先行的行動を基礎としつつ、ゆっくりと変化していく場合
に認められる。連合的な原理は、本能の硬直性と種への繋縛性からの解放を
導くものであり、高等動物に現れるものである。最後の実践的知能は、新し
い問題状況に直面した際に、その課題を解決する先行的試行の回数によらず
に意味に適った行動をする場合に認められる。実践的知能を動物がもつかど
うかという点にはさまざまな議論があるが、シェーラーはヴォルフガング・
ケーラーの行ったチンパンジーの道具使用の実験を根拠に、動物が実践的知
能をもつということは疑い得ないと論じる。
　シェーラーはこのように、有機体の心的原理とされる 4 つの段階について
整理するが、これらをすべてもつということによって、人間を動物から区別
することはできない。シェーラーは、人間を動物から区別するものを、心的
諸段階の連続性のうちにあるものではなく、それを超えた高所、彼が「生」
の外部と呼ぶところに位置づける [*Ibid.*, p.46]。それがシェーラーのいう「精
神」であり、この精神が有限の存在領域の内部で現れる場合の作用中心が
「人格」なのである。

41

第Ⅰ部　生きられた環境の保育実践研究の必要性

さて、この「精神」、この新しくかつ決定的な原理とは何であるか？（中略）い
ま精神概念の最高の意義がそれの特異な知的機能、すなわちそれのみが与えうる
一種の知る働きというものにあるとするならば、精神的存在者の根本的規定と
は、たとえこの存在者が心理学的にどのような性質であるにしても、有機的なも
のからの彼の実存の面での解放であり、「生」と生に属するすべてのもの——し
たがってまたおのれの衝動に基づく「知能」——の桎梏や抑圧や依存から彼
が、ないしは少なくとも彼の現存在の中心が自由になり、解放されうることであ
る。

　してみれば、「精神的存在者」は、もはや衝動や環境世界に繋縛されてはいな
いのであって、「環境世界から自由」であり、あとで命名するであろうように、
「世界開放的」である。かかる存在者は「世界」を有する。この存在者はさら
に、動物のみが有し、動物がそのなかに忘我的に没入している環境世界の「抵
抗」中心・反応中心——これらはこの存在者にも、もともと与えられている——
を「対象」にまで高めることができる。彼はこれら対象の様存在を原理的に把捉
しうるのであって、その際、その対象世界ないしその所与が生命的な衝動系とそ
の前哨たる感覚機能・感覚器官のためにこうむる制限を受けることがないのであ
る。[*Ibid*., pp.47-48、傍点はシェーラー]

　シェーラーにおいて、人間と動物の区別は、ユクスキュルのいう環境
（Umwelt）に繋縛されているか否かにかかっている。動物はおのれの有機体
的状態に対応する生現実に完全に巻き込まれており、その現実を対象的に把
握することができない。つまり動物は先に示した生の４つの階層における意
味での意識はもつことができるが、決して自己を意識することがないのだ。
対象としての存在は、精神の論理的側面における最も形式的なカテゴリーで
あるとされる。シェーラーによれば、「ひとり人間だけが——人間が人格た
るかぎりにおいて——生命体としての自己自身をこえて高揚し、時間空間的
世界のいわばかなたにある唯一の中心から、自己自身を含めて一切のものを
おのれの認識の対象とすることができる」[*Ibid*., p.58] のであり、それによっ
て自由へと開かれているのである。

　以上のように、進化論によって揺らがされたシェーラーの世界観は、ユク

42

第 1 章　環境概念についての理論的諸問題

スキュルのダーウィニズム批判とは異なる方向性をもって、人間の実存の問題へとたどり着く。人間は、世界と自己とを意識し、その帰結として自分自身の心身上の本性をも対象化することができる。このように人間が自然全体の外に身をおいて、自然全体を対象化するとき、人間はもはや「私は世界の一部であり、世界によって取り囲まれている」と真にいうことはできない。世界の諸形式さえも凌駕する人間のまなざしは、ここで「絶対的無」の可能性を発見することになる。そのまなざしは「何ゆえにそもそも世界というものが存在し、何ゆえにまたほかならぬ私が存在するのか？」という実存的問いへと向けられていくのである〔Ibid., p.106、傍点はシェーラー〕。

　シェーラーはこのような絶対的無の領域を単に特定の見解や信仰思想が満たすと解するのではなく、人間生成それ自身と完全に一つに合致すると考えた。

　　われわれにとって、世界根拠に対する人間の根本的関係は、この根拠が人間において——それ自身としては、精神的存在としても生命的存在としても、「自己自身による存在者」の精神と衝迫の部分的中心にすぎない人間において——おのれを直接に把捉し実現する、ということに存するのである。〔Ibid., p.110〕

　人間は、生命的存在として動物と連続しつつも、精神的存在であることによって、「世界開放的」となることができる。対象と距離を取り、それについて思索をめぐらせることができる能力は、人間が世界と自己について問い続けることができる条件となっている。与えられた環境の現実性を否定し、ひとりの人格として、新たな世界領域に向かって自己を実現しようとすることこそが、人間の課題なのである。

　シェーラーの提示した問題は、その後アルノルト・ゲーレンやヘルムート・プレスナーといった学者に受け継がれ、哲学的人間学の系譜をかたちづくることとなる。奥谷浩一によれば、哲学的人間学は、進化論への懐疑あるいは拒否と、人間と動物との本質的差異の問題に固執したことで、西洋の伝統的な人間中心主義から脱することができなかった。その結果、その端緒となる問いの重要性にもかかわらず、現代の哲学の系譜としては衰退していく

こととなった［奥谷 2004: 290］。しかし、世界から与えられる課題を引き受け、世界を形成し、自己を実現していく人間という主題は、むしろ教育学の文脈に強く影響を与えるものとなった。

オットー・フリードリッヒ・ボルノーはシェーラーによってうちたてられた人間学が、認識という営みを「宙に浮いたものではなく、人間の生のより深い根底に根ざしたものであり、しかもそこからのみ把握されうる」ものであると位置づけ、認識論の根本的な転換を導くことを指摘する。そして、そのような人間への問いは、ヨハン・ハインリッヒ・ペスタロッチが『隠者の夕暮れ』（1780 年）のなかで繰り返し語ったように、教育学の領域のなかでもしばしば思考されてきたものであるとする［Bollnow 1965=1977: 54-60］。人間の実存は教育という営みのなかで特に問題になるものであり、教育において示される人間の現実について問い、理解を深めていくこと、それ自体が教育学となっていくのである。ボルノーはこのような立場から、人間学的な見方を教育学のなかに導入し、教育現象の理解を深める方法論を発展させた。

さらに、マルティヌス・ヤン・ランゲフェルトは「われわれが『アントロポロギー』Anthropologie という言葉を選ぶのは、この言葉が人間存在一般の一つの様式として子供の存在を問題にするからであり、したがって子供を人間に本質的なものとして取扱うからである」［Langeveld 1959=1966: 35］と述べ、「ただわれわれに依存しているもの、自ら学ぶもの、またいつもすでに何程か教育されてしまっているもの」としての子どもを対象とした人間学（子どもの人間学）を提唱した。ランゲフェルトは、子どもの人間学から導かれる人間像や子どもの本質規定が何らかの価値判断に方向づけられていないことはありえないとする立場をとる。教育という営みにおいて、子どもの本質規定を左右する価値判断は、ひとつは子どもそれ自身がもつ価値判断として、もうひとつは子どもの教育者が用いる価値判断として現れることになる。つまり、子どもの人間学において、子どもの存在は、子どもと教育者が実際に関わりあう「教育的状況」［Langeveld 1958=1966: 15］のなかで問題にされなければならないのである。

以上のように、シェーラーの実存的問いは、教育という営みを人間の側から問いなおそうとする教育人間学のなかに継承されることとなった。教育人

間学において問われるのは、教育という関わりのなかで、世界開放的に存在する人間のもつ世界である。人間学的に教育を見た場合、「人間が何らかの態度を決めることができ、またそうせざるを得ないのは、かれが『世界』および自己自身と向かい合ってあるというかたちで生存しているからである。人間は環境のなかに埋没するのではなく、むしろまず環境をつくり出さねばならないのである」ということが問題となる［Langeveld & Dannner 1981＝1989: 242］。この「向かい合うもの」に対して、人間はただそれに応じるだけでなく、解釈し、克服し、名づけ、それをつくり変えることができる。「人間は『世界』を解釈し自己に関係づけることによって、世界に『意味』を付与するのであり、しかもこれは、事の大小を問わず行われるのである」［*Ibid.*, p.250］。このような、動物的環境から区別される「世界」を問うことが、教育人間学の問題とされる。そして後述するように、教育人間学は、現象学や解釈学の手法を用いて、自己や世界、子どもという存在の意味について明らかにしようとしてきたのである。

（2）人間学の視線とその構造

　教育人間学は、教育という具体的実践における現象から人間について問いなおすことで、教育についての新たな理解を与えるものである。しかし、他の主体を含んだ現実から出発する「世界」の解釈には、ユクスキュルが批判した「動物の世界」の解釈の問題が組み込まれていることに注意しなければならない。

　ユクスキュルが「完全な適合」として記述し、考察したあらゆる動物の環境は、シェーラーにとっては「そこから脱するべき」精神の課題として変奏されている。「人間が世界をつくる」という議論は、人間によってつくられた世界に他なるものの世界を含めて解釈する可能性と隣り合わせになっている。人間の世界から翻って動物の世界を理解することは、ユクスキュルの言葉を借りれば「人間自身の世界のみが決定基準として見なされ」た、世界解釈に他ならない。人間の固有性に向き合う哲学のなかで論じられた「世界開放性（Weltoffenheit）」は、他なるものへ向き合う哲学の文脈におかれるとき、ある種の暴力を含むものであることが明らかになる。

第Ⅰ部　生きられた環境の保育実践研究の必要性

　ジャック・デリダは、動物と人間の差異についての言説が、アリストテレスからデカルト、カント、ハイデガー、レヴィナスに至るまで、「人間の固有性の欠乏」という根源をもち、そこから人間になくてはならないものを導き出そうとする図式に取りつかれていることを看破している［Derrida 2006=2014: 87］。理性、ロゴス、歴史、衣服を身にまとうことなど、動物についての言説は、常に動物に何かを拒むことによって、人間に固有なものを残し、その根源的欠乏を補うかのように人間の固有性を導き出してきた。これらの言説は常に、人間一般を動物一般から分離する境界線を引くことで成立している。その境界線は哲学者によって異なるものであったが、すべてに共通しているのは、境界を区別し対立させる権利が自分たちの側にあるという立場だったのである［*Ibid.*, p.80］。デリダによれば、これらの哲学者の言説においては、動物が一方的に見られるものであるかのように装われているのであり、哲学者たちを見つめる動物の経験が全く考慮されていない［*Ibid.*, p.36］。一方的に見ることは、人間がいま目の前にいる固有の存在としてのこの動物から見られることなく、彼らを「動物」という一般名詞で呼ぶことを可能にしている。そこにはすでにひとつの権力構造が働いているのである。

　このような構造をもつ「人間‐世界」の問題を「自己‐環境」のレベルへと引き下げて考えるとき、シェーラーの精神の形而上学では論じられることのなかった、生物主体同士が関与しあう現実世界（知覚された環境）の記述が問題となる。人間の立場から見た世界本体に動物の世界を含みこむという問題は、自己の環境の経験から、他者にとっての環境の経験を解釈するという問題として論じられることになる。ランゲフェルトが「教育的状況」から思考することを条件としたように、子どもの人間学の問いは、常に教育者の自己（環境）と子どもの自己（環境）の両者の切り離せない関係の全体から思考されなければならない［和田 1982: 88］。その際に問題となるのは、異なる仕方で生きる他者の経験について、自らの認識の枠組みを押し付けて理解するのではないかたちで、いかに記述し、考察していくのかという問題である。

　このような課題は、すでに人類学についての批判的考察において問われて

第1章 環境概念についての理論的諸問題

きたものである。アガンベンは、人間を動物から区別することによって定義づけようとする試みが、非‐人間を産出する「人類学機械」[Agamben 2002=2011: 54] となり、非‐人間的な生を支配する権力関係を導いてきたことを論じている。

　人間／動物、人間／非人間といった対立項を介した人間の産出が、今日の文化において賭けられているかぎり、人類学機械は、必然的に排除（つねにすでに勾留でもある）と包摂（つねにすでに排除でもある）によって機能している。事実、まさに人間がそのつどそのつどつねにあらかじめ前提とされているからこそ、人類学機械は、一種の例外状態、つまり外部が内部の排除でしかなく内部が外部の包摂でしかないような未確定の領域を現実に生み出すのである。[*Ibid.*, pp.69-70]

　人類学（人間学）は、人間とは何かを写しだす鏡として、非‐人間的なものを対象とするが、それは伝統的には、動物や、「人間になる途上のもの」としての、未開人、子どもであった。エドゥアルド・ヴィヴェイロス・デ・カストロが述べるように、人類学が、観察する者の側の認識論に基づいて記述を行うことは、たとえばアメリカの先住民にとっての「自然」がヨーロッパの人々にとっての「文化」でもありうるといった可能性を隠蔽し、非‐人間的な社会に人間的な社会の質を投影する「擬人化（人間化）」によって理解するような誤謬を生み出す可能性がある [Viveiros de Castro 2005=2016: 54][7]。

　もちろん文明人／未開人という区分に対して行われた人類学の批判が、大人／子どもという関係に直接当てはまるわけではない。しかし、子どもが部分的には大人と共通の文化的実践をもつということや、大人に依存するという関係をもつという差異を考慮しても、「人類学機械」は、ある者が自身の立場から他なる者の世界を解釈するという行為において作動し、権力関係を生み出している。

　実践の学は、このような視点から生み出される「意味付与」が、常に独我論の可能性をはらんでいることを考慮に入れた上でなされなくてはならな

い。ここに環境の記述と意味づけを行う、教育学の困難さがあるのである。教育における人間学的な認識、すなわち教育者によって人間学的に捉えられた世界（環境）の意味が、実は「解釈」という行為によって異なる世界の可能性を塗りつぶしてしまうことがあるということに注意を向けなければならない。これは、教育人間学の方法としてしばしばとりあげられる現象学が、自己批判のなかで常に注意を払ってきた問題でもあり、その可能性と限界については、のちに焦点を絞ってさらに考察していくこととしたい。

　以上のように、ダーウィンの進化論は、環境決定論への批判と人間の実存や自由の問題を巻き込むかたちで、教育人間学へと間接的に影響を与えた。教育的状況のなかで私たちが人間として向き合う課題を考察するという立場、教師と子どもがつくりだす世界について考察するという立場は、非常に重要なものである。しかし、「人間／非－人間」の枠組みの内から思考する人間学の手法には、常にある種の権力構造を抱えている。それは保育学においては、子どもの経験する環境をいかに記述するのかという問題に関わっている。

　ユクスキュルの多元主義的な環境論は、その権力構造を避けようとする理論であった点を再評価する必要がある。しかし、教育実践の記述理論としてそれを見たとき、その機械論的・機能主義的な記述によっては、子どもと関わりあうなかでつくられる世界の意味について十分に論じることはできなかった。ユクスキュルは機能環という図式を、自らが動物と関与することのない観察によってつくりだしたが、教師と子どもが生きる世界は、互いに関与しあうことによって成立している世界であり、完全な外部者の視点からそれを記述することはできない。

　ここまでの考察では、教育的状況における「生きられた環境」の記述ということに関わる理論的な諸問題が整理されてきたが、本研究が定位すべき環境を捉える視点はまだ十分に見えてこない。本研究の課題に応えていく上で、教育的状況のなかで生きられる環境は、どのように捉えなおされていくべきなのであろうか。以下では、ダーウィンの思想を生命（life）の連続性の立場から受容したプラグマティズムの思想を取り上げ、「経験」という概念について検討することで手がかりを得ていきたい。

4. デューイの経験論
――有機体－環境のトランザクションとしての経験と成長

(1) プラグマティズムにおける有機体－環境論の受容
　プラグマティズムは1870年ごろにハーバード大学を中心につくられた形而上学クラブに起源をもつが、当時、アメリカは急速な国家的発展を迎えるにあたってヨーロッパから独立した文化を形成しようとする実験精神に富む気風があった。プラグマティズムの創始者であるチャールズ・サンダース・パースは、概念や推論をふくむ思考過程を行為との関連で捉える立場をとったが、このような立場は、経験を環境に対する生物の能動的な働きかけとして捉える有機体論に基づいており、ダーウィンの影響を受けたものであるとみなすことができる［八杉 1969: 176］。同じくプラグマティズムの創始に重要な役割を果たしたウィリアム・ジェームズは、『心理学』（1892年）のなかで、人間の心を進化論的に捉える立場について以下のように述べる。

　　心的事実はこれが認知する物的環境と切り離して研究することは適当ではない。過去の合理的心理学の大きな誤りは、魂（soul）を、固有の諸能力をもつ絶対的精神的実体（an absolute spiritual being）として設定し、記憶、想像、推理、意志などの諸活動を、これらの諸活動が扱う外的世界の諸特質とほとんど関係なく、魂に固有の諸能力として説明したことであった。しかし近年の豊かな洞察によって、われわれの内的諸能力は、われわれの住んでいる世界の諸相にあらかじめ順応しているという見方がなされるようになった。すなわち世界の真っ只中にあって、われわれの安全と繁栄を確保するように順応しているのである。新しい習慣を形成し、順序を記憶し、事物から一般的性質を抽象して、これとその当然の結果とを結びつける能力、すなわち、この多様性と統一性が混じりあった世界の中でわれわれの方向を定めるのに必要な諸能力のみでなく、情動や本能もこのような世界のきわめて特殊な諸相に順応しているのである。要するに、もしある現象がわれわれの良い生存にとって重要であれば、最初に出会ったときからその現象はわれわれの興味と興奮を喚起する。危険なものに出会うとわれわれは知ら

ないうちに恐怖で満たされ、有毒なものに出会うと自然に嫌悪が起こり、必要な
ものに出会うと自然に欲望が生ずる。一言で言えば、心と世界は一緒になって進
化してきたのであり、したがって相互に適合してきたものなのである。[James
1892=1992: 24-25]

　ジェームズの心理学が進化論から導き出しているのは、有機体は環境との
相互作用のなかで目的的活動に従事し、そのなかで心（mind）が生じている
のだとする立場である。シェーラーが精神的存在としての人間を動物との決
定的断絶から導き出したのに対し、ジェームズの捉える人間の心的活動は、
動物との連続性に基づく進化のプロセスをたどったものであることが強調さ
れている[8]。恐怖や嫌悪や欲望といった情動も、世界への順応の相において
捉えられる。環境は、人間の心的事実が生じる上で欠かすことのできない条
件となっているものであり、心の理解は環境の理解と一体となったものとし
て捉えられる。
　そして、ジェームズが人間の心的事実を絶えざる環境との相互作用のうち
に位置づける結果として生じてきたのが、純粋経験の概念である。デカルト
以来の精神と物質という二元論的前提に基づく「意識」概念を批判し、
ジェームズは意識を経験のうちに思考が果たす機能として捉えなおす
[James 1912=2004: 11]。

　経験は「主観的なもの」として表象を行い、「客観的なもの」として表象され
る、といわれる。ここで表象するものと表象されるものは、数の点では同一のも
のである。われわれは経験それ自体においては、表象されることと表象すること
の二元性はどこにも存していないことを銘記しなければならない。それが純粋な
状態にあり、孤立しているときには、意識と、意識が「それについて」であると
ころのもの、というふたつのものへの自己分裂は、存在していない。その主観性
と客観性とは機能的な意味での属性にすぎず、その機能は、経験がふたとおりに
「把捉される」こと、つまり二重に語られ、それぞれ異なった文脈に沿って考慮
されることによって実現される。[*Ibid.*, pp.29-30]

思考や表象といった心的活動を、世界から切り離された絶対的実体である魂の能力の所産として説明する従来の哲学によっては、有機体－環境の絶えざる相互作用としての表象活動の実態をうまく捉えることができない。ジェームズが「活動性の経験」[*Ibid.*, p.103] と呼ぶように、私たちの生において、私たち自身も、私たちが生きる世界も、常に変化のなかに置かれている。この活動性の経験を生の感覚の根本に位置づけるところに、ジェームズがダーウィンから受容した変化を前提とする世界観を見て取ることができる。

ジェームズは、この変化の過程のなかで、現在という瞬間的な領野に位置づくものとして経験を捉える。「純粋な」経験は、「いまだ可能的、潜在的にのみ、対象あるいは主観でありうるものにとどまっている」[*Ibid.*, p.30]。この現在の瞬間から、人間の知覚能力の制限や、関心の影響を受けながら、事物は主観的なものとして、あるいは客観的なものとして把捉されていく。私が今、メモをとっているペンは、金属製の安定的な性質をもつ客観的事物としても経験され得るし、両親からプレゼントされた大切な私のペンとしても経験される。しかし、純粋経験としてはこのペンは同一のペンなのであり、経験は変化のなかで把捉されることで意味を得ていくのである。

経験を二元論を超えたところに位置づけつつ、生活においてはそれが主観的にも客観的にも把捉されると考えたジェームズの経験概念は、その後、デューイの経験を中心とした教育学の構築に影響を与え、パトナムの「自然な実在論」の基礎ともなっている。また、アフォーダンスを「物理的でも心理的でもあり、あるいはそのどちらでもない」と考えたギブソンの生態心理学に対しても影響を与えていくこととなった。このように、プラグマティズムにおける有機体－環境論の受容は、経験概念を通してその後のアメリカ思想の重要な潮流を形成していくこととなる。

（2）有機体－環境のトランザクションとしての経験と成長

ジェームズの相互作用と変化のうちにある経験概念を引き継ぎつつ、それを人間の成長の哲学へと発展させたのがデューイである。デューイは、「ダーウィンの哲学への影響」（1910 年）のなかで、ダーウィンの思想が西洋

の哲学において支配的だった「絶対的な起源」や「究極的な目的」といった思考様式を転換し、知識や目的が具体的な変化のなかで実験的に生み出されていくものであるという立場をとった意義について評価している［Dewey 1910: 1］。デューイは、人間を他の動物と同様に進化と適応の過程のうちに置かれたものとして捉えつつ、他の動物とは異なり、適応の過程それ自体を意識し、具体的な環境と関わる経験のなかで知性を発展させる存在であると考えた［森田 1986: 114］。人間と動物との連続性をみとめつつ、環境との相互作用のなかで知識を生み出し、社会のなかで成長しつづける有機体として人間を捉えた点に、デューイの思想の特徴があると言えるだろう。

　デューイは動物と連続しつつ、動物とは区別される人間の存在について論じる上で、「経験」と「生活」という概念を再定義していく。

　　すべての経験についての説明は、今や、経験することは生活することを意味するという考察に当てはまるものでなければならない。また、生活することとは、その生活者を取り囲む媒体（environing medium）のなかで、あるいは媒体によって、進行するものである。生活することは、真空状態のなかで生じるのではない。経験のあるところには必ず、生活者が存在する。［Dewey 1917: 8］

　デューイは、「生命／生活（life）とは、環境への働きかけを通して、自己を更新して行く（self-renewing）過程である」［Dewey 2004（1916）=1975: 12］と定義しており、動物であれ人間であれすべての生物はこのような自己の更新の過程におかれている。動物の場合は主に栄養の摂取と代謝といった生理的過程がその更新の中心をなすのに対し、人間は単に肉体的存在としてそれを更新していくのみではなく、信念や理想、希望や幸福といった価値体系をも更新していく。人間の場合、経験は個体の内での連続性を保つものであると同時に、社会集団のなかでの連続性をもっているのである。

　デューイはこのように、経験を「有機体と自然環境および社会環境との相互作用に関する事柄」［Dewey 1917: 7］として捉え、その再構成のプロセスを人間の生命／生活に必須のものとして考えた。そして、この経験の再構成のプロセスは、環境の能動的な改変を前提とするものであった。ユクスキュ

第 1 章　環境概念についての理論的諸問題

ルが主体という概念によって、生命の能動性を論じたのに対し、デューイは
主体 − 客体という二元論的な構図によってそれを論じるのではなく、相互作
用の一側面としての能動性を適応のプロセスに不可欠なものとしてみな
す[9]。

　　生命があれば、必ず行動があり、活動がある。生命が続くためには、この活動は
　持続的でなければならず、環境に適応していなければならぬ。それにこの適応
　は、完全に受身のものではない。ただ、有機体が環境によって形作られるという
　問題ではない。蛤でも環境に働きかけ、或る程度まで環境を変える。食べる材料
　を選び、身を守る殻になる材料を選ぶ。蛤は、自分に対して何事かを行なったの
　と同様、環境に対しても何事かを行なう。条件への単なる順応──寄生生物はこ
　の極に近いかもしれないが──ということは生物にはない。生命の維持には、環
　境の或る要素を変形することが必要である。[Dewey 1920=1968: 77-78]

　デューイの主張は、ダーウィニズムがもつ環境決定論的な立場を拒否しつ
つ、生物の行動を適応という価値に向けられたものと見なす点で、ダーウィ
ンの有機体 − 環境論の系譜を受け継いでいる。経験は、このような有機体 −
環境の相互の関係として記述される。

　　有機体は、自分の構造──単純であれ、複雑であれ──に応じた方法で環境に働
　きかけるものである。その結果、環境に生じた変化が、有機体とその活動とに反
　作用する。こうして、生物は、自分の行動が生んだ結果に出会い、その結果を受
　ける。この能動と受動との密接な結合が、経験と呼ばれるものを形作っているの
　である。孤立した能動、孤立した受動、何れも経験ではない。[Ibid., pp.78-79]

　つまり経験とは、受動的に環境から与えられた感覚の主観的統合なのでは
なく、能動的な活動とその反作用のなかで生きられる事象である。このと
き、行為主体とその環境から構成された全体が経験と呼ばれることになるの
であり、このような意味での経験を動物一般に認めるところに、デューイの
自然主義的経験概念の特徴を捉えることができる。

53

第Ⅰ部　生きられた環境の保育実践研究の必要性

　デューイは、ここで「相互作用（interaction）」として言い表している有機体−環境の相互交流の過程を、のちに「トランザクション（transaction）」という用語に言い換えるようになった。晩年の著作である『知ることと知られるもの』（1949年）において、「相互作用」は「ある事物が、他の事物に対して、因果的な相互関係において安定して」いることに言及しようとするものであるのに対して、「トランザクション」は、「記述や命名のシステムが、最終的な『要素』への帰属なしに、行為の一側面や一位相を扱うために用いられる」ものであると区別されている［Dewey & Bentley 1949: 108］[10]。この過程は「有機体」と「環境」という独立した事物同士の作用なのではなく、「有機体」と「環境」という区分自体をそもそも成立せしめているような原初的事実として位置づけられる。経験は有機体−環境のトランザクショナルな交流の過程として捉えられなければならないのである[11]。

　さらにデューイは、人間の特徴としてこの能動と受動の往還のなかで、自らの経験を記憶し、それについて思考し、省察することによって知識を生み出していくことができることを挙げている［Dewey 1920=1968: 9］。デューイは思考を「現在の行為」のうちに位置づけ、この「現在の行為」における有機体と環境との相互調整の成功を真理として捉えることで、人間と自然の連続性に基づく自然主義的な哲学を構築するのである［加賀 2009: 90-91］。

　デューイは、経験概念を再構築するにあたり、伝統的哲学が経験を個別的・偶然的・蓋然的なレベルを超え得ないものとして扱ってきたことを批判している［Dewey 1920=1968: 72］。プラトンやアリストテレスにとって、経験は不完全で欠陥を抱えたものであり、普遍性や確実性に到達するためには、経験を超えた領域にある力、すなわち理性の力に頼らざるを得なかった。経験は秩序のない個別的な要素であり、それ自体としては一般性への通路を欠いている。そのことは科学や道徳にとって致命的であり、経験を統合する原理である理性が必要だとするのが伝統的哲学のなかで用いられた論理であった。その背景には、受動的に与えられる感覚が、理性によって統合されることで認識が得られるのだとするアトム的な感覚論が支配的だったことが関係している。

　これらの伝統とは対照的に、デューイは、感覚を認識の要素として捉える

のではなく、「やがて認識に終るべき探求行為への挑発」[*Ibid.*, p.82] として、実践的に捉える。感覚－運動の調整作用は、生物の適応の中心をなすものである。私たちが周囲の明るさや温かさといった環境の変化を感覚し、火を灯したり、服を着たりといったように行動を調整するとき、感覚は「今までの適応が中断されたことから生ずる変化のショック」であり、行動の方向を変えることを促す「シグナル」として捉えられる [*Ibid.*, p.81]。この意味で感覚は、経験の過程のなかで再適応を促し、獲得された習慣を変化させるきっかけとなる実用的な意味をもっている。人間はこの感覚－運動の調整の結果としての経験を記憶し、それについて思考し、省察することで知識を獲得していく。有機体－環境のトランザクションとしての経験は、過去から未来へとより良い経験を再構成しようとする過程のなかで「実験的知性（experimental intelligence）」を生み出すのである [*Ibid.*, p.87]。このような知性は、経験的なテストによって不断に検証されていく科学をモデルとした知性である。それは合理主義の説く完全性と絶対性を体現する理性とは対照的に、生活のなかで仮説的に形成され、経験によってテストされ修正されていく、不断の形成過程にある知性として捉えられる。

　そしてデューイは、経験をより一層知的に再構成していく過程にはたらくものとして教育を捉えていた [杵渕 1975]。デューイにとって教育とは、「経験の意味を増加させ、その後の経験の進路を方向づける能力を高めるように経験を改造ないし再組織すること」[Dewey 2004（1916）=1975: 127] である。ここでデューイが言う経験とは、有機体－環境のトランザクションとしての経験であり、人間と自然との連続性に基づいた立場から論じられる経験である。動物が環境との相互作用のなかで、自己を更新するのと同様に、人間もまた環境との相互作用において自己を更新する。そして、人間の場合、自己の更新は、習慣や知識を伝達する社会的環境と不可分の関係にあり、自己の更新と社会の更新は一体的に捉えられる。デューイが「コミュニティすなわち社会集団が、絶え間ない自己更新を通して自己を維持するということ、そして、この自己更新は、その集団の未成熟な成員が教育を通して成長することによって行われる」[*Ibid.*, p.25] と述べるように、人間の教育とは社会の更新と個人の成長の両方を含む過程であると捉えられる。

デューイが、「教育は成長することと全く一体のものであり、それはそれ自体を越えるいかなる目的ももたない」[*Ibid.*, p.92]と述べるように、成長（growth）を助長することが教育の目的となる。そしてその目的を達成するために、教師は環境を選ぶという行為によって、子どもの成長の過程に関与している。「意図的教育とは、特別に選び抜かれた環境という意味をもつ。そしてその選択は、特に成長を望ましい方向に助長するような材料と方法という基準に基づいて、なされるのである」[*Ibid.*, p.69]と述べられているように、教師は子どもたちが経験する事物について、望ましいものとそうでないものを判断し、経験の諸条件を改編することで教育を行っている。環境は、「ある生物に特有の活動を助長したり、妨害したり、刺激したり、抑制したりする諸条件から成り立っている」[*Ibid.*, p.27、傍点はデューイ]ものである。成長していくのは、あくまで生命的衝動にもとづき、社会と相互作用するなかで自己を更新していく子ども自身であるが、教師は環境の改変を通して間接的に子どもの習慣の獲得に関与するのである。

　教育は、個人とその環境とを互いに適応させるような習慣を獲得することにある、と定義されることが稀れではない。この定義は成長の本質的な面を表現している。だが、大事なのは、目的を達成するための手段を制御するという能動的な意味に適応を解することである。習慣を単に有機体の内部にもたらされた変化にすぎないと考えて、この変化が、環境の中にその後の変化を産み出す能力の変化であることを無視するならば、われわれは「適応（adjustment）」を、封蠟が押された印形に一致するのと同じように、環境に一致することと考えるようになるだろう。[*Ibid.*, p.82、傍点はデューイ]

　適応とは環境への単なる順応ではなく、「能動的習慣に梃を提供する」[*Ibid.*, p.83]ものである。私たちは習慣を獲得することで周囲の環境に慣れていくが、慣れることによって環境についての知的な推論や判断を行い、環境との関係をより良いものへと改変することができる。このとき人間は、環境という外的諸条件に拘束されているのではなく、能動的習慣に支えられて環境をつくり変え、成長していると言うことができる。そして、このことを

第1章　環境概念についての理論的諸問題

　教育との関係で捉えれば、子どもが獲得する習慣が、さらなる成長を促すものとなっているのか、成長を阻害するものとなっているのかという問題が重要となる。獲得された習慣が、環境との関係についての新鮮さや独創性を失わせる機械的で固定的な行動様式となれば、それは成長を阻害するであろうし、反対に、習慣として獲得された思考や観察の様式が、より高度な判断や技術を可能にするものとなれば、それは成長を促進していく。習慣が成長を阻害する悪習とならないために、教師には現在の子どもの衝動の向かう先を理解し、子どもの成長を導くような環境を選択することが求められるのである。

　習慣が機械的な行動様式となるか、成長を促すものになるかを左右するのが知識である。デューイは知識の機能を、「ある経験をほかの経験においても自由に利用できるようにするものにすること」であると定義する［Dewey 2004（1916）=1975: 215-216］。習慣は効率的な行動傾向を形成するが、その効率性は有機体と環境との関係が通時的に一定の様式を保っていることを前提としている。ある状況においては適応的であった行動様式が、環境の変化によって通用しなくなった場合、人間は知的な省察を行い、新たな習慣を再構成しなければならない。そのような変化にさらされた際に、古い行動様式にとらわれ、環境への再適応が試みられない場合、人間の成長は阻害されることとなる。人間が社会的環境との相互作用のなかで獲得する知識とは、「ある一定の状況におけるある対象の適用可能性を決定するところの、その対象の諸関連の認知」［*Ibid.*, p.216］である。経験の連続的再構成としての教育は、このような意味での知識の獲得と不可分なかたちで成立している。デューイの理論から浮かびあがるのは、社会的環境と不可分の関係にありつつ、試行錯誤を通して知識を獲得し、更新し、自ら成長していく人間の姿である。

　ここで注意しなければならないのは、経験の連続的再構成として成立している教育の過程が、教師の特定の意図や目的によって完全に制御されるものではないという点である。教育を、精選された教材を通して完全な「知識」を身につけることや、訓練を通して特定の「習慣」を獲得させることといったような、固定された終着点（end）によって規定することはできない。知

57

識とは、子ども自身の成長、つまり経験の連続的再構成の過程において獲得され、さらなる成長にはたらくものでなければならない。そのため、子どもにとって何が成長につながるのかという教師の判断基準は、常に改訂されるべきものとして暫定的に確定することとなる。

　成長の理想は、結局、教育とは経験を絶え間なく再組織ないし改造することである、という考えに帰着する。それはつねに当面の目的をもっており、しかも、活動が教育的なものである限り、それはその目的——すなわち経験の質を直接変化させること——に到達するのである。経験のどの段階でもその段階において実際に学びとられたものこそがその経験の価値を成すのだという意味で、また、生活することがこのようにして生活過程そのものの中に認知しうる意味をますます豊かにして行くのに貢献するようにすることが、あらゆる時期における生活の主要な仕事なのだという意味で——幼児期も青年期も成人の生活もみな同様の教育適齢段階にあるのである。[Dewey 2004（1916）=1975: 127、傍点はデューイ]

　教師は当面の目的をもって環境を構成することになるが、それは教育に最終的な目的（end）を提供するものではない。子どもに対して選ばれる環境は、そのときの子どもの成長の可能性を鑑みて選ばれるものであり、環境それ自体もまた変化の過程のなかに置かれている。教育は環境を通してなされるが、その環境の意味は、一回性の出会いのなかで規定されているものであり、なおかつそれが子どもの成長につながるものであるのかどうかは、その都度判断されねばならない。つまり、デューイにとって、教育の「手段（means）」としての環境の意味（meanings）は、成長を導く経験のなかでその都度捉えなおされていくものなのである。このような意味での教育の過程に関与する教師は、自分自身もまた成長の可能性に開かれている必要がある。教師がその生活過程のなかで認知する意味（知識）を更新することがなければ、経験の再組織化は停止することになる。環境の意味は問われ続けなければならない。教師は、子どもとともに生活するなかで、子どもとともに成長し続ける存在なのである[12]。
　デューイの有機体－環境を捉える方法は、人間と動物との連続性を認めつ

つも、社会的な相互作用のなかで知識を獲得し、環境をつくりかえていく人間的な成長へと向かうものとして、経験を位置づけるものであった。デューイは、人間と環境が不可分の関係にあるという前提に立ち、そのなかで教師と子どもが相互作用しつつ経験を再構成し、成長する過程として教育を捉えている。デューイの主張は、経験の記述を通した教育実践研究に理論的な基礎を与えるものであり、保育のなかで生きられた環境について省察する方法を検討する上で、大きな示唆を与えるものである。

　しかし、一方で、デューイが教育の過程において不可欠なものとしてみなす環境が、成長のための手段として対象化され、生命を更新するトランザクションから切り離された実体的な事物として解釈されやすいものであることも否めない。ランゲフェルトはデューイについて、「デューイのプラグマティズムを動かしているのは、根本的に『教育学的』な価値ではなく、学校生活や学習や授業に対する有意味な関係」であり、教育についての根本的な決断について扱うものではないとして批判している〔Langeveld 1958=1966: 9〕。ランゲフェルトの批判に従えば、デューイの「教育学」は、実用的な教授の学としてのみ適用できるものであり、デューイの提示する環境概念も、教師の実用的な関心の観点からのみとらえられた教育のための部品に過ぎないものであるということになる。しかし、デューイの思想が、人間の生の課題として教育を位置づけ、最終的に固定された目的地に安住することなく成長しつづける人間を描くものであることに注目するとき、そのような批判は効果的なものであるとは言えなくなる。その立場に基づけば、デューイにとって環境とは単なる教授の手段ではなく、教師と子どもがともに経験し、自己を再構成しつづけるメディアである[13]。そのメディアは、教育的状況において常に同じ教育的効果を発揮するといったものではない。メディアとしての環境は教育的状況のなかでその都度出会うものであり、多様な仕方で生活を更新する。そして、教師が教育的状況において、子どもの成長についての問いをめぐらし、その環境との一回性の出会いをどのように理解するのかという課題を背負うとき、そこには人間と教育についての根本的な問いが含まれることになるのである。

　ランゲフェルトの批判は、デューイの理論が内包する教師と子どもの生の

プロセスを考慮せず、生のプロセスから切り離された理論として解釈したものであるように思われる。そして、デューイの理論には確かにそのように受け取られやすい側面がある。デューイの思想からヒントを得つつ、不断の経験の再構成の過程のなかで環境を捉えていくためには、教育実践のなかで生きられる環境の意味と価値について言語化することのできる記述理論とともに、教育のメディアとして捉えられた環境を再び教育実践者の生のプロセスのなかに置きなおすことができるメタ理論が求められる。

　有機体－環境を一体的に記述するという方法については、ダーウィンが行ったミミズの観察が手がかりを与えてくれた。しかし、それを教育的状況のなかで関与しあう主体の環境の記述理論に応用するには、生活者の経験する意味と価値についての理論が必要であった。デューイの有機体－環境論は、この点に大きな手がかりを与える。しかし、「生きられた環境」の記述を通した保育実践の探求のためには、より具体的に生活者の知覚と行為を扱うことのできる記述理論が必要になるだろう。

5. 教育的状況において生きられた環境を記述する方法

　ここまで、ダーウィンを出発点とし、ユクスキュル、シェーラー、デューイの思想を手がかりに、環境概念についての理論的考察を行ってきた。そのなかで明らかになった課題について整理してみたい。

　まず、ダーウィンの進化論の登場によって、これまで神学の対象とされてきた世界の起源の問題が科学的に扱われるようになったことを述べた。その方法となったのが、適応という生存上の価値に向けてなされる行動を環境と一体的に記述する、有機体－環境の相互作用の機能的記述であった。有機体－環境論はジェームズやデューイの経験概念に影響を与え、人間と自然の連続性を認め、流動する世界のなかに人間の生を捉えようとする思想の系譜を形成した。

　一方で、個体の適応の蓄積を種の形成原理として解釈することは、生物を適応の度合いに従って序列づける思考につながることとなった。このことは

環境を人間から見た唯一の世界本体として捉え、下等な生物から高等な生物への適応的進化の道筋を描くダーウィニズムへと受け継がれることになった。ユクスキュルはダーウィンの有機体−環境の相互作用の機能的記述という方法を受け継ぎつつも、ダーウィニズムへの批判から、その相互作用に「主体」という概念を導入する。ユクスキュルにとっての環境は、ダーウィニズムにとっての世界本体と異なり、個々の動物主体によって創造され、生きられる環境であるとみなされた。ユクスキュルは環境（umwelt）という概念によって、そのような個々の動物種によって異なる世界を記述する道を開いたのである。

　ダーウィンからユクスキュルへと発展した有機体−環境の相互作用についての機能的な記述という方法論は、生きられる環境を記述的に理解する上での重要な示唆を与えるものである。しかし、ダーウィンやユクスキュルの記述が観察者と被観察者の関与という問題を十分に考慮したものとなっていない点、また、個体を種における匿名的な一事例として扱うのに留まるという点で、教育的状況において生きられる環境を理解するための方法論として直接応用できるものではない。

　一方、ダーウィンによって揺るがされた人間の固有性の問題は、シェーラーによって切実な生の課題として受け止められた。シェーラーは、人間の地位について、「環境によって決定されている受動的な存在」としての動物と、「環境をつくりかえ超え出ていくことのできる人間」を対比することで考察し、世界に開かれるとともに、世界を超え出ていくような人間の精神を強調した。シェーラーが提起した問題は、教育的状況のなかで生きられる世界について問い、教育という事象のなかに人間とは何かを問いなおす教育人間学へと受け継がれていくこととなる。しかし、環境に拘束された動物と、世界形成的な人間という対比は、人間と動物の境界設定の問題をはらむものであった。動物（非人間）の生きる世界を擬人化し、人間の側から理解するという方法にはすでに権力構造が内包されている。そして、その構造は人間が動物の生きる世界を記述する際に限らず、大人が子どもの生きる世界を記述する際にも働き得る。

　注目すべきは、シェーラーが影響を受けたユクスキュルの生物学は、動物

の世界を記述する際に働く人間中心主義的な誤謬に自覚的であり、これを回避しようとする志向をもっていたという点である。ユクスキュルは、ダーウィンと共通する機能的な記述において、動物の生きる世界を解釈することに明確な限界を設けていた。このような立場は、機能的記述が、対象への一方的な意味付与を避ける方法となり得ることを示している。他の主体が生きる世界の記述の問題については、主体による意味付与の問題として、第3章で再び取り上げることになるだろう。

　最後に、ダーウィンの有機体−環境論を異なる道筋で継承したデューイの経験概念を取り上げた。デューイにとって環境とは、生活のなかで経験される、有機体−環境のトランザクションの一側面である。教育はこの環境を通してなされるが、教育的状況において環境は、常に変化のなかに置かれ、多様な意味や価値を含むものとして経験される。教育の手段（means）としての環境は一義的に固定できるものではなく、教師と子どもの相互作用のなかでその意味（meanings）を探求されるものである。デューイの環境概念は、環境を生命の更新に不可欠なものであると捉え、人間においてはその教育の過程に重要な役割をもつものであると位置づける点で、エコロジカル・アプローチに通じるものである。しかし、その環境概念は、単に教師の意図を実現する固定的な道具として捉えられてしまう傾向があり、そのことによって本来の豊かさを失ってしまう。そのような陥穽を避けつつ、「生きられた環境」を探求するための具体的な記述理論をデューイは持ち合わせていなかった[14]。

　このように論点を整理するとき、本研究は以下の立場をとることを必要とする。まず、教育的状況は、「私−環境−子ども」のトランザクションとして捉えられる。このとき「私」「環境」「子ども」は、それぞれが変化しながら関わり合っているものとみなされる。環境は意味や価値を含んで経験されるが、それらは固定的な本質をもつ対象として捉えられるのではなく、変化を伴って経験されるものとして捉えられる。このときの環境とは、私と子どもを同時に包囲する環境であり、経験において共有され得る。この教育的状況において生きられる環境は、孤立した精神によって意味が付与された世界像ではない。環境は私が経験するものであると同時に、子どもにとっても経

第1章　環境概念についての理論的諸問題

験可能なものであり、あらゆる生物が共有可能なリアリティを保持している。

　このような本研究の立場は、第Ⅱ部で詳しく論じられるように、ダーウィン、ユクスキュル、プラグマティズムの影響を受けつつ、直接知覚論にもとづいて環境を扱うギブソンの生態心理学の立場を参照することによって精緻化される。ギブソンが理論化した「生態学的環境」とは、私たちを包囲する実在であり、教育的状況における意味や価値として直接知覚されるものである。さらに、ギブソンの生態心理学は、それを経験の理論として継承したリードの思想を経由することで、教育実践の理論へと再創造することが可能になる。

　第Ⅱ部の保育環境の実践研究論に移る前に、議論しておくべき点が2つある。1つは、現代の保育環境研究の状況であり、もう1つは記述的実践研究のメタ理論としての現象学についての批判的検討である。まず、次章では、保育環境研究の現状を整理し、「生きられた環境」を扱っていく上での課題を明らかにしていきたい。

注

1）なお、日常的な用法を含む環境概念の変遷については、井上美智子が優れた整理を行っている。井上によれば、「環境」という言葉は、明治期に生物学用語として出発し、大正期に外界や周囲のことを表す言葉として定着したものである。「環境」という言葉は、19世紀以降、生物学、心理学、教育学といった学問分野だけでなく、日常会話に使われる用語としても定着していくが、その用法は多義的である。日本の教育学の分野においては、昭和初期に子どもの社会的環境を含んだ独自の概念として定着し、倉橋惣三や城戸幡太郎らが保育について論じる際にも用いられた。1947年に『学校教育法』において幼稚園の目的を規定する際にも「環境」という用語が導入されているが、ここで用いられた環境概念は保育の現場における環境のことを指しており、主に倉橋の影響を受けている。その後、1956年の『幼稚園教育要領』において「環境を構成する」という表現が用いられることになるが、「環境」という言葉が保育において本格的に重視されるようになったのは、1989年の『幼稚園教育要領』改訂に際し、「環境を通して行う」教育の考え方が導入され、領域の一つとして「環境」が設定された以降のことである［井上2012: 31-79］。

63

第Ⅰ部　生きられた環境の保育実践研究の必要性

2）進化論の前史と、進化論がキリスト教的世界観に与えた衝撃については、主に八杉（1969）を参照している。

3）ただし、ギブソンは、知覚－行為を論じる際に、議論を動物に限定しており、植物－環境関係については分析を行っていない。

4）第2章における現代の保育環境研究のレビューを通して、保育者－環境－子どもの系において生きられた環境を記述する方法論が十分でないことが指摘される。有機体－環境の相互作用のなかで生きられる意味に着目したユクスキュルやデューイの理論は、「生きられた環境」とは何であるかを理論的に位置づけるための手がかりを与える。

5）ユクスキュルは、このことを述べる際に、「ダーウィン自身ではないのだが」という注釈をつけて、ダーウィン自身の思想とダーウィニズムの思想を区別している［von Uexküll 1921=2012: 11］。

6）『岩波哲学・思想辞典』では Umwelt は「環境世界」と訳されており、最初の邦訳である日高敏隆・野田保之による『生物から見た世界』（思索社、1973 年）においても、Umwelt の訳語には、「環境世界」が当てられている［von Uexküll & Kriszat 1970（1934）=1973］。しかし、日高敏隆・羽田節子訳『生物から見た世界』（岩波書店、2005 年）においては、Umwelt の訳語は「環世界」へと変更されている。訳語の変更について、日高は、Umgebung（「環境」）と対立的な概念である Umwelt に対して「環境世界」という訳語を用いることが適切ではないと考えたと、その理由を説明している［Ibid., pp.164-165］。一方、前野佳彦は、Umwelt を「環境」、Umgebung を「周辺」と訳している。Umgebung を「環境」と訳せば、「環境」という言葉は、観察される動物にとっては実在しない、人間の側から表現された動物を取り巻くものという意味で用いられることになる。これに対して前野は、あえて Umgebung に「環境」という訳語をあてず、Umwelt を「環境」と訳すことによって、この一語のなかに動物主体が作りだす意味の世界を取り込んでいるように思われる。本研究が確立することを目指すエコロジカル・アプローチは、環境が子どもと保育者にとっての意味に満ちた、共通の実在であるという立場をとっている。その意味で、「環境」という言葉をより広く捉え、意味に満ちた世界としての Umwelt の訳語としてあてておく方が、今後の議論がしやすくなる。このため、本研究では、前野に従い、Umwelt に「環境」という訳語をあてることとする。

　なお、訳語の多様な選択のされ方に表れているように、「環境」という概念があいまいさをもつのは、「環境」が関係的に定義される性質をもつためであると思われる。「左」という概念が「右」の逆として定義されるのと同様に、「環境」は「内」

に対する「外」として、すなわち自己の外部として定義される。色という Umgebung を「環境」と呼ぶかどうかは、ダニにとってその色が外的なものであるかどうかに基づいて判断されねばならない。このダニには知覚できないがダニの外部にあり影響を与えている Umgebung は、果たしてダニにとっての「環境」と言えるのだろうか（たとえば私たちが知覚することなく影響を受けている放射線は「環境」だろうか、放射線が発見される以前はどうだっただろうか、あるいは私たちは未だ発見されていない「環境」によってすでに影響を受けていると言えるだろうか）。ここには外部に在るということについての実在論的な問題が入りこんでいるように思われる。第6章で述べるように、本研究は「自然な実在論」の立場をとり、「環境」を、生活者を取り巻く「そこにあるもの」として実践的に捉えなおしていく。

7）文化人類学は、言語をはじめとする「人間的である属性」を用いて人間を理解する道具をつくってきたが、この過程において分析対象をその分析と同形にするという誤謬を犯してきた。表象を人間的な象徴のみに限定するのではなく、生命一般の記号過程として扱うことによって、人間的なるものを超えて存在する者との関係を分析しようとする試みが、エドゥアルド・コーンによってなされている［Kohn 2014: 17］。ユクスキュルの機能主義的分析は、「人間的でない」意味世界を扱おうとする現代の記号論的方法に影響を与えている。

8）ヴィヴェイロス・デ・カストロは、近代西洋の認識論にもとづく宇宙論が、人間と動物の間に形而下の連続性（身体が人間と動物を融和する）と形而上の不連続性（精神が人間と動物を差異化する）を仮定したものであると述べている［Viveiros de Castro 2005＝2016: 59］。一方、アメリカ大陸先住民の宇宙論は、形而上の連続性（精神が人間と動物を融和する）、形而下の不連続性（身体が人間と動物を差異化する）に基づいており、その思考は反転する。生の在り方によって人間－動物の関係が正反対に捉えられるということを考えれば、人間と動物の連続性という問いは、私たちの世界観に関わる問いであるということができる。

9）デューイは、主観－客観の区別を存在の秩序に関わるものではなく、生の過程における実践的な区別として捉える点で、ジェームズの経験概念を引き継いでいると言える［加賀 2009: 115］。

10）つまり、有機体－環境の不可分な交流過程は、事物間の安定的関係に言及したいときは「相互作用」という用語で、事物そのものの境界が変容しつつあるような原初的交流の過程に言及したいときは「トランザクション」という用語で言い分けることが可能である。本研究での語法は以上の立場に基づいている。

11）第2章で論じられる保育環境研究の傾向を見てもわかるように、有機体と環境を

第Ⅰ部　生きられた環境の保育実践研究の必要性

この流動する経験の相において捉えることは非常に難しく、「環境」は要素として固定化され、有機体から分離された対象として捉えられがちである。鶴見俊輔は、「インター」という語感が、相互に独立した存在のあいだの関係を示唆するため、デューイがそれまで interaction という語で表現していた事象を transaction として言い換えるようになったのではないかと推測している［鶴見 1991: 156］。

12) デューイの思想において、大人は子どもの成長の到達点として位置づけられておらず、成長の完成者を見出すことはできない［矢野 1995: 151］。デューイの「終わりなき成長」の概念は、ヘーゲル的絶対主義からダーウィン的自然主義への転換のなかで発展してきたものである。かつてデューイは人格の完成という究極的目的に向かうものとして「自己実現」を捉えていたが、この究極的到達点を志向する「自己実現」は、ダーウィン思想の受容によって偶発性のなかでたゆみなく進化する自然のプロセスとして捉えなおされることとなったのである［齋藤 2009: 28］。

13) メディアとしての環境という論点については終章で再び取り上げる。

14) デューイの経験論を省察的実践の理論として再構築したのがドナルド・ショーンである［Schön 1983=2001］。ショーンが提示する専門家像のように、状況との対話のなかで自らの実践の構造を捉える枠組みを発見し、それを組み変えていこうとする立場は、エコロジカル・アプローチとの共通点も多い。しかし、ショーンの理論は、環境がどのような意味や価値をもって生きられているのかを探求する際に、それを記述する言語を提供するものではない。

第 2 章
保育環境研究とその課題
——保育環境研究のメタ理論の必要性

　前章では、環境概念についての理論的問題を整理し、独断的な解釈に陥ることなく教育的状況において生きられる環境を記述する理論の必要性について論じてきた。以上の立場を現代の保育学における環境研究の状況とつきあわせ、本研究が保育研究として取り組むべき課題について明確にしていく。保育学において環境は、子どもの生活を中心とした保育を行う上で重要な媒体として位置づけられてきた一方、子どもによって生きられた環境の意味や価値について記述的に理解していくためのメタ理論は十分に発展してこなかった。このことについて、保育学と客観主義心理学との関係についての考察を通して論じていきたい。

1. 保育環境研究とその課題

（1）教育の手段としての環境と心理学

　環境は古くから教育にとって重要な主題であり続けてきた。人間的環境から切り離されて狼に育てられた子どもが、人間的環境に連れ戻されることで言葉を発したり二本足で立ったりすることができるようになる事例は、ヨハネス・アモス・コメニウスの『大教授学』（1657 年）にも見られ、しばしば環境を通した教育の力を例証する目的で用いられてきている［荘司 1990: 86］[1]。コメニウスが目指したのは、「すべての人に、すべてのものを、全面的に」教えることであり、そのための教育環境の構築であったともいうこと

67

ができる。「普遍学校」を設立し、一斉授業や学年制といった方法を取り入れることで、効率的な知識の伝達を目指したことや、世界中の珍しい物品や標本をコレクションした「驚異陳列室」を用いて教育を行おうとしたことなど、教育の手段としての「環境」への関心をうかがうことができる。また、自然界、人間界のあらゆる事物を網羅しようとした『世界図絵』は教育内容としての「環境」のリストであるとも言えよう［眞壁 2016: 86］。

　しかし、コメニウスが教育の内容として掲げた世界とは、あくまで神の被造物として捉えられた世界であり、この時点では世界は伝統的なキリスト教の自然観に基づいて捉えられていた。しかし、しだいに科学的な手法に基づく観察の結果が蓄積するにつれ、世界を単なる延長実体として捉える科学的な世界観が、神学的な世界観と対立するようになっていく。コメニウスの後、世界についての科学的な知識を教育内容として扱っていこうとした教育者は、このような葛藤と向き合わねばならなかった。たとえば、酸素の発見者であり、18 世紀に活躍したジョセフ・プリーストリは、器具を使用した化学実験を教育課程に組み込むなど、イギリスの啓蒙主義的な教育の歴史を体現する人物であるが、プリーストリにとって教育とは、世界についての宗教的な知識を科学的知識に置き換えていくための方法ではなく、科学的な知識を増大させることで「神の像」に基づく完全な人間へと接近する方法として位置づけられているのである［岩下 2016: 107］。

　19 世紀以降、蓄積されていく科学的知見と神学的世界観を融合することはいっそう難しくなっていく。そして、ダーウィンの進化論の登場を大きなきっかけとして、神学的な世界観が決定的な打撃を受け、教育学もまた大きな転換を求められることとなった。先にダーウィンの進化論が、人間－世界の問いへの科学的手法の導入、人間の固有性の揺らぎ、有機体－環境論の導入といった影響を与えたことについて整理しておいた。目的論的に完全につくられた世界とその中に特異な地位をもつ人間という寄りどころが失われることになったことによって、世界（環境）がどのようなものであり、教育がどのような事象を扱っていくべきなのかという問いは、客観主義的な科学の影響を大きく受けるようになったのである。

　ダーウィンから影響を受けたスタンレー・ホールの児童研究は、子どもの

心理的特性を対象とした科学的研究として先駆的なものであったと言える。ホールは新入学児の環境概念についての質問紙調査を手がかりに、都会の子どもと田舎の子どもの環境認識の差異を捉えようとする研究を行っている。ホールの研究には、子どもの認識する世界を科学的データに置き換えて明らかにしようとする態度が見られる一方で、子どもという存在についての哲学的関心が含まれたものとなっている。ホールは、質問紙調査の考察に加え、質問に対して語られる幼児の空想や物語について進化論的な解釈を行っている［Hall 1907=1968: 36］。ホールはドイツへの留学中に生理学の権威であったヘルマン・フォン・ヘルムホルツの影響を受ける一方で、ダーウィンの進化論とエルンスト・ヘッケルの反復説に触発され、子どもの心のなかに系統発生の痕跡を再発見しようとする関心をもっていた［菅野 1988: 62］。ホールの解釈は、そのような反復説の立場に基づいて解釈された部分が多く、恣意的で検証不可能なものとして多くの批判を受けたものであった。しかし、ホールの科学的データに基づく研究が、子どもの生活に目を向けたものであり、そのなかに人間の固有性をめぐる問いや、生命の意味についての問いが残されている点を見過ごすことはできない。

　ホールは 1892 年に創設されたアメリカ心理学会の初代会長を務めている。その後、ジェームズやデューイがアメリカ心理学会の会長を引き継いだ時代においても、心理学は、人間が経験することの意味や価値の問題と切り離すことのできないものであった。ホール、ジェームズ、デューイに共通するのは、ともにダーウィンから大きな影響を受け、人間の心理を自然との有機的関係の内に捉えていた点である。有機体 – 環境論において意味や価値は、人間の欲求や興味、関心を体現するものであり、心理学において欠くことのできない主題である。しかし、その後、心理学は自然科学としての客観性を高める必要性から、意味や価値といった観察不可能な事象をその対象から除外するようになっていく。1920 年代から台頭した行動主義心理学は、心理学を行動と反応のモデルに還元し、主観的な意味世界を研究対象から排除する方向へと進むことで、心理学の発展に大きな影響力をもつに至った。また、1960 年代には、行き過ぎた行動主義への批判として認知心理学が登場するが、人工知能の情報処理モデルを人間の心理に応用するという方法

は、人間の欲求や関心に基づく意味の世界を捨象したものであった。行動主義心理学と認知心理学に共通するのは、自然科学モデルが前提とする主観と客観の二元論であり、科学としての心理学は測定不可能な主観的意味世界を排除した客観的対象を取り扱うべきであるという前提なのである。

　それでは、このような文脈のなかで、「環境」はどのようなものとして扱われてきただろうか。客観主義心理学の文脈では、ダーウィンのいとこで優生学の創始者として知られるフランシス・ゴールトンが論じた「nature/nurture（氏と育ち）」という二元論的区分が、発達の要因が環境によるのか遺伝によるのかを論じる際に持ち出されるようになった。森田尚人によれば、そもそものゴールトンの nature/nurture の区別は、『種の起源』出版後に未解決な問題として残された「変異は環境の影響で生じるのか、遺伝の影響で生じるのか」という問題を解決するための操作的区別にすぎなかったのであるが、この本来的には方法論的なものであった概念が、遺伝が環境よりも優越するという優生学的関心の注目を集め、しだいに実体化されていったものなのである［森田 2000: 135］。たとえば、「努力する能力も遺伝する」というゴールトンの主張は、何が努力であるかを決定するのはその行動が置かれる社会的状況（環境）であることを無視したレトリックにすぎず、本質的な意味をもたないものとなっている。有機体－環境論は生命を連続的な更新の過程において捉えるものであるが、そこから切り離された実体として遺伝と環境を論じることでこのような混乱が生じてくる。

　ゴールトンを端緒として、19世紀後半から20世紀にかけて「遺伝か環境か」を決定しようとする科学的実験が多くなされるようになり、発達心理学の一領域をかたちづくった。このような流れのなかで「環境」は、発達の要因として実験的な条件のもとで取り出され、遺伝的要因と対比されるかたちで研究されてきたのである。環境説を牽引したジョン・ワトソンが条件づけによって子どもの発達を規定できると主張する一方で、遺伝説に立つアーノルド・ゲゼルは一卵性双生児への歩行訓練の実験によって、人間の発達が遺伝的要因に規定されていることを主張した。その後「遺伝か環境か」という区分の限界が明らかになることで、「遺伝も環境も」という輻輳説が普及するに至ったが、いずれにせよ、「nature/nurture」の区分は、遺伝や環境を生

命の更新の過程から切り離す二元論を前提としてきたのである。

客観主義心理学によって測定された環境は、意味や価値から切り離された自然科学的な事実として、教育学に提示される。そして、環境は、発達を規定する操作可能な要因として取り出され、教育的に活用すべき手段として捉えられていく。しかし、このような客観主義的前提には、2つの問題があることが指摘できる。

1つは、環境を操作的に定義し、実験的な操作が可能な対象として取り扱うことの問題である。環境要因を統制して測定するという手法には、物理学の方法として提唱された操作的定義を心理学に導入することに伴う原理的な困難があることに加え、実験的な統制によって切り取られる環境が子どもの日常生活から切り離されていることに伴う生態学的妥当性の問題がある［渡辺 2002: 12、Schmuckler 2001: 420］。人工的に統制された状況下で、主体にとっての意味を無視して環境情報や刺激の効果を測定することによっては、子どもの日常的な環境の意味や価値を理解することができない。それにもかかわらず、操作的に定義された環境が発達を規定する要因として抽出され、教育心理学に導入されたことによって、結果的に極めて偏った学習概念や経験概念が導かれるようになったのである［藤永 1995: 71］。

もう1つは、環境を固定的な要素として取り出すことで、有機体－環境の系の全体性が見失われてしまうという問題である。すでに見たようにダーウィンからデューイへと至る有機体－環境論においては、環境は生命の更新の過程の一端を担うものとして、個体から切り離すことのできない系として捉えられるものであった。南博文が述べるように、環境を人間から独立した要素として捉える「相互作用論」的立場においては、人間と環境は相互に作用するものの、それぞれの要素自体は変容することはない。これに対し、環境を人間から独立したものとみなさずに、常に流動する出来事の中に経験されるものとして捉えるのが「トランザクション」の立場である［南 2006: 19］。第1章で述べたように、デューイは、有機体－環境の不可分な交流過程を、トランザクションとして捉える。トランザクションにおいては「有機体」も「環境」も分離可能な構成要素として存在しているのではなく、あくまで便宜上の区分として概念化されている［Dewey & Bentley 1949: 122］。環

境とは、組をなす有機体をもち出してはじめて便宜的に特定されるものであり、外部に独立して存在する実体としては記述することができないものである。行動主義心理学が、環境を実体的で固定的な「刺激」として取り出してきたことは、環境内に生きる子どもの発達を関係論的に捉える視点を失わせてしまったと言えるだろう［浜田 1993: 299］。

　これらの問題に共通しているのは、環境が、生活主体から切り離して定義可能であるとみなす、二元論的な前提にある。操作的に定義され、測定された環境の機能は、個別具体的な教育実践の状況において必ずしも適用可能であるとは限らない。それにもかかわらず、特定の環境条件が発達を方向づけるものとして一般化され、保育学に無批判に導入されることには大きな問題があると言わざるを得ない。

(2) 環境を通した保育と客観主義心理学の不適合

　保育学は、その誕生からこれまでに至るまで、客観主義心理学の影響を大きく受けながら発展してきた。日本では、1898 年に雑誌『児童研究』が発刊されたが、元良勇次郎による祝辞には、児童の精神の性質と発達の法則を明らかにする児童研究によって、教育の道筋が示されるべきであるという立場が表明されている［元良 1898: 祝辞］。教育を科学的な検証の結果に基づいて行っていくことは、それまで偏見や独断、迷信に基づいて行われていた教育に一定の方向性を与える効果をもたらした一方で、客観主義的な観察や統計に基づく研究方法が支配的になることによって、児童研究は生きた子どもの姿から次第に遠ざかっていくことになった［森上 1987: 7］。

　戦後の保育学の発展を牽引した津守真は、行動のカテゴリー化やタイムサンプリングといった客観的観察法に問題意識を感じ、自らの研究方法を転回させてきた経緯を記述している［津守 1999: 9］。津守は、発達を外部から見られる行動の連続とみて、その外部にあらわれた行動相互の関連を明らかにするという課題は、行動科学的発達心理学の作り出した架空の課題にすぎないと批判する。発達とは、行動の発達だけを意味するのではなく、生きた人間同士のふれあいにおいて、生きた感動をもって体験される世界の出来事であり、保育研究はこのような体験を扱っていく必要がある［同書: 11］。津守

第 2 章　保育環境研究とその課題

の研究方法の転回にみられるように、保育に関わる現象を客観主義的な認識論によって捉えきることの不可能性はこれまでも認識されてきたが、それを調和する方法論の構築は容易な課題ではなかった。

　「環境を通した保育」は、倉橋惣三の誘導保育論にその原型を認められるものであるが、実践的な環境概念と、客観主義的に測定される要素としての環境概念の間にも同様の軋みが存在してきた。倉橋の誘導保育論は、アメリカの児童中心主義保育運動の影響を受け、それを日本に適合させる上で、子どもの生活を中心に据えた保育を目指そうとするものであった［森上 1996: vii、森上 1997: 182、汐見 2016: 32］。倉橋は「幼児さながらの生活」から出発し、「設備」を通して幼児の「自己充実」を指導していくという考え方のもと、誘導保育論を展開している。

　　さて、幼児の生活それ自身の自己充実に信頼して、それを出来るだけ発揮させていくということに、保育法の第一段を置くとして、それには幼稚園として適当な設備を必要条件とします。この意味において、幼稚園とは幼児の生活が、その自己充実を十分発揮し得る設備と、それに必要な自己の生活活動の出来る場所であると、こう言っていいのであります。（中略）すなわち、先生が自身直接に幼児に接する前に、設備によって保育するところであります。しかも、設備は、ある場合におきましては、自然の状態のままを利用していることもありましょうが、それにしても、幼稚園という中に取り入れられている限りでは、その設備の背後には先生の心が隠れているわけです。ですから設備とだけ言っても、その設備の心の中に、先生の教育目的が大いに入っているのであります。［倉橋 2008（1934）: 32、傍点は倉橋］

　倉橋の誘導保育論は、環境をその手段とするものであるが、その中心には必ず幼児の生活の「自己充実」が置かれている。設備に教育目的が含まれている状態とは、それがあまりに前面に出すぎず、教育目的が間接的な作用になっている状態でなければならない。「幼児の自由感」こそが設備をよく活かすのであって、教育目的によって幼児を束縛するのであってはならないのである［同書: 33］。倉橋の思想において、設備とは教育の手段であるととも

73

に、幼児の生活のなかで、幼児によって生きられる意味や価値を伴って経験されるものであると位置づけられている。

倉橋の思想は「環境を通した保育」の源流となるものであるが、当時の行動主義的な測定方法によって、このような生活そのものにおける環境を捉えることは難しかった。倉橋自身も、科学的な児童心理学を目指し『児童研究』を発刊した元良勇次郎の教え子であったことから、当初は客観主義的な児童研究の立場から出発した。しかし、倉橋はしだいに児童研究を批判する立場へと移行していくこととなる。倉橋は、科学的な知見を導出することが自己目的化した当時の児童研究について、それが自然科学の特色である「自然より自分をぬきにした」研究法をとり、「自分を離れたる態度」で子どもに向かっているために、「全体としての児童の生活」を知らず、「精神発生を知る」という方面にも欠けるところがあると批判している［山本 2013: 30-31］。倉橋はむしろ科学的知見やそれに基づいて提示される方法を保育者自身が問いなおす必要性について多く言及しており、実践者の探求の過程として保育の科学化を志向していたように見える［高林・藤野 2002: 174］。

その後、1947 年の学校教育法第 77 条において「幼稚園は、幼児を保育し、適当な環境を与えて、その心身の発達を助長することを目的とする」と位置づけられて以来、幼児教育における環境の重要性は程度の差こそあれ常に認識されてきている。「環境を通した保育」が「幼稚園教育要領」に明文化されるのは、1989 年の改定の際であったが、当時この概念が導入された背景には、画一化された一斉保育によって幼児の個性が重視されなくなったことや、早期教育の傾向が強まり遊びが十分になされなくなったという、指導的な保育観への偏りがあった。「環境を通した保育」の導入には、保育者からの一方的な指導が中心となった保育を反省し、幼児の自発性を第一義的に尊重しようとする転回が意図されていたのである［浜口 2014: 450］。「環境を通した保育」の概念は、子どもの生活を中心とした実践に重要な意味をもつものであると位置づけられる一方で、その導入に多くの混乱が見られたように、保育者にとって、あるいは研究者にとってもその理論的な位置づけが十分に理解されているとは言えなかった［森上ら 1997: 182］。

現在でも、環境がひとりひとりの子どもにとって個別的な意味をもってい

ることは、保育実践を論じる文脈ではかなりの程度受容されている。保育者が「環境構成」を行うにあたり、子どもが経験している環境の意味を理解する必要性がしばしば指摘されるのは、保育の環境が子どもの生活を離れたものであってはならないということの重要性が共有されているためである［榎沢・入江 2000、柴崎・森上 2000、秋田・増田・安見 2006］。しかし、保育研究全体を俯瞰した場合、環境の認識論は客観主義的なものが支配的であり、その認識論によって捉えられるのは、環境の意味や価値の個別性を排除した、一般的機能をもつ環境である。個別的に生きられた環境の意味が「学術研究」として位置づけられることは未だ困難であり、そのような環境の体験は保育者による事例検討会で取り上げられることはあっても、科学的な研究とはみなされにくい。二元論的な前提に基づく実証主義的研究の現状と、実践概念としての「環境を通した保育」の不適合が続いていることも、子どもが経験している環境を扱う理論的基盤が軟弱であることを示しているだろう。

　ここまで見てきた思想史的背景を踏まえると、現代の日本の保育学においては、幼児の生活に則した保育を行っていく基本的方法として環境が位置づけられつつも、その認識論は十分に検討されておらず、教育的状況において経験される環境についての哲学的・人間学的研究はあまり行われていない状況にあると考えられる。以下ではより具体的に保育環境研究をレビューすることで、現代の保育環境研究がもつ課題について探っていきたい。

(3) 現代の保育環境研究とその課題

　現代の保育学では、環境は保育園や幼稚園などの幼児の生活の場において、実践との関わりのなかで研究されることが多い。それらの研究は保育者が環境を構成するという前提に立ち、参与観察やビデオ記録の分析といった方法を用いて、観察者の立場から環境の意味を研究することが主流になっている。

　特定の行動環境や活動素材の意味に焦点を当てたものとしては、テラスが保育のなかでどのような意味をもつ場所であるのかについて明らかにした研究［境 2012］や、積み木のイメージ共有がもたらす協同性の研究［宮田

2013] などがある。一方、特定の環境や素材に注目するのではなく、特定の
行動場面に注目して、その環境要因を検討しようとする研究も見られる。遊
び集合の移行場面［佐藤・西出・高橋 2004］や、大人の関与のない集団遊び
［原 2006］、乳幼児の探索行動［椛島 2005］、表現行為［石倉 2012］といった
多様なテーマから研究が展開されている。

　また、子どもの活動の分析から、実践のなかでの環境構成の提案や理論化
を行う研究も見られる。たとえば、幼児の表現活動を促進する室内環境の分
析［槇 1998］や、土や砂の体験の記録をもとに効果的な環境構成と援助に
ついて検討した研究［岩本ら 2007］、子どもの絵本コーナー利用を活性化す
るための環境についてのアクションリサーチ［山田 2011］、乳児の回遊と集
中について分析したアクションリサーチ［汐見ら 2012］などがこれにあた
る。

　これらの保育環境研究は、保育実践の現場における環境の観察に基づくも
のであり、成立当初の行動主義心理学のような生態学的妥当性を欠く環境概
念を提示するものではない。20 世紀後半からの質的研究の発展により、象
徴的相互作用論やエスノグラフィー、アクションリサーチといった手法が導
入され、現場で生じる出来事の記述と分析の方法は多様になってきている。
しかし、それでもなお、保育環境研究が二元論的な前提を脱し得ないのは、
研究方法に関わる 2 つの態度に起因しているように思われる。

　1 つは、これらの研究の多くが、環境を特定の行動や発達を促す「手段」
として捉える暗黙の前提を取っている点である。環境が子どもの行動に与え
る影響を明らかにするために、観察可能な幼児の行動とその条件となる環境
が対象化され、分析される。環境を手段とすることは「環境を通した保育」
に直結するが、このとき考察される環境の意味や価値は、それが保育者に
とって望ましい行動につながるものであれ、子どもの自発的行動につながる
ものであれ、保育者にとっての「有用性」の視点から捉えられたものである
点に注意しなければならない。先に述べたランゲフェルトの批判を思い起こ
せば、「人間学」ではなく、「教授学」としての文脈において環境を扱う研究
である。

　もちろん、これらの「有用性」に基づく環境の分析は、子どもの行動を誘

第 2 章　保育環境研究とその課題

　発する環境をデザインする際に役立つ視点であり［無藤 2013、高山 2014］、
「環境を通した保育」の実践と研究に欠かすことができないものである。し
かし、環境を操作可能な対象として措定し、観察されたデータの客観性に基
づいて、研究の公共性を確保しようとするパラダイムは、環境の一側面を捉
えているにすぎないことを理解しておく必要がある。先に指摘したように、
環境の機能を操作可能なものとして測定することには、すでに要素主義的な
思考が入り込んでいる。環境を対象化することは、環境を子どもの生活から
一旦切り離す作業を行っているのだという点を自覚しておく必要がある[2]。
　生活のなかで経験される環境とは、あらかじめ設定された仕掛けで一意的
に決定づけられるものではなく、むしろ活動の真っ只中で他者の意図や自ら
の意図と関係しながら、創発的に見出されるものでもある［佐伯 2001:
131］。操作可能性に基づく環境の定義と異なり、創発的な環境はそれを構成
した側の予想を超えた意味をもつものとして出会われていることになる。そ
のような論点は「環境を通した保育」の文脈で言えば、保育者の意図からは
外れるが想定はできるような仕方で出会われる環境の存在を指し示してい
る。さらに、環境は、ときとして想定を完全に超え、「有用性」の枠組みを
はみ出したかたちで、自己が変容するような衝撃をもって出会われることも
あるだろう。「有用性」の視点によって背景化するのは、環境が偶然性を伴
い、想定を超えて出会われるものであるという視点であり、そのような環境
について理論化を試みる課題が十分に手をつけられていないのである[3]。
　2 点目として、環境研究の多くが、幼児の行動を客観的観察者の視点から
分析したものであり、観察者自身の知覚やその変容を含めて考察されている
研究がほとんど見られないという点があげられる。子どもの行動の観察から
経験の意味を解釈していくことは可能ではあるが、保育において、子どもは
保育者と関わりあいながら生活している。関与なき観察によって得られた
データを分析することによっては、観察者自身によって子どもとともに生き
られた経験のリアリティを捨象せざるを得ない。このことは、観察者－環
境－子どもを系として記述する科学研究の方法論が十分でないことを指し示
しているように思われる。
　なお、自然環境を対象にした保育研究には、子どもによって体験された自

然の意味について考察しようとする研究も散見される。カタツムリやイモリとの出会いの事例を考察した研究［山根・恩藤 1989］や、散歩中の幼児と自然との出会いについて考察した研究［莱原 1991］などが挙げられる。また、後述する現象学的立場を取り入れた研究についても、幼児によって生きられた環境の意味を明らかにしようとする研究が多い。これらの研究は、感情や感覚を伴った体験のリアリティを記述することを試みるため、究極的には知ることのできない幼児の内的世界を含めて、いかに体験を記述し、理解していくのかという認識論と方法論が求められることになる。そしてその研究方法は、客観主義的なパラダイムとは異なるかたちでの公共性を得なければならないという課題や、無反省な主観的記述に陥ることを防がなければならないという課題を抱えている[4]。

　以上、「有用性」に基づく認識論と観察者の立ち位置の問題を挙げたが、いずれにせよ課題となるのが、保育者-環境-子どもの系において生きられた環境を記述する方法論が十分でないという点である。子どもによって生きられた環境が、目的達成のための「手段」という枠組みのみによって理解できないことは、予想を超えた子どもの行動と日々出会っている保育実践者にとっては納得しやすいことなのではないか。行動のデザインのために切り出された「環境」と、実践において創発的に出会われる環境との間には決定的な違いがあり、後者に伴う偶然性は、環境との出会いを研究することを難しくしている。また、環境は保育者と子どもを含めた系のなかで出会われるものである。観察者から切り離された要素として環境を記述する研究方法によっては、そのような出会いのリアリティは失われてしまうことになるだろう[5]。

　環境は、ただ客観主義的に測定され、保育の手段として対象化されるものばかりではない。「環境を通した保育」についての研究が、測定可能・操作可能なエビデンスとなり得るもののみに狭められてしまうことは、保育のなかで生きられる世界を矮小化してしまうことになる。保育学研究は、生活のなかで幼児や保育者に生き生きと経験される環境の重要性を認めつつも、それを記述する上でのメタ理論を発展できずにいることに大きな困難を抱えているように思われる。

第 2 章　保育環境研究とその課題

　このことはまた、環境についての哲学的・人間学的研究が十分に行われていない現状も指し示している。ダーウィンの衝撃からもたらされた「人間－世界」についての問いは、教育的存在としての人間と子どもと共に生きられる世界への問いとして深められてきた。私が保育のなかで出会った白い葉のリアリティへの問いもまた、保育のなかで生きられる世界への問いである。環境との出会いについての「決算報告」は、人間学を批判的に継承しつつ、環境について問うものである必要があるだろう。本研究が提示するエコロジカル・アプローチは、保育者としての立場から行われる人間学あるいは環境学として、客観主義とは異なる認識論を提示しようとするものである。

　とはいえ、保育のなかで生きられる世界について理解しようとすることは、これまでの保育学のなかでもその重要性については十分に認識されてきたはずである。以下では津守真の保育学を参照し、本研究の課題である「生きられた環境」を扱う手がかりを得ていきたい。

2. 体験の保育学とその課題

（1）体験の保育学

　津守は先述した保育研究方法の転回の時期から一貫して、「体験の世界」を保育の中心に位置づくものとして研究を行ってきた。

　子どもとの自然な交わりの中で、子どもと生活をともにするとき、そこで起こっていることは、保育者にとって、いきいきと心にふれるものであり、心をさすものであり、楽しく心を喜ばせるものであり、心痛むものである。それは、第三者による客観的観察とは異なり、保育者によって主体的に把握された体験である。それは、子どもとともに身体を動かし、身体をもって応答する行為であって、身体運動に伴う体感、すなわち、動きのイメージを伴っている。その多くは、いまだ明瞭な言語化に達しておらず、体感による意識以前の認識にとどまっている。

　　体験は、生活の中の行為を通した認識であるから、それは主体によって選択さ

79

第Ⅰ部　生きられた環境の保育実践研究の必要性

れている。しかし、保育者と子どもとの間の自然な応答があるときには、それは恣意的な選択ではなく、むしろ子どもの側から迫ってくる受動的選択である。子どもの世界は、保育者の主体の選択をへて、現象としてとらえられる。［津守　1980: 6］

　津守によれば、体験とは情緒や体感を伴って、保育者によって主体的に把握されるものである。体験は主体による選択によって認識されるものであるが、それは一方的な選択ではなく、子どもの側から迫るものとして受動的な性質をももつものである。子どもの世界はこのような体験を通して捉えられるのであるが、ここで記述される子どもの世界は、保育者と子どもの出会いを通して近づくことのできるものである。津守の言う体験は、生の過程そのものと関連するものであり、子どもとの関係のなかでもたらされる受動性と偶然性を含んでいる。そのような日々の子どもとの出会いのなかで、子どもの世界について体験と思索を巡らせていくことが保育の研究となるのである。

　津守は、保育の仕事を行うということは「子どもと出会う可能性のある生活」に入ることであり、保育者とは、保育実践のなかで子どもと出会うことで「人間の原点」を繰り返し確かめ、子どもとともに成長していくものであると述べる［津守 1997: 279-280］。保育の生活とは、子どもと大人が対等な存在として向き合い、尊厳をもって出会うことによってつくられることを基本としたものであり、保育の研究もそのような出会いを中心として築かれるものでなければならない。

　子どもと出会って、互いに応じ合うことがなければ、どんなによく計画された活動も、子どもの頭の上を通りすぎて、子ども自身のものにならない。子どもと同じ物理的空間の中におり、子どもに話しかけているからといって、子どもと出会っているとはいえない。出会うことができたときには、子どもの心と応じ合った実感がある。そのときには、おとなの側も、自分自身の変化をせまられている。（中略）おとなが子どもと出会うことがなければ保育にはならない。おとなは子どもの方に心を向け、ひとときを、子どもの動きに合わせなければ出会う

80

第 2 章　保育環境研究とその課題

ことはできないだろう。保育者と子どもとが出会って、互いに応じ合う生活をつ
くり上げてゆくところに保育がある。[津守 1989: 19-20]

　おとなが子どもに心を向け、出会うことがなければ、保育の生活が作られ
ることはない。たとえ、その場で様々な教育的活動が行われていたとして
も、そこに子どもの心が見失われているのであれば、それは保育や教育とは
呼ぶことのできないものとなる。保育者は子どもと出会い、共に生活をつく
り上げていくなかで、自己と向き合い、自らの世界を広げ成長していく。そ
のような保育者の自己の変化自体、保育における生の過程から切り離せない
ものであって、保育研究はそのような保育者自身の変化を含んだかたちで行
われるものである。
　津守は、人間学研究者のボイテンダイクが論文「出会いの現象学」（1952
年）のなかで、「出会うことの中で、他人という底知れない淵の彼方にある
神秘的な存在が自らの本質をあらわす」と述べたことをひきながら、出会い
を客観的観察に対比される、存在関係の理解への道として捉えている。

　客観的観察をどのように評価するかは別に置くとして、存在と存在が出会うとこ
　ろからはじまる保育において、自らが子どもと交わる中で捉える現象を根拠とす
　ることなしに、子どもの理解は生まれない。（中略）保育においても、現場で子
　どもと出会って、さまざまな体験をしている保育者が、自らの体験を根拠とせ
　ず、子どもと出会わない客観的研究による理論に頼っていることが多い。保育の
　実践にたずさわる者は、自分のとりくんだ保育の中のできごとを、率直に記
　し、また語り、その底にある自分の見方を検討することが必要なのではないか。
　[津守 1989: 31-32]

　出会いという現象から始まる保育研究は、子どもを対象化して観察するこ
とによっては開かれることのない子どもの世界への関心を含んでいる。保育
者は、保育のなかで出会う出来事をくり返し考えなおすことで「根源的な世
界」にゆきあたるものであり、このような省察と変容の過程のなかで保育研
究は進められるのである [津守 1999: 28]。

81

津守は、行動科学的心理学が、意味生成や価値判断を含む保育の体験の分析にとって十分でないことに気づき、それを扱うことのできる保育研究へと立場を転回した。津守にとって、「生きた事実」を扱うということは、量的な時間（クロノス）ではなく質的な時間（カイロス）を扱うことであり、研究者（実践者）自身が身体を伴って現場に流れる時間を生き、実存的変容を伴う思索から理論を生みだすことを意味していた［佐藤 2001、榎沢 2001］。津守の保育学は、自ら子どもとの関わりに身を浸し、その経験を省察して次の実践に赴くという生き方と切り離すことができないものである。出会いという現象もまた、外部から観察された行動としてのみ記述されるべきものではなく、出会いを感受し、それによって変容し、再び実践に赴いていく保育実践者の立場から理解される必要のあるものであった。

　津守が繰り返し主張するように、生活の小さなひとこまのなかで、喜びや驚きや謎をもって出会う出来事を、保育者自身の感受性を通して記述・考察していくことは、保育学にとって決定的な重要性をもっている。このような認識は、多かれ少なかれ、保育実践者のあいだで共有されてきたものであり、本研究もこのような生活のなかで生きられる環境の意味や価値について探求しようとするものである。しかし、一方で、このような出会いの記述と省察を主体とする研究方法が、現代の保育学のなかで十分に認められてきたかと言えばそうではないだろう。

　現代では、子どもの日常を離れた実験室的な状況で条件を統制して行われる実験心理学的研究が、即保育実践に適用できるかのように扱われることはなくなってきている。しかし、保育実践研究の学術性を担保しているのは、客観主義的に捉えられたデータに基づくエビデンスである。

　たしかに現代では、参与観察やインタビューといったフィールドワークの技法が発展し、幼稚園や保育園に研究者が出向き、日常の子どもの行動や発話を研究データとして扱う手法が多様なかたちで開発されている［佐藤 1992、箕浦 1999、柴山 2006］。しかし、フィールドから採取された事例が自然科学におけるデータと同様に、「観察の客観性」や「再現可能性」にしたがってそのエビデンスとしての明証性が評価される現状には大きな問題が残されている［子安 2006: 419-421］。

第 2 章　保育環境研究とその課題

　実践の現場を扱う学問では、観察するものは観察されるものに影響を与えたり、観察されるものから影響を与えられたりすることなく、そこにいることができない。このような研究において重要なのは、客観的な事実をそれに影響を与えることなく写し取る方法を開発することではなく、観察されるものに影響を与えつつ、自らも変容する観察者の在り方を含めて、いかに現場の質感を記述していくかということになる［南 1994: 47］。中村雄二郎が指摘するように、「われわれがなにかの出来事に出会って、〈能動的に〉、〈身体をそなえた主体として〉、〈他者からの働きかけを受けとめながら〉、振る舞う」ことが生の全体性と結びついた経験の条件なのであり、保育における出会いは、そのような揺れ動く関係のなかで記述されるべきものである［中村 1992: 63］。「臨床の知」は、外部からの観察によるのではなく、身体を備えた主体としての自分を含めた全体を見通す洞察によってもたらされる、探求によって力動的に変化する「知」なのである［津守 2002: 357］。

　質的研究が多く行われ、子どもの生活の「意味」を問う動きがさかんになった現代にあってもいまだ「客観主義的実証科学」の影響が保育学のなかに根強いのは、この身体を備えた主体として、子どもに影響を与えつつ影響を与えられる観察者の在り方を含めて現場を理解しようとする方法論と、そのメタ理論が発展していないことにあると考えられる[6]。

　保育園や幼稚園の現場をフィールドとした研究が行われても、客観主義的な明証性に基づいて、その科学性が判断される場合においては、観察データは数量化あるいはカテゴリー化されて分析されざるを得ない。自然という物理的対象の測定から発展した自然科学のメタ理論に、研究者自身の在りようを組み込むことは困難であり、その結果、データの分析は必然的に研究者の行為や感情を除外するか、あるいはコード化したかたちでなされることになる。こうして生の事実から距離を取り、客観化していく方法には、モーリス・メルロ＝ポンティが「上空飛行」［Merleau-Ponty 1964=1966: 255］と呼ぶような、自らの生から遊離した考察を導く態度が生じていく。観察する自己を排除して対象を観察すれば、結果的にその態度は対象から無限に後退して距離を取ることを可能にし、対象を細分化し、縮減しつづけるという結果を導くことになる［牧野 2015: 107］。子どもの生活についても、それを測定可

83

能な基準によって分節化し、明確かつ詳細なデータとして記録することは可能であるが、その代償として失うことになるのは、生活の生きた全体性である。保育という営みは、自然科学と同様に「分類」「計測」「計画」といったまなざしにかけられることによっては理解できない。佐伯胖が指摘するように、一方的に設定した尺度によって子どもの能力や性質を推定しようとする「観察するまなざし」によっては、人間としての育ちの根底を支える共感の関係に入りこむことはできないのである［佐伯 2007: 25］。そのようなまなざしによる研究法が支配的になることは、結果として保育を、人間の操作可能性を前提とした営みへと矮小化して理解することにつながるだろう［鈴木 2005: 45］[7]。

　津守が目指した保育学は、保育者として目の前の子どもを理解し、再度実践に赴いていくという津守自身の生き方に基づくものであり、科学的基礎づけや学問の系統的発展を必ずしも必要としなかった。津守は、精神分析、現象学、人間学、解釈学などに精通しつつも、いかなる既存の学問からも独立して、子どもに直接触れた生活感覚から思考するというかたちで独自の保育学を展開したのである［森上 2001: 41］。しかし、そのような生き方が保育者としてオーセンティックなものであった代わりに、津守の保育学は、出会いを記述する方法論や、その記述がどのような認識論に基づくものであるのかといったメタ理論について、議論を活発にするものではなかった[8]。たしかに、記述の手法化や理論化は、生きた事実そのものについての問いを隠蔽し、生のリアリティを理解する妨げとなることもあるだろう。しかし、一方で、客観的測定とは異なるかたちで生きられた経験を記述する、学術的明証性や公共性についての議論を行っていくことが、保育学の発展につながるはずである。保育学が「臨床の知」をもたらそうとするものであるならば、それにふさわしいメタ理論の発展が求められるのである。

（2）「環境との出会い」の記述理論を求めて

　保育学は「出会い」という人間の変容に関わる事象の重要性を認めつつ、そのような生きた事実を扱う理論や方法について十分に発展させることができていない。また、子どもの生活のなかで生きられる環境は、客観主義心理

学が捉える「環境」のみによっては十分に研究されることができないという問題がある。環境との出会いは、保育者と子どもがともに生活するなかで経験する、保育の生きた事実である。その意味をありのままに捉えることを目指す、実践的な理論が求められる。

このような問題に対して、いち早く批判的な視線を向け、独自の立場から学術研究を積み重ねてきたのが現象学的心理学・現象学的教育学の研究である。現象学的研究が保育の環境についてどのように扱ってきたかについては後述するが、ここではそれらの研究が、実証主義パラダイムへの批判というかたちで、現象の記述についてのメタ理論を大きく発展させてきたことに注目したい。現象学を創始したエドムント・フッサールには、自然科学の発展によって、世界が測定可能なものとして扱われることで、人間の生の意味への問いが、学問から切り取られたことについての強い問題意識があった。第3章では、フッサールの議論を参照することで、客観主義的実証主義の根強さの根源を明らかにし、現象学的心理学や現象学的教育学がどのようにフッサールの批判を取り入れて発展してきたのかについて概観する。

一方、現象学とは異なる視点から生きられた経験と科学との関係を捉えてきたのが、ジェームズからギブソンを経て、リードへと至る生態学的な心理学の系譜である。本研究は現象学がもつ保育学のメタ理論としての重要性を認めつつも、現象学の立場とは異なる「環境の実在」についての問題を提起することになる。保育学のメタ理論に関わる問題の所在を明らかにし、そこから本研究独自の視点を描出していくにあたり、まずは現象学的研究の意義と課題について考察していく。

注
1）西平直は教育する側の視点から語られることの多いアマラとカマラの事例を、カマラの視点に立って問いなおすことにより、当該言説によって隠された彼女たちにとっての「幸せ」という論点を掘り起こしている［西平 2005］。環境を論じる際に、それを経験する当事者の視点は常に見失われやすいことに注意が必要である。
2）環境の対象化という問題は、心理学における雰囲気研究に顕著に現れている。木下寛子は、心理学が学級風土研究などにおいて雰囲気の重要性を認める一方で、その予測と制御を目指すことで雰囲気を対象化して測定し、結果的に雰囲気それ自体

第Ⅰ部　生きられた環境の保育実践研究の必要性

を捉え損なってきたことを論じている［木下 2017］。

3）この点に関わる取り組みとして、宇田川久美子は、保育者の立場から、自身がは
　じめは理解できなかった自閉症児の生きる世界を、「モノ的世界」と「ヒト的世界」
　という観点から記述的に研究している［宇田川 2004］。また、松井愛奈は想定外の
　使い方をされる環境に着目した保育の理論化を試みている［松井 2017］。環境を構
　成するという視点がもつ「有用性」の枠組みと、想定外であるという「有用性」を
　超えた枠組みをいかに両立させるかという点に、実践的な理論構築の難しさと意義
　があると言えるだろう。

4）なお、子どもにとっての意味について、面接やインタビューの手法を取り入れて
　明らかにしようとする研究［増田・秋田 2002、中島・山口 2003、大野・真鍋・岡
　花・七木田 2010 など］も、幼児の体験の当事者性を考察に取り入れている点で興味
　深いものである。ただし、本研究では環境との出会いという事象を記述する方法に
　焦点を当てるため、子どもへの面接やインタビューで「語られた環境」の問題につ
　いては扱わない。

5）保育環境研究ではないが、松本光太郎は、高齢者の外出が持つ意味と価値につい
　て、リードの出会い概念を用いて理解しようとする研究を行っている［松本 2005］。
　その際に用いられる「同行」という研究手法は、調査協力者（高齢者）の外出時の
　事物との関わり（出会い）に迫ろうとする際に、そのときの同行者（研究者）の出
　会いを関連付けて記述しようとする立場をとっており、トランザクションの立場か
　ら経験の質を捉えようとする心理学の手法として注目できる。

6）詳細には触れないが、保育政策の形成が国際的にエビデンスによって進められて
　いる状況も大きく影響していると言えるだろう［秋田 2014］。ここでいうエビデン
　スとは必ずしも大規模な量的研究だけではなく事例研究も含むものであるが、政策
　に求められるのは説明責任（accountability）のためのエビデンスであり、実践者の視
　点から導かれる応答責任（responsibility）のためのエビデンスと必ずしも一致しない
　という問題がある［今井 2015: 197］。データ収集やモデル化の手法を開発すること
　で、説明責任のためのエビデンスの信頼性を高めることができる。しかし、出会い
　という偶然性と一回性を伴う出来事の質は、特定の技術的手法の開発や記述の精度
　の向上によって基礎づけられるものではない。出会いという経験は、記述しようと
　する自己を系に含み、記述しようとするものの質への問いを含む点で、むしろ安易
　な体系化を拒むものでもあるということができる［阪本・木下 2013］。保育学が出
　会いを研究することを困難にしている背景には、その質の記述と学術的な理論化と
　の間にある葛藤も大きく影響している。この意味でも人間科学としての保育学の「科

第 2 章　保育環境研究とその課題

　　学性」がどのようなものであるのかについて問いなおしていくことが必要であろう
　　［小川 1976、杉万 2009］。
7 ）もちろんこのことは、実証主義的な研究をすべて否定するものではない。倉橋惣
　　三が保育学会設立にあたり述べたように、保育学は子どもの生活の全体性を、多様
　　な学術的な視点から理解していくことに本質をもつものであるといえる［倉橋 2011
　　(1949)］。もちろんそのなかで、「客観主義的実証主義」のパラダイムに基づく研究
　　結果にも大きな意義があることは確かであるが、そのパラダイムのみが支配的にな
　　ることによって、子どもの経験を理解する方法はきわめて限られたものになってし
　　まう。
8 ）小川博久は、津守が子どもとの具体的な関わりのなかで子どもという存在の在り
　　ようを明らかにしようとすることを評価しつつ、津守の研究が一対多として行われ
　　る集団的実践としての保育実践について具体的な認識を欠いている点を批判してい
　　る［小川 2016: 78］。小川の批判をメタ理論的に捉えれば、現象学的な本質直観に
　　よって体験の世界を探求する手法が、個と個の間で生きられる事実について省察を
　　向けがちであり、集団や環境についての認識が薄くなりがちであるという問題を指
　　摘することができる。

第 3 章
現象学的保育研究の功績と課題
——他なるものの意味作用の背景化

　第 2 章では、保育のなかで生きられた体験を記述しようとする保育実践研究のメタ理論の必要性が論じられた。客観主義的な認識論によって捉えられる環境は、「生きられた環境」の記述的保育実践研究を可能にするものではない。そこで、第 3 章では、客観主義を批判し、生きられた経験の学を構築した現象学について、その重要性と問題点について論じる。フッサールによって確立された、「根源的な生活世界において世界が与えられるその仕方への問いを発していく」という方法は、現代の教育学・保育学に大きな影響を与えることとなった。現象学的方法は、保育のなかで生きられる意味や価値を明らかにしようとする保育実践研究にとって、欠かすことのできない重要な原理となっている。しかし、その一方で、「生きられた環境」の記述理論として現象学をとらえたとき、主観による「意味付与」という理論的前提への疑問が立ち上がる。第 3 章では、フッサールの現象学的方法とその教育学・保育学への影響について整理した上で、エマニュエル・レヴィナスによるフッサール批判を手掛かりとしながら、「意味付与」に先立つ「意味作用」を認める必要性について論じる。その帰結として、〈他なるもの〉としての環境の実在論に基づいた保育実践研究の必要性が明らかになる。

第Ⅰ部　生きられた環境の保育実践研究の必要性

1. フッサールの現象学的方法

(1) 近代科学の誕生と自然の数学化

　フッサールは『ヨーロッパ諸学の危機と超越論的現象学』（1936 年）のなかで、19 世紀後半の近代人の世界観全体が実証科学によって徹底的に規定され、真の人間性にとって決定的な意味をもつ問題から目をそらさせることになったことを憂慮している［Husserl 1954（1936）=1974: 20］。近代人の世界観とは、ガリレオ・ガリレイの測定術に端を発する、世界が時間的・空間的に均質であり、その総体が客観的因果連環として計量化し得るという合理主義的世界観である。ガリレイの測定術は、人間の経験的で実践的な認識を数学に結びつけ、「純粋幾何学的思考」を通して自然を理念化し「客観的世界」を作りだす。たとえば、木の高さや土地の広さなどが測定される際には、様々な尺度や概念が開発され測定の正確さの向上が目指されてきたが、本来、測定それ自体は実在の世界の客観的な認識を可能にするものではない。なぜなら測定とは、環境のなかで感性的に経験される諸形態を抽象化し、他者と相互に了解可能な指標に置き換えて客観性をもたせることであり、直観的に与えられたものと、尺度によって測られた形態の間には距離が生じるためである。しかし、自然に対してより正確で完全な測定の方法を開発するという理論的関心が生じることによって、経験的なものは次々に数学的な近似モデルに置きかえられ、自然は数学的全体として客観的に認識可能なものとして理念化される。そのようにして「数学は、経験的直観的な多様な形態がそのなかに入っていると考えられる空間と時間という生活世界（Lebenswelt）の漠然とした一般的な形式から、ことばの本来の意味での客観的な世界をはじめてつくりだした」のである［Ibid., p.63］。

　測定術に基づく実証的な世界観が徹底されると、本来直接的な測定が不可能な感性的性質までもが測定可能なものであるかのような自明性が生じることとなる。私たちが経験する色や音、熱、重さなどの感性的性質が、音波や熱波の振動といった純粋に形態的な指標の産物であることが自明となり、経験は間接的に数学化されていくことになる［Ibid., p.71］。しかし、数学化の

第 3 章　現象学的保育研究の功績と課題

行き着く先である「真の客体的世界」は、原理的には知覚不可能であり、自体存在においては経験されることのない理念的な構築物にすぎない。そのような「理念の衣」[Ibid., p.94]によって覆い隠されることによって、人間の生活世界は見失われることとなった。フッサールによれば、この「理念の衣」こそが近代的意識にとって最も根深い先入見であり、現象学の課題は、この先入見を排除することによって根源的な生活世界に立ち返り、そこから世界が与えられるその与えられ方への問いを発することなのである［Ibid., p.133]。

　フッサールにとって生活世界とは、「根源的な明証性の領域」である。明証的に与えられるものとは、「それぞれの仕方で、知覚において直接に現前している『それ自体』として経験されるもの、あるいは記憶において、『それ自体』として想起されるもの」であって、生活世界のなかで現実に経験し得る［Ibid., p.229]。ただし、生活世界に存在するものの上には常に客観的科学の世界観（理念の衣）がかぶせられており、生活世界において経験される事物を素朴な実在として捉えてはならない。そのような科学的認識に先行して、あるいはその基盤として、生活世界がつねにあらかじめ与えられていることが問題なのであり、生活世界が基底として機能しているその仕方自体を問うことが、現象学の課題になるのである。

　フッサールによれば現象学が向き合う超越論的課題は、デカルトによって先駆的に遂行されてきたものである。デカルトは認識の絶対的な基礎づけを得るという課題のもとに、徹底した懐疑を遂行し、「われ思う」という明証性へと到達した。この判断中止の方法こそが、自然的態度の先入見を排し、超越論的還元を行おうとする現象学に通じるところなのである。しかし、デカルトは、この「われ思う」という明証性を心理主義的に歪曲することによって、自然と心的世界という二元論的な世界観を生み出すこととなった［Ibid., p.109]。デカルトが判断中止の先に行き着いた「われ」は、即自的な存在者を数学的合理性において認識する思考であり、合理的思考を欺き得る感性は、「われ」から捨象されることになる［Ibid., p.144]。しかし、この感性を捨象した「心」は、純粋な物体と、それを認識する純粋な（数学的な）思考というガリレイが創出した理念について判断停止することなく規定され

91

ている。デカルトが発見した「われ」は数学的演繹原理としてはたらくことによって、デカルト自身の超越論的動機とは逆に、数世紀にわたって「客体的合理的世界」を基礎づけることになったのである。その意味で、デカルトは「客観主義的合理主義」という近代的理念の創建者であるとともにそれを破砕する超越論的動機の創建者でもあると位置づけられるのだ［*Ibid.,* p.133］。

　フッサールが批判する近代の心理学は、ガリレイの測定術と、それに端を発しデカルトによって決定的なものとなった物心二元論に則る形で発展してきた。心理学は、自然における物理的過程を法則の発見によって説明するのと同じようなかたちで、人間の経験を測定可能な法則によって説明する理論的精度を高めることに固執することになる。心理学はガリレイ流の自然科学を模範とすることによって初めて、独立した実在としての人間の心の領域を研究対象として確保したが、その測定の対象は"理念化された心"の領域なのである。心理学は、心を物体として扱おうとする精神物理学と、内なる心を分析しようとする内観心理学という2つの方向をもって発展したが、そのいずれもこのような物心二元論の影響下で形成されたものなのである。

（2）生きられた経験の学の必要性

　フッサールの現象学は、「心」と「行動」についての実証的測定に終始し、理性や人間性への問いを用心深く排除している心理学の現状を批判した。心理学は、本来、生活世界において意味や価値と不可分なものとして与えられている経験を扱うべきものである。フッサールはここで、世界の意味を形成し存在を妥当するものとしての「主観性」についての考察を徹底することで、経験を「純粋に生活世界において生起する明証性」［Husserl 1954（1936）=1974: 231］として位置づけることを試みるのである。

　フッサールによれば、「生活世界のうちに自明的に存在するものとして与えられているすべての現象が、それ自体すでに意味と妥当性の含蓄を秘めて」いる［*Ibid.,* p.200］。すべての対象は世界のうちで経験されるが、その世界はすでに与えられたものとして経験されている。私たちの自我主観は世界を意識するが、世界は他者を含む存在する対象の普遍的な地平として意識さ

第3章　現象学的保育研究の功績と課題

れており、相互に生きているわれわれの世界として妥当している。つまり、私たちはたえず受動的な世界所有をもとにして能動的に対象を定立しているのである。この世界の「与えられ方」を自我主観の側から遡求的に解明することで、存在妥当の領域にたどりつけるのではないかというのがフッサールの立場である。

　どのような科学者であれ、生活世界の自明性の上にたってその学を構築している。自然科学の文脈では、測定の客観性を高めるためには研究者の主観は排除されるべきものであるが、世界内で対象を定立する自我主観とは、そもそもあらゆる理論的－論理的存在妥当を基礎付けるものとして機能しているものである。このときの主観的現象は感覚所与の精神物理的経過という意味での単なる事実と異なり、「それ自体において、本質必然的に意味形態を構成する機能をおこなう精神的過程である」[Ibid., p.200]が、その主観のあり方が科学者の認識のもとに上がることはない。科学者にとって隠されているこの根源的主観性について焦点を当て、〈あらかじめ与えられている生活世界〉の与えられ方を考察することが現象学の第一歩なのである。

　そのために必要な手続きが、判断中止（エポケー）である。それは、「われわれの自然的で素朴な、とにかくすでに遂行されつつある妥当」[Ibid., p.242]をさし控えるという運動であり、まず初めにすでに私たちが自明なものとしている客観的科学の認識をともに遂行することを中止し、ついで客観的世界認識というその指導理念に対しても態度決定を中止するという手続きをとる。さらに進んで、私たちが自然的な世界生活の妥当を全面的・普遍的にさし控えるに至り、生活世界があらかじめ与えられていること、すなわち「私たちの意識生活において意味と存在妥当をもち、たえず新たな形態の意味と存在妥当を得てくるそのままの姿」[Ibid., p.266]を主題化することが可能になるのである[1]。

　自然科学が測定によって明らかにしようとする「客観的」で「真の」世界とは、論理的構築物であり、原理的には直観不可能なものである。これに対し、生活世界的に主観的なものは、現実に経験し得る。フッサールはデカルトが囚われていた二元論的な世界観を超えたかたちで、経験的なもの、主観的なものに明証性の根源を求めることによって、生きられた経験を復権しよ

93

うとするのである。

2. 現象学的保育研究における理論的課題

(1) 教育学における現象学的方法の受容

　現象学は、自然科学の理念の衣に覆われた先入見を排除することによって根源的な生活世界に立ち返り、その世界が与えられる与えられ方へ問いを発する運動として成立した。このような現象学の立場は、心理学や教育学にも大きな影響を与え、行動科学とは異なる科学性をもった人間科学の在り方を提示しようとする運動が生じてきた。

　19 世紀から 20 世紀にかけての教育学は、教育的価値という実践的課題を背負いつつ、科学的な「事実」にいかに向き合うのかというプレッシャーを受けながら揺れ動いてきた。教育学は、哲学や倫理学の立場から教育的価値を規定する「規範的教育科学」として位置づけられるという議論がある一方で、規範命題は科学的に根拠づけられないとして、事実のみが教育を根拠づけるとする「実証主義的教育科学」、またディルタイのように実証主義的な科学理解によるのではなく、「了解」に基づく「精神科学的教育学」の手法によって規範学と事実学の葛藤を調停しようとする動きも見られた［König 1975=1980］。

　しかし、結局のところ、合理的な心と法則的因果関係によって決定される自然という二元論に基づく科学の限界が十分に問いなおされることはなく、二元論的認識論に基づく科学は、観察可能な事実を測定し、意図的・計画的な指導に利用する「工学モデル」や、実証的心理学が提示する「心理法則」の教育実践への応用という形で、教育実践に強い影響を与えることとなった［和田 1988: 16］。そのような状況のなかで、現象学が試みた生きられた経験の探求は、行動科学的分析には回収され得ない子どもの経験理解のための理論的支柱として重要な意味をもってきたのである。

　20 世紀初頭、規範学と事実学との間で揺れ動いていた教育学において、経験を基礎とする現象学の立場は新たな注目を集めることとなった。フッ

サールに直接影響を受けたアロイス・フィッシャーは、1914年に「記述的教育学」という論文を著し、教育学は、教育という現象そのものを問題の出発点とし、没理論的で無前提的な経験の記述を行うことによって教育の本質を解明するものだという立場を主張した。フィッシャーのいう現象学的な「記述」とは、没理論的で無前提な経験を対象とすることを試みた点で、客観主義的「説明」とは明確に区別されるものとして位置づけられた［宮野 1996: 25］。この後、先に述べたランゲフェルトやボルノーといった教育人間学の研究者によって、現象学的な記述の方法は多様なかたちで教育学に取り入れられていくことになる。フィッシャーにとって記述が、「純粋な事実（経験）」への還元という形で規範に先行する事実分析の手段として用いられたのに対して、ランゲフェルトは現象学的記述を、実際に教育的過程に関与する主体の体験に基づいて、理論と実践、規範と事実を一体的に問いなおしていくための方法として受容した［山﨑 1996: 234］。また、ボルノーは、教育に関連する具体的な諸現象から人間学的還元を生み出していく方法として現象学的記述を捉えている［Bollnow 1965=1977］。教育学が現象学的記述を導入するにあたって問題となったのは、フッサールの現象学が超越論的自我による存在の基礎づけを目指したものであったのに対し、教育学が扱う現象が、具体的な教育実践という現実的な課題から離れることができないという点であった。このことから、教育学において現象学は、現象の基礎づけへと向かう超越論的考察を留保し、教育現象の「記述」の方法に限定したかたちで導入されてきた。その流れは現代では、子どもと共に生きる状況や関係の理解とそれに基づく実践的タクトを涵養する、人間科学的教育学の立場から取り組まれていると言える［Van Manen 1990=2011］。

（2）保育学における現象学的方法の受容と課題

　では、現象学は日本の保育学の分野では、どのように受容されてきただろうか。保育学はその設立当初から「保育に関する種々の問題を科学的に考察」することを目的としており、昭和50年代までの間、その科学性が保育を体系化することを目指す客観主義的科学のパラダイムに基づいて解釈されてきた［柴崎 1997］。津守らが批判したように、当時から客観主義的なメタ

理論に基づいて子どもの体験を理解することの限界は指摘されつつも、保育学の「科学性」を高めていく上で、具体的な保育学の研究として「主観性」に基づく研究は敬遠されてきたといえよう。しかし、保育学に強い影響を与えてきた心理学の分野でも、客観主義的科学の手法によって子どもの生を捉えることの限界に対する批判が強まってくる。アメデオ・ジオルジは、自然科学と異なる仕方で心理学を概念化するために、観察者を状況から切り離すのではなく、観察者が状況に関わることで開かれる世界を記述する方法を提唱した［Giorgi 1970＝1980: 252］。鯨岡峻は、行動科学的な心理学の暗黙の志向性を顕在化する現象学的な批判を行い、発達の間主観的理解への道筋を開いた［鯨岡 1986: 225］。中田基昭は、発達心理学が行う観察された事象の一般化が出来事の個別的な意味を捨象することを批判し、「一個の実存として自分に固有の世界を構成しながらその世界内で生を営んでいる者同士が人間的に関係する」その関係の質そのものを記述的に明らかにする教育学の必要性を主張した［中田 2003: 113-116］。また、浜田寿美男は心理学が外部からの刺激を個体内（心）で変換し、反応に結びつけるモデルに基づいて人間を捉えることで、人間の発達を個体内の能力へと矮小化してきたことを批判し、生活世界を記述的に理解する発達心理学の必要性を主張した［浜田 1993: 145][2]。保育学はそれに大きく影響を与えてきた心理学とともに、その客観主義的科学観を人間科学的に転回する必要性を抱えてきたのであり、そのための方法として現象学に注目するという流れが生じてきたのである［森上 1987: 12］。

　以上のような背景を踏まえ、近年では、現象学的な視点を取り入れた研究が保育学研究のなかに散見されるようになった。保育環境に関する分野で言えば、「場」や「空間」といった概念に含まれる意味づけられた環境をテーマに現象学的研究が取り組まれている。主観的な空間と言葉の関係を明らかにした研究や［横山 1998］、「生きられる空間」の観点から子どもの在り方や保育者の存在の意味などを考察した研究［榎沢 2004］など、空間の意味の解釈に基づく研究が積み重ねられている。対人関係については、幼児の応答関係の質を対象にした研究［上野・片山 1996］や、遊びの意味を問う研究［横井 2006］など、現場での子どもとの関わりのなかでの気づきや理解に基

づく研究が注目されるようになってきた。また、乳児にとっての外の世界の
リアリティの成立過程を、他者の存在に支えられて体験されるものとして考
察した現象学的研究もある［中田 2011］。

　保育学において現象学が重要な批判となりえたのは、保育学が自らを「科
学化」するために採用した客観的測定による発達や行動の理解という方法に
対するアンチテーゼとして、保育の実践場面における現象そのものに立ち返
り、子どもの生活世界に関与するなかで、保育の生きられた事実を明らかに
していこうとする、記述のメタ理論をもたらした点にあると言える。では、
現象学的な方法に基づく記述とはどのような特性をもつものだろうか。ここ
では、鯨岡の議論を手がかりに、現象学的記述のメタ理論について批判的に
検討することで、環境との出会いを記述する保育研究の可能性を探求する手
がかりを得ていきたい。

　鯨岡は、記述という問題について、発達心理学が測定とデータ化という手
法によって明らかにすることのできる領域があることは認めつつも、生きら
れる心的事象については直観的記述によって了解すべきものであると述べ、
「それぞれの心的事象にふさわしい記述の仕方」が求められると主張してい
る［鯨岡 1986: 24］。生活世界に生きるひとりの子どもを理解するために
は、個とのあるいは個々の心的事象との出会いを直観し、それを十全に記述
することを目指さなければならない。そしてそのような直観に基づく記述の
メタ理論となるのが現象学なのである。

　しかし、心理学における現象学的記述とは、しばしば誤解されるように、
自然観察場面における単なる自由記述を指すものではない。自然観察場面に
おいて、自明なものは原理的に意識化を免れているため、単なる記述があり
のままの世界を写し取っているということはできない。観察者の生活世界
は、すでに様々なドクサや既成の知識に基づいて構成されており、記述は観
察者の自明性に基づいて歪曲されていることになる。重要なのは、研究者や
実践者が生きた身体を伴って事象の生起する場に赴き、その身体的な関与を
通して立ち現れてくる現象について記述し、その現象の意味を解明すること
である。

　フッサールの現象学的還元には、このようなドクサを判断中止し、世界を

構成する自我への超越論的還元を行おうとする哲学的関心があった。しかし、人間科学にとって重要なのは、超越論的自我を解明することではなく、判断中止への過程での経験であり、自然的態度を変更しようとする際の様々な抵抗である。私たちはそのような抵抗を生きることによって、私たち自身の生活世界への根のおろし方を浮き彫りにすることができるのである。超越論的判断中止とは異なり、このような判断中止は、「生の位相を著しく異にする存在者」との出会いの場面において、「世界が裂けるその瞬間に身に被るエポケー」［同書：78］として経験される。現象学的心理学は、出会いによって揺さぶられる自己と、自然的態度の変更に対する抵抗そのものに定位し、自らの世界の与えられ方を記述的に解明しようとする、「生きられる還元」によって開かれる領野を扱う任務をもっているのである[3]。

　この「生きられる還元」によって立ち現れる世界を記述的に理解していく心理学的方法として「エピソード記述」［鯨岡 1999、2005］が提唱され、保育実践における体験研究へとつながっている。保育のなかで生の位相の異なる他者と出会うとき、その出会いは、まず「はっと気づかされる」ようなかたちで自己を揺さぶることになる。そのような気づきがもたらされる背景には、自分自身に住み着いた自明性を明らかにしたいという動機、より具体的に言えば、出会いのなかで生きられた関係の意味を、なんとか把握したいという暗黙の志向性がある。子どもや養育者といった様々な人との出会いのなかで得る強い印象や、言語化できないようなぎこちなさを伴って経験される関係を感性的に還元していく方法として、間主観的な出会いのエピソードの記述が必要とされるのである［鯨岡 1999: 110-129］。

　鯨岡の理論的研究をきっかけとして、子どもからの影響を受けることのない前提にたつ客観的観察ではなく、むしろ観察者の在りようの変化を含めた記述を行う「関与観察」の意味が保育研究の文脈でも問われるようになった［石野 2003、藤井 2010］。また、継続した関与観察から自閉症児の自己の在り方について記述した研究［山崎 2010］や、エピソード記述を通した保育カンファレンスの研究［岡花ら 2009］など、現象学的な観点を取り入れた保育研究が広がりを見せている。

　鯨岡の現象学的心理学は、保育者によって生きられた経験を扱う方法を理

論化した点で特筆すべき功績であると言える。教師や研究者が教育実践という世界のうちに身をおく者である以上、教育に関わる現象学的研究が欠かすことができないのは、教育者としての自己の視点である[4]。「生きられる還元」についての記述的研究は、それが保育者や関与観察者の自己を含み込んだかたちで、事実と当為の探求が、生きられる自己の問題として一体的に行われる点で、保育実践に密着した理論となっている。客観主義パラダイムでは観察者は代替可能であるが、鯨岡の提唱する「接面パラダイム」では、観察者は当該事象に関与する者として代替不可能であり、関与者と関与対象とでつくる接面の当事者として捉えられる［鯨岡 2015: 205-210］。このような立場からの研究はさらに発展的に蓄積されていく必要があるだろう。

　しかし、一方で、私自身の冒頭の問いに立ち返ってみたときに、経験を主観による意味付与の過程の省察という側面から記述せざるを得ない現象学のメタ理論からは、保育の環境の経験について記述・考察する上で、ある限界が生じるように思われる。私が問いたいのは、私が保育実践のなかで経験した白く輝く葉が、私の主観的意味付与を超えたところでそのリアリティを保ち得ることの価値である。私が気づくことがなかった葉の意味と価値は、私がそれに気づいたときに、葉に「付与された」ものであったのだろうか。そして、もし葉の実在／リアリティが、私が主観的に把握し得る以上の意味をもつものであるとすれば、それは保育実践にとって何か重要な意味があるのではないか。このような問いに答える上で、現象学のメタ理論に基づく記述は十分な視点を提供することが難しいように思われる。

（3）主観による意味付与の問題

　主観による意味付与という現象学の根本的な理論的前提は、現象学的方法が保育環境の記述と考察に導入されるにあたり、環境を主観によって反省されたもののうちに限定することになるように見える。

　フッサールが「意識とは何者かについての意識である」と述べているように、自我主観は意識の志向性の概念を前提としたものである。意識は、意識作用（ノエシス）と意識作用の志向的相関者（ノエマ）によって成り立っており、この自我の意識生活と、対象的世界との関係を解明することが現象学

の課題となる。素朴な二元論を前提とした思考は、外界にある事物が私たちの意識とは独立に存在するかのように思い込んでいるが、現象学は、このような前提を判断中止し、事物の意識への与えられ方を考察する。この還元を行うことで、対象的世界は、ノエマ的相関者として意味を与えられた存在者であることが解明される。このとき志向性は、対象に意味を付与し、対象を構成する主観の機能として位置づけられることになる。

　世界があらかじめ間主観的に構成され、与えられているものである以上、自我主観が独我論的に世界に意味を付与し、構成しているとは考えられない。しかし、それが必ずしも独我論につながるものではないにせよ、現象学的方法が記述的実践研究に導入される際には、実践の記述は自我主観による過去の主観的意味付与についての反省であるという認識論的立場が導入される。現象を解明していく際の明証性の根拠が主観にある以上、現象学的記述の考察の対象となるのは、「意味づけられた」世界なのである。

　このことを保育環境研究に即して考えてみたい。榎沢良彦は、保育空間について現象学的な立場から優れた研究を行い、その認識論についても体系的に整理している［榎沢 2004］。榎沢によれば、空間は、私たちがそれとどのような関係になるかによって2種類に分類される。ひとつは、私たちが空間に対して客観的態度を取る場合であり、空間が認識や利用の対象として捉えられる「対象としての空間」である。そしてもうひとつが、私たちが空間に対し客観的態度をとる以前の、自他癒合の状態として感じられる「主観的空間」である。そして、この主観的空間こそが人間的意味を含むものであり、「生きられる空間」として現象学的・解釈学的に解明されるべきものであるとされている［同書 : 2］。

　榎沢は、保育現象は、意味という私たち人間の主観性の領野にその存在の根拠をもち、子どもたちや保育者の意図や思惑の交差する世界の中に生起するものであると述べる。そのため、空間の意味は研究者としての「私」が生きた意味世界を読み解くなかで探求されねばならない。一方、主観的体験は無自覚の先入見にとらわれているものであり、意味世界を研究していくためには、ありのままの生活世界に還帰するための現象学的還元と、それによって開かれた保育世界との間で解釈学的対話を行うことが必要とされる［同

書：43]。身体を伴った「私」は、保育のなかで他者と空間を共有して生きている。共同する身体同士が生み出す空間を、一個人の主観の世界に閉じこめるのではなく、共同主観的世界に位置づけ、広い視点から捉えていくことを目指すのが榎沢の現象学的空間研究である［同書：16］。

　榎沢の空間研究で用いられる現象学的方法論は、保育環境研究のメタ理論として重要な視点を提供するものである。しかし、このとき解明される保育環境は、意味付与の過程を省察することで得られる空間経験の主観的側面に限定されたものである。榎沢が研究対象とする「生きられた空間」は、主観的に意味が付与されることによって生成消滅する現象としての空間である。「保育世界を研究することは、私たち人間主観による人間精神の自己理解なのである」［同書：22］とも述べられているように、ここで現象学的態度によって明らかにしようとしている空間とは、保育者や子どもの主観的意味付与についての反省の結果として理解される現象である。このときの記述と考察は、経験の条件となる環境それ自体がもつ特性の分析に方向付けられるのではなく、保育者（研究者）や子どもの意味への志向を省察するかたちで分析される。このような観点からは、たとえば、表面上子どもが何も活動をしていない場合でも、その空間が単に活動を眺めやる「傍観空間」になることもあれば、活動を見て楽しんでいる「観賞空間」になることもあるという空間の意味の分析が可能になる一方で［同書：93］、「傍観」や「鑑賞」という行動の条件となる（「傍観」や「観賞」という行動を可能にしている）空間そのものの特性については背景化されることになる。

　経験された主観的な意味が図となり、経験の条件の記述が背景化するという記述特性は、鯨岡の「エピソード記述」についても同様である。鯨岡の「エピソード記述」の基礎をなすのは、関与観察者とその関与の対象（子どもや保護者）との間で感じとられる広義の情動の記述である。一例を挙げれば、関与観察者は、その関係に巻き込まれた当事者として関与の対象に「成り込む」ことによって情動を共有し、その意味を間主観的に把握することができる［鯨岡 1999: 149］。このとき、当事者としての観察者の現前性は、関与する相手とのあいだの関係性の変容をつくりだす重要な一項であり、エピソードは、この観察者の現前性を含めた形で反省され、記述・考察されてい

101

くことになる。間主観的に感受されたものは、恣意的解釈と区別のつきにくい曖昧さを含む場合もあれば、真の力動性に捉えられたという確信をもたらすような場合もある［同書：148］。このため、「エピソード記述」は、体験された事例の力動を描きつつも、それをメタ観察し、恣意的な解釈を避けながら事例を生きなおすことで、体験の意味を明らかにしていくことを試みるのである［鯨岡 2005: 158］。

　鯨岡の提示する方法は、主体と主体とのあいだで生きられる関係の質について明らかにする上では有効であるが、環境を記述することには適合しにくい。鯨岡の「エピソード記述」が間主観的把握を記述の基礎とする以上、そこに描き出されるのは観察者と子どもとの間で感受された意味であり、文化や環境といったその体験の条件となっている部分は、「背景」として記述されることになる。ここにも主観による意味付与という現象学のメタ理論のひとつの限界を見てとることができるのではないか。

　このような立論に対して、実践の記述という研究方法が過去の出来事の省察的記録である以上、主観による意味付与を避けて通ることはできないのではないかという反論があることも予想される。たしかに、経験の記述が主観を避けてなされることは不可能であるが、一方で、環境が完全に主観によって意味づけられたものとして記述可能なものではないということにも注意を向けなければならない[5]。現象学的な記述は環境との出会いの一側面を記述はするが、それによって記述されることのない側面が捨象されている可能性があると言えないだろうか。

　環境を記述的に理解していく際、その記述された環境そのものがすべて「自我主観によって構成された実在である」と結論づけることはできないはずである。そしてこの主張は、冒頭の事例から導かれた、木の葉という対象の実在／リアリティに関わる問いに深く関連するものである。白く輝く葉のリアリティが、私の主観による構成を超えて実在的であると信じることには、なんらかの重要な意味があるのではないか。生きられた経験が現象学的視点のみから捉えられることは、人間の意識的生の「外部」にあるリアリティを犠牲にしてしまっていることにはならないだろうか。

（4）「意味付与」に先立つ「意味作用」

　このことについて考えるために、もう一度、「意味付与」という存在構成
の契機について考察していきたい。「我と汝、内と外というような、すべて
の区別は、絶対的われ（エゴ）のうちではじめて『構成』されるものだ」
［Husserl 1954（1936）=1974: 149］とするフッサールの主張は、自我主観によ
る世界の構成を明証性の根源に位置づけるものであった。しかし、世界を構
成する絶対的な主観についての議論は、主に他者論のなかで批判されること
となる[6]。

　レヴィナスは、フッサールにおいては「意識から区別された、意識の対象
は、意識によって付与された『意味』として、つまり『意味付与』の所産と
しては、ほとんど意識の産物であることが肯定される」と述べる［Lévinas
1961=2005: 240］。レヴィナスはこのフッサールの超越論的哲学に基づく主張
を実りあるものとして評価し、この主張に対して安易に実在論的観点から批
判を行おうとする立場を退ける。しかし、もう一方でレヴィナスは、以下の
ように論じることによってフッサールにおける「表象」の特権性を暴き出
す。

　　問題とされるのは反対に、デカルトの用語でいう明晰判明な観念になっているも
　　のである。明瞭性（クラルテ）において、最初は外的なものであった対象がみずからを与え
　　る。言い換えるなら、対象が、その対象に出会う者によってあたかも完全に規定
　　されていたかのように、その者にじぶんを引きわたす。明るさ（クラルテ）にあって外的な存
　　在は、それを受容する思考がつくり出したものとして現前するのである。光に
　　よって特徴づけられる了解可能性（クラルテ）は、思考する者と思考されるものとの完全な合
　　致である。それはしかも、思考する者が思考されるものに対して行使する支配と
　　いう、きわめて正確な意味でそうなのであるけれども、この支配にあっては、そ
　　れが外的な存在であるという抵抗が対象から消失してしまう。この支配は全面的
　　なものなのであって、そのうえ創造的なものでもある。つまり支配は意味の付与
　　として達成され、表象の対象はノエマに還元されるのである。［Ibid., p.241、傍
　　点はレヴィナス］

第Ⅰ部　生きられた環境の保育実践研究の必要性

　現象学は経験に明証性の根源をもつという立場をとるが、この明証性（明るさ）において、外的な存在は思考が作り出したものとして現前せざるを得ない。このことをレヴィナスは、「思考する者が思考されるものに対して行使する支配」であると位置づけ、このような支配が「意味付与」によって達成されていることを批判したのである。さらにレヴィナスは以下のように続ける。

　　表象の了解可能性においては、私と対象との区別が抹消され、内的なものと外的なものとの区別が消し去られるのだ。デカルトのいう明晰判明な観念は、真の観念、思考に対して完全に内在的な観念としてあらわれる。その観念は完全に現前しており、秘密はひとつもなく、その新しさにすらなんの神秘もない。（中略）了解可能性、つまり表象されるという事実は、〈他〉が〈同〉によって規定されるという可能性にほかならない。そのさいしかも、〈他〉は〈同〉を規定することがなく、〈同〉のうちに他性をみちびきいれることもない。それは〈同〉の自由な遂行である。〈同〉のうちで、〈私ではないもの〉に対立するような〈私〉すらも消失してしまうのである。[Ibid., p.242]

　以上の批判を、主観が独我論的に他者を了解してしまうことへの実体的なレベルでの批判として受けとるのでは適切ではない。問題となるのは、フッサールにしたがって意識の対象を意味付与の所産として認めることによって、思考がある対象を表象するということのなかで、原理的に〈他〉が〈同〉によって規定されるということ、つまり全体性の支配が生じてしまうという点である。

　フッサールの現象学において、表象は純粋な現在として、何者にも規定されることなく一切の活動を明るみにだすものである。このとき表象にはどのような受動性も含まれていない。この表象の純粋な同一性によって、〈同〉は自己にとって外的なすべてのものを「付与された意味」（ノエマ）として見出すこととなる。現象学の判断中止とは、この表象に特徴的な運動なのであり、言い換えれば「外部性の意味を自己のうちにふたたび見出し、その意味をまさにノエマに転換可能なものとして汲みつくす」運動なのである

104

第3章　現象学的保育研究の功績と課題

[*Ibid.*, p.245]⁷⁾。フッサール流の経験のメタ理論に立脚して経験を記述することは、経験の対象を、表象によって、ひとつの全体性のエコノミーへと回収されたものとして扱う認識論を無条件に抱え込むことになるのである。

　では、人間の経験の対象とは、原理的に閉ざされた意味構成の運動の産物としてのみ捉えられるものなのであろうか。レヴィナスは主体の意味付与の自由を問いただすものとして、〈他者〉という無限なものとの関係について論じている。

　　主体は「みずからに対して」存在する。主体はそれが存在するかぎり、じぶんを
　　表象し、みずからを認識するのである。けれどもじぶんを認識しみずからを表象
　　することで、主体はじぶんを所有しじぶんを支配しながら、みずからのうちでそ
　　の同一性を否認するようになるものにまで、じぶんの同一性を拡張してゆくこと
　　になる。〈同〉のこの帝国主義こそが自由の本質のすべてである。現実存在の様
　　式としての「みずからに対して」が、生きようとする素朴な意欲とおなじように
　　根底的な、自己への固着を示している。とはいえもしも自由とは、私の内部なら
　　びに外部の〈私ではないもの〉のまえで私を臆することなく位置づけることであ
　　るなら、自由とはまた〈私ではないもの〉を否定し、あるいはそれを所有するこ
　　とにあるとするならば、〈他者〉を前にして自由は退却する。認識とはことな
　　り、〈他者〉との関係は享受と所有に、自由に転化することはない。〈他者〉が課
　　せられるのはこの自由を支配する要求としてであり、したがって私の内部で生起
　　するいっさいよりも本源的なものとしてである。〈他者〉の比類のない現前は、
　　私が〈他者〉を殺すことはできないという倫理的な不可能性のうちに書きこまれ
　　ている。〈他者〉とは権能のおわりをしるすものなのだ。私が〈他者〉に対して
　　もはや権能をふるうことができないのは、私が〈他者〉について所有しうるすべ
　　ての観念を、〈他者〉が絶対的にあふれ出してしまうからなのである。[*Ibid.*,
　　pp.162-163、傍点はレヴィナス]

　レヴィナスはこのように、〈他者〉を表象による主題化を免れる唯一のものであると位置づける。人間が生きようとすることは、その生の所有者としてのみずからに対して固着を導くことになるが、〈他者〉との関係のなかで

105

第Ⅰ部　生きられた環境の保育実践研究の必要性

私の自由は問いただされ、他者は私が所有し得るすべての観念をあふれ出ていく。私たちは〈他者〉に意味を付与することができないのである。
　そしてレヴィナスは、〈他者〉が私の観念を超えていくのは、他者の語ることばこそが、「意味付与」を条件づける「意味作用」として現前するものであるからだと主張する。

　　ことばはつまり思考の機能を存在させはじめ、意味作用の最初の同一性をことばを語る者の顔として与えるのである。（中略）ことばが作動するのは、意識の内部においてではない。ことばは他者から私に到来し、意識を問いただすことで意識のうちに反響してゆく。これは意識に還元されることのないできごとをかたちづくるものである。[Lévinas 1961=2006: 54-55]

　レヴィナスは、私たちが対象を思考し表象することができるのは、それが他者から到来することばに条件づけられているためであると述べる。デカルトは世界の存在の不安から、絶対に疑うことのできないコギトを明証性の根源として位置づけ、フッサールもまたそれを継承した。しかし、「思考はことばを語りだすこと」[Lévinas 1961=2005: 55、傍点はレヴィナス]であり、明証性の根源は内的に閉ざされた主観性にあるのではない。

　　世界は他者のことばのなかで提供され、命題が世界をもたらす。〈他者〉が現象の始原なのである。現象が〈他者〉から演繹されるのではない。[*Ibid*., p.175]

　私が他者を主題化するのではなく、他者は世界を主題化する起源なのであり、現実存在を成り立たせているものなのである。「意味とは他者の顔のことであり、語の使用のいっさいは、ことばという本源的な対面の内部にあらかじめ位置づけられている」[Lévinas 1961=2006: 59-60]と述べられているように、他者の語ることばが教えとして到来するということによってのみ、世界は主題となることができる。私たちが自由を行使することのできない、他者の語ることばこそが世界の起源なのであって、私たちは無限なるものとの関係のなかで思考することを条件づけられているのである。

106

第 3 章　現象学的保育研究の功績と課題

　レヴィナスはこのように、表象における〈同〉の全面的な自由が、他者の
うちに肯定的な条件を有していることを繙いていく［Lévinas 1961=2005:
246］。他者として現前する「意味作用」は「意味付与」に先立つものであ
り、経験とは、このような思考をつねにあふれ出すものとの関係、「無限な
もの」との関係によってこそ達成されるものであると考えるのがレヴィナス
の形而上学である［Ibid., p.23］[8)]。

（5）〈他なるもの〉としての環境
　では、レヴィナスの論じる「意味付与」に先立つ「意味作用」という問題
を、保育環境の記述の問題として捉えなおしてみるとき、どのような示唆が
与えられるだろうか。
　レヴィナスの批判を敷衍すれば、現象学的に記述されることになる環境
は、原理的にすべてノエマとしての環境ということになる。ノエマである以
上、その環境は意味を受容する側であり、意味づけるのは常に主体の側であ
るということを認めざるを得ない。このことは、主体が環境の実在（リアリ
ティ）に対して決定的な支配をもつことを理論的に認める立場に立つことに
なる。記述された環境は、〈同〉の支配、つまり“意味づけられたもの”の
枠組みのなかに閉鎖されることになるのである[9)]。
　レヴィナスによれば、「対象」が抵抗することなくノエマに還元されるも
のであるのに対し、〈他者〉はことばを語ることができることで、自分に固
有の現出を護ることができる［Lévinas 1961=2005: 116］。自らことばを語る
「顔」は、私の表象が構成する自由をことばによって問いただすことによっ
て、私のうちにある〈他者〉の観念を溢出し、「無限なもの」として現出す
るのである。“意味づけるもの”は外部から到来する。この外部性、つまり
〈他なるもの〉との関係のなかにこそ、人間が認識によるいっさいの〈同〉
への回収という全体性を抜け出していく通路が開かれるのである。
　レヴィナスはことばを語る他者のみに、「無限なもの」の位置づけを与え
たが、この自己に還元されることのない〈他なるもの〉との終わりなき関係
は、人間と事物との関係としても成り立つものではないか[10)]。たとえば、レ
ヴィナスは、マルティン・ブーバーの〈われ-なんじ〉という他者との対話

107

第Ⅰ部　生きられた環境の保育実践研究の必要性

的関係についての思想を評価しつつも、ブーバーの言う〈われ - なんじ〉の
関係が、人間と人間をむすぶものであるとともに、人間と植物をむすぶもの
でもあるという点を認めることができない。その結果、レヴィナスは、ブー
バーを「訂正」することなく、「べつの視界」をとると述べるのであるが、
その立場は明確ではない［Lévinas 1961=2005: 123］。このことはおそらく、レ
ヴィナスの思想の根幹が、他者を、ことばを語り、自らを護ることができる
ものとして位置づけることにあるためであり、人間が享受する対象である動
物や植物にことばを認めることは、この他者との絶対的な非対称の関係を相
互的な関係へと引き戻してしまうためである。しかし、植物や動物であれ、
環境そのものの価値が、保育実践のなかで重要な何かを保育者に指し示し、
保育者がそのサインを知覚することで、主観性の自由が問いただされること
があるとすれば、環境は「意味付与」に先行する「意味作用」として実在す
ることになるのではないか。保育者が子どもとの関わりのなかでそれまで気
づいていなかった環境の価値に気づくとき、それは外部からの衝撃として到
来する。そしてそのような環境の「意味作用」は、次なる実践に赴こうとす
る保育者の身体に刻まれ、未だ出会われていない環境の「ことば」を聴き取
ろうとする保育者の姿勢を導くことになる。レヴィナスの形而上学において
ことばを語るのは人間のみであるが、保育実践の現場においては、植物であ
れ動物であれ、あるいは物であれ、重要な「ことば」を語る〈他なるもの〉
であり得る[11]。

　レヴィナスが「全体性の経験から出発して、全体性が破砕されるような状
況へとさかのぼることが可能である」［*Ibid.*, p.21］と述べるように、私たち
は〈他なるもの〉を経験する[12]ことによって、その生のエコノミーを超越
し、自己を変容させている。その〈他なるもの〉とは、他者だけでなく、身
近な環境にもあると考えることができる。保育実践のなかでの環境との出会
いは、それが記述されることで〈同〉のシステムに回収されるように見える
が、そこに「意味付与」を基礎づける「意味作用」としての〈他なるもの〉
の響きが聴き取られることで、全体性の破砕と新たな意味世界の生成が導か
れるのではないだろうか。

　レヴィナスは現象学の内部から無限なものの実在について論じたが、それ

はひとつの「形而上学」としてなされている。保育環境の記述を関心とする本研究の立場からは、レヴィナスの批判を引き受けつつ、現象学とは異なる経験の記述学の立場から、ノエマの外へと抜け出ていくこと、つまり現象の外部へと通じる道を模索することが必要である。保育環境をノエマとしてでなく、自己にとって〈他なるもの〉として探求する方法を見出すことは、保育現象についての理解を主観的意識への反省以外の方向で深めていくことを意味する。そのメタ理論として、現象学とは異なる仕方で生きられた経験を扱ってきたプラグマティズムの思想系譜と、それに連なる生態心理学の思想を手がかりとすることが可能であろう。

3. 保育環境の実在論に基づく生きられた経験の科学へ

　本研究は経験についての形而上学を行おうとするものではなく、形而上学的に考察された「経験」や「主観性」、「記述」といったことの意味を、現実の保育実践研究のメタ理論として捉えなおし、保育環境について問いなおそうとするものである。本研究が客観主義的な「環境」概念を採用しない以上、環境は、私によって生きられた経験の立場から記述されなければならない。そして、本研究に求められるのは、「生きられた環境」を条件づける「意味」や「価値」が、私の主観による自由な意味付与によって構成されているのではなく、私から分離された実在であり得ることを指し示すことである。

　そのための方法となるのが、現象学とは異なる仕方での生きられた経験の省察である。環境の意味と価値を探求するエコロジカル・アプローチは、現象学同様、生きた身体を伴った主体による経験と知覚の記述を方法とするが、その記述は環境を主観による意味付与の記述の背景に退かせることもなければ、表象された対象としての意味に還元することもない。私自身のより良い保育実践へ向けた探求のなかで記述される環境の実在／リアリティは、他の保育実践者にとっても「そこにある」ものとして、協同的に探求され得るものである。

第Ⅰ部　生きられた環境の保育実践研究の必要性

　本研究によって示されることとなるエコロジカル・アプローチは、ジェームズやデューイ、パトナムといったプラグマティズムの思想と、ギブソンの生態心理学の影響を受けて形成された、エドワード・リードの生態学的経験科学を保育学の文脈において発展的に継承したものとなっている。リードの生態学的経験科学は、環境の「意味」と「価値」の実在論に基づく保育環境の記述理論を提供し、保育の環境をエコロジカルに捉えなおす重要な可能性を秘めている。リードは私たちが経験する世界は多様であるが、それは共通の環境によって支えられていると述べる。環境の「意味」や「価値」は多様な経験の条件となるものであり、環境を記述し理解していくことは、私たちが経験を共有し、共通のリアリティ（common reality）を探求する実践へと結びついていく。リードの生態学的経験科学は、保育学の文脈と照らしあわされることで、保育者による子ども理解の探求と保育環境についての対話的な実践研究を導くエコロジカル・アプローチとして継承されることとなる。

　また、本研究は、ひとりの保育者としての私自身が、自らの保育実践の経験について、リードの思想を通して省察した結果を記したものであり、それ自体がエコロジカル・アプローチを体現している。つまり、本研究は、私自身が出会い変容することになった環境の実在について探求しようとするものであり、本書を書くという行為もまた、経験を再構成するひとつの実践として、生の過程に位置づけられている。エコロジカル・アプローチにおいて、経験は人が生きる過程として捉えられる。本研究のなかで記述された経験は、私自身の生きた記録であり、私自身の経験についての決算報告である。

　エコロジカル・アプローチの性質について明確にするために、第Ⅱ部では、まず本研究が保育実践研究という営み自体をどのように捉えるのかについて明らかにする。続いて、ひとつの保育実践研究として本研究が立脚する理論、すなわち環境の記述についての理論として、リードの生態学的経験科学について考察していく。

注
1 ）そしてこの判断中止によって可能になるのが「超越論的還元」である。ここでフッサールは、「哲学研究者は自然的存在と自然的世界を越えたところに位置しながら、

第 3 章　現象学的保育研究の功績と課題

その存在と客観的真理のなにものをも失わない」[Husserl 1954 (1936) =1974: 274、傍点はフッサール] かたちで、世界を超越論的現象に還元し、人間が超越論的主観性の自己客観化として認識されることを明らかにしようとする。哲学研究者の真理への問いと、保育学をはじめとする実践の学における問いの違いは、現象学が導入される際の還元の方向性の違いとして問題となる。この点については、後述する鯨岡 (1986) の議論を参照。

2 ）このような批判を受け、心理学の内部でも、心や経験を測定可能なかたちに分節し、分析する方法が人間の生を扱うのに十分でないことについての懸念が生じてきた。津守らが批判してきた行動主義全盛の頃に比べ、現代の心理学では量的研究への批判から発展した質的研究がしだいに受け入れられ [Flick 1995=2002]、個別性・文脈依存性を抱えた現場の生の在りようを多声的・共同的に探求しようとする試みもなされるようになった [やまだ・サトウ・南 2001]。そのなかで、これまでカテゴリー化や数量化といった客観的指標によって担保されると考えられてきた認識の公共性の問題 [鯨岡 1999: 108] や、個別の事例がいかにして他の現象に共通の意味をもつのかという一般性の問題 [大倉 2008: 85] に新たな回答をなそうという試みもなされてきている。このような変化を迎えるなかで、経験を記述する保育実践研究とそのメタ理論に批判的検討を加えていくことが必要とされていると考える。

3 ）鯨岡が言うように、現象学は根本的に、それを行おうとする者の生に密着したかたちで方法として取り入れられる。「人間科学とりわけ心理学の領域において、そのアプローチが現象学だといえるのは、人間科学的経験の記述をフッサールをはじめとする現象学者たちの言説によって権威づけ、補強することによってではなく、人間諸科学が営まれるその場で現象学を行う（doing phenomenology）こと」である [鯨岡 1986: 緒言 p.2]。

4 ）マックス・ヴァン・マーネンは「〈教育〉への人間科学的アプローチの明確な特徴は、理論や研究の概念が、生きる上での実践にいかに関連づけられるかということである」と述べ、人間科学の概念と実践者の生とを関連づける重要性を指摘している [Van Manen 1990=2011: 37]。また中田基昭は、「現象学においては、或る事柄をそれがあるがままに解明することだけではなく、その事柄へと向かっている現象学者の生と世界そのものの本質が哲学的に探求されなければならない」と述べ、現象学的方法を導入することが、現象学を行う者の生と世界の本質の探求と切り離せない関係にあることを指摘している [中田 1997: iii]。

5 ）このことについてヘルムート・ダンナーは、「自然的事物」と「人間的事物」という概念で区別している。事物は人間にとって多様な仕方で前もって与えられている

111

が、それに人間が向かいあうことによって意味が形成される。「人間的事物」とはこのような形成を経たものであり、「自然的事物」はこのような形成を全く経ていない、「人間の助けを借りずにそこにあるもの」を指している。「自然的事物」が主観によって問いを向けられた瞬間に「人間的事物」となると考えることができるように、両者は厳密な区別をもつことができない。このことから、ダンナーは純粋な「自然的事物」も、純粋な「人間的事物」も存在しないと結論づけている [Langeveld & Danner 1981＝1989: 272]。

6）もしもフッサールの現象学が徹底した超越論的観念論であったならば、経験的な意味での自我と他者の意識の交流など問題にならないはずであった。しかし、フッサールは明証性の根源を生活世界におく一方で、現象学的還元の結果として前人称的な超越論的自我にたどりつく。世界の事物が間主観的に構成されているものであるという前提に立つのであれば、他我がどのように超越論的自我に関係しているのかという問題に答えねばならない。フッサールは、「他我」という人体模型に自我を投射する「自己投入」という概念でこれに答えようとするが、この説では他者は客体的な物にすぎないことになるか、投射された自我にすぎないということに帰結し、いずれにしても共同して志向作業を営む他者ではありえなくなる。このことは、フッサールが「われ」をコギトとして定義したことで、近代哲学が繰り返してきた他我をめぐるアポリアにはまり込んでいたことを意味している [木田 1970: 159]。現象学の論理では、主観による意味付与によって環境を捉える場合にも、環境が一方的に意味を付与されることになるという構造が維持されることになる。

7）レヴィナスは、このようなフッサールの主張に即座に実在論的な射程を読み込むことを批判している [Lévinas 1961＝2005: 240]。しかし、記述という実践的な問題を扱う上では、その記述がもつメタ理論は、記述者がどのような観点をもって現実の事象を切り取っているのかを指示するものとなる。ここで意味付与の問題を取り上げることは、単に対象の実在を擁護しようとするものではなく、記述と反省という行為の特性を論じようとするものである。

8）レヴィナスが他者論の文脈から批判した「意味付与に先立つもの」という主題は、フッサールが「自然的態度」と呼んだ、自然科学を可能にする自然主義的態度や、精神科学を可能にする人格主義的態度といった、理論的態度そのものの前提となる根源的な態度がいかにして可能になるのかという問題と関連している。いっさいの対象を超越論的主観の構成作業の相関者として読み解こうという現象学の試みは、構成的意識によるいっさいの構成作業の根底にあって、その構成作業の根拠となる感覚的経験とそれに開示される自然という問題を残すのである。フッサールや

第 3 章　現象学的保育研究の功績と課題

　　ハイデガーはこの根源的自然を「大地」と呼んだが、木田元によれば、根源的自然
　　という概念は、おそらく現象学の領域外に位置づくものであり、こうした存在を認
　　めることは現象学そのものの破産につながりかねないものであった［木田 2004:
　　75］。
 9）ここでレヴィナスの批判から、現象学的記述研究のすべてが他者や環境を自己の
　　理解に回収するものであると糾弾することは適切ではない。特に教育事象について
　　臨床的還元を行おうとする現象学的研究において、他者との関係は研究者自身の自
　　己の変容と切り離せないかたちで生きられるものであり、むしろ他者は、自己の枠
　　組みが破壊され再構成されるような「外部性」をもつものとして経験されていると
　　いえるだろう。このときの他者とは、むしろレヴィナスの述べる他者に近いもので
　　ある。ここで重要なのは、レヴィナスの批判を、現象学的なメタ理論に基づく記述
　　それ自体への批判として読み解くことであり、記述がそのメタ理論によって負う限
　　界について意識的になることである。
10）ポール・スタンディッシュは、レヴィナスが他者に対して負うものとして位置づ
　　けた責任が、他の生き物や非生物まで一般化された責任にも敷衍できることについ
　　て論じている。ジョン・ルウェリンが論じるように、日常的な物であっても、単に
　　その形状や色彩といった物理的記述によってその存在が記述しつくされることはな
　　く、物が何であるかは、人がその物とともに世界に住まうなかで発見される。その
　　意味で日常的な物には非日常性が常につきまとっているが、人間と存在のあいだに
　　相互所有という関係が成り立つ以上、この非日常性を記憶すること自体に責任が生
　　じる。「責任は、直接名づけられないもの、表象されないものに対して果たされる。
　　これは、そうであるかもしれないものに対する責任であり、いつでもまだこれから
　　きたるべき存在の仕方に対する責任」なのである［Standish 2001=2012: 556、傍点は
　　スタンディッシュ］。保育という文脈のなかで人間以外の物に対することの意味を論
　　じる上で、レヴィナスの思想を敷衍する論立てを行うことは十分に可能である。
11）デリダは、レヴィナスが倫理について語る上で、動物を問題にしなかったことを
　　痛烈に批判している。「［レヴィナスの言う］顔とはまず私の兄弟の、そして私の（ど
　　れほど遠く縁が薄くとも）隣人のそれなのである。これほどそれが明らかなところ
　　はない。それは動物を倫理の回路からはずすことである。（中略）他律的かつ倫理的
　　な彼の新たな定義において人間的主体が顔であるとしても、他者の顔に認められる
　　特徴、権利、義務、情愛、可能性のいかなるものも、動物ないし〈アニモ〉に認め
　　ることは問題外なのだ。このことは、あれほど『取り憑かれた』、他者とその無限の
　　他者性の取り憑きにあれほど没頭した思想であることを思えば一驚にあたいしよ

113

う。他者に、他者の前で、そして他者の代わりに、他者に対して私に責任があるの
なら、動物は、私がそのなかに私の兄弟を認める他者よりも、私がそのなかに私の
同胞ないし隣人を同定する他者よりも、こう言ってよければいっそう他者であり、
いっそうラディカルに他者なのではないのか？」[Derrida 2006=2014: 196、[]内は
引用者]。ここでデリダの動物論について詳述する余裕はないが、デリダはレヴィナ
スをはじめとする哲学者たちが動物から奪ってきたことばやロゴスを動物に返還し
ようとするのではなく、「動物」という語で語られる動物たちが、人間が「動物」か
ら区別される「人間」になる以前の先行的存在であったことを、〈アニモ animot〉と
いう単数形のうちに複数形を聞かせる造語を用いて動物たちそのものについて語る
ことで、指し示そうとする。デリダの論述は非常に興味深いが、保育実践のレベル
においては、動物や植物の、あるいは物の「声を聴く」という現象が子どもたちの
日常生活のなかで頻繁にあり得ることであり、そのことが保育にとって重要な意味
を持っていることを示すことが問題となる。佐伯胖は、ネル・ノディングスの理論
を発展させた「子どもがケアする世界をケアすること」を中心とした保育論を展開
している。ノディングスのケアリング論では、人対人だけでなく、動物や植物との
相互のケアリングの関係が問題にされるが [Noddings 1992=2007: 234-254]、佐伯は
この対象の側からの訴えを聴き取ることを「かかわり（engagement）」と呼び、「共感
（empathy）」「畏敬（reverence）」とともにケアすることの構造のなかに位置づけてい
る [佐伯 2013: 120]。動物や植物は人間の言語を話さないからといって、その訴え
を聴くことができないと結論づけることはできない。ブーバーが「あの樹木の生き
生きとした全体性と統一性は、何かを探り出して知ろうとするだけの鋭い眼に対し
て拒絶するが、〈なんじ〉と呼びかける者の眼ざしにたいしては、自らを打ち明ける
のである。呼びかける者があるとき、樹木はまさにそこに存在していることを告知
し、存在する樹木であることを示す」[Buber 1923=1979: 155] と述べるように、私
たちが動物や植物とのかかわりのなかでその訴えを聴こうとするとき、他なるもの
からの意味作用が認められることがあり得る。

12)〈他なるもの〉は無限化するものであるため、それは経験に現れつつも、経験に回
収されることがない。

第Ⅱ部
エコロジカル・アプローチに基づく
生きられた環境の保育実践研究論

第Ⅰ部では、現象学的方法を生きられた経験の保育学を可能にするものとして評価しつつも、その意味付与という理論的前提が、環境を主観のうちに反省されたものに限定することを指摘した。本研究が目指すエコロジカル・アプローチは、現象学とは異なるメタ理論に基づいて「生きられた環境」を記述しようとするものであるが、それは現象学を否定して、保育学を先に進めようとするものではない。むしろ、現象学とエコロジカル・アプローチは、生きられた経験について記述し、絶えざる対話と省察のなかで記述された経験についての理解を更新していこうとする点で重なり合っており、生きられた経験から構築される保育実践研究を志向する点で共通している。現象学とエコロジカル・アプローチの理論的差異は、むしろ保育実践研究において相補性をもつものとして捉えなおされねばならない。そこで、まず第4章で、プラグマティズムを手がかりに、本研究が採用する保育実践研究のメタ理論について明らかにし、続いて第5章と第6章でエコロジカル・アプローチの記述理論について詳述する。

第 4 章

記述される経験の側面性と記述の相補性
——プラグマティズムを手がかりにした保育実践研究論

　第 4 章では、保育実践研究を、経験の記述とそれについての省察という終わりなき探求の過程に位置づくものとして捉えなおす。本研究が提唱するエコロジカル・アプローチもまた、本章で述べられる意味での保育実践研究のひとつであり、探求のための理論を提供しようとするものである。角度を変えて言えば、本研究は、保育実践研究の理論（エコロジカル・アプローチや現象学）を、子どもの多様な経験を記述し、省察するためのひとつの視点を提供するものであると捉えており、豊かな保育を目指す探求のための理論的道具であるとみなす立場に立っている。

　第 4 章ではまず、現象学的記述が、経験の表情的側面を明らかにすること、および生態心理学的記述が経験の機能的側面を明らかにすることを論じる。その上で、プラグマティズムの立場からそれらの差異を捉えることによって、両理論の事例記述の特性の差異が、経験への視点の多様性を確保する相補性をもつことを明らかにする。

1. 経験を記述する保育実践研究——表情的記述と機能的記述

　「保育」と「幼児教育」の概念の違いについては様々な議論がなされているが、本研究で強調したいのは、「保育」が行為であるという点である[1]。私たち保育者は、保育の現場のなかで、「今は保育中である」とは言うが、「今は幼児教育中である」とは言わない。「今日の保育は良かった」とは振り

117

返るが、「今日の幼児教育は良かった」とは振り返らない。当然のことながら、"保育者が子どもに関わる行為"はときに教育的関与でもあるわけだが、日常言語ではそれらの行為は主に「保育」という概念を用いて表現される。「保育」という概念は、「私が為すこと」という意味と不可分のものとして成立している。保育実践研究というものもまた、「保育」概念のこのような側面、つまり保育者自身の行為と保育者自身の生活という文脈を考慮することなしに成立し得ないものであると考えられる。

　保育は、保育者が目の前にいる子どもと向き合い、その子どもの経験を理解しようと努め、その子どもにとってより良い経験を導く働きかけをなそうとする過程を含んでいる。そのような「良い」関わりを目指す上で、経験と省察の過程は、保育の根本を支える営みであると言えるだろう。保育実践研究は、子どもの経験を理解する過程に働くものであり、保育のなかで生きられる経験をどのように理解していくのかについて、多様な方法論を発展させていかなければならないのである。

　前章でも述べたように、子どもの経験を理解するための方法論として重要な貢献をしてきたのが現象学である。現象学は心身二元論に基づく客観的な行動の理解や概念的な心の理解を批判し、教育学・心理学のメタ理論として大きな影響を与えてきた。現象学という概念は多義的なものであるが、「いっさいの先入見を排して、経験に与えられるがままの具体的事象へと立ち還り、すべてを問い直そうとする努力」を中心にするという点で共通したものとして捉えられる［木田 1991: 44］。現象学的な保育実践研究は、そのような志向を共有し、私たちが日常的に生きている「生活世界」を、先入見を排してありのままに記述することで、保育のなかで生じる生き生きとした意味の世界を明らかにしようとしてきたと言える。

　保育のなかで生きられる世界を明らかにする上で避けて通れないのが、その豊かな表情性である。廣松渉は、直接的な体験はさまざまな表情性を帯びているという立場から、表情という現象について論じている。廣松によれば、私たちの環境世界は「浦山の松の木はガッシリしているが、大枝はノタウッテいる」「崖にかけて淡竹がスクスクと伸びており、葉先はピンと張っている」「夕陽がノンビリと傾き、月影がソッと忍び寄って来る」といった

ように、「表情性に満ち充ち」て体験される［廣松 1989: 9］。これらの体験は、客観主義心理学においては形や色や音などの感覚という第一次的な与件を手がかりにして二次的に生じるものと説明されるが、廣松はこれを臆見であると否定する。なぜなら「俗に第一次的な感覚体験と呼ばれるものが既に情意的に彩られている」ためである。つまり、廣松がとるのは、松の形態や色の感覚をまず覚知してそれがグネグネしていると判断しているのではなく、「グネグネしているあれ」の覚知があって、それが事後的に言語化されているのだという立場である。このことから、廣松は「如実の環境世界的現相は本源的に情動的価値性を"懐胎"せる表情性現相である。従って、表情性現相は汎通的である」と主張する［同書: 17］。

　廣松の研究は、臆見について判断停止し、事象そのものへ立ち返ろうとする点で現象学的なものである。廣松は西洋哲学が、表情を内奥的心理現象の外在的身体への表出という二元論的な構図で捉えてきたことを批判し、表情性体験を間接的な認識として見るのではなく、直接的・原基的な体験事実として位置づけるのである。廣松の議論に基づけば、表情の記述は、生きられた経験の理解にとって本質的なものであり、現象学的な保育実践研究においても重要な意味をもつものである。そして、実際に、現象学的な保育研究は、このような表情性体験を手がかりとした記述と考察によってなされていることが多い。「生活世界」には心理現象の有機的全体（ゲシュタルト）が位置しているのであり、研究者に立ち現れる現象を忠実に記述し、現象学的還元を行っていくことが経験を理解する道筋となるのである[2]。

　一方、現象学とは異なる形で経験の理解を目指すことを試みてきたのが、生態心理学（ecological psychology）の視点を取り入れた保育実践研究である。生態心理学はギブソンによって確立された人間 - 環境の相補性を基軸とした知覚理論であり、環境に存在する行為の可能性を示す「アフォーダンス（affordance）」［Gibson 1979］の記述によって人間の経験を理解していくことを試みる立場である。たとえば、ペンは「書く」という行為の可能性をもっているが、隙間に挟まったものを「引き寄せる」ことや、「背中を掻く」ことにも利用され得る。このように、環境（ペン）に存在する、それぞれの行為者にとっての行為の可能性を示す特性がアフォーダンスである。アフォー

ダンス概念については、第5章、第6章のなかでより詳しく論じるが、ここではアフォーダンスが環境の側に存在する意味や価値の記述を焦点化していることに注目しておきたい。

　現象学的記述が研究者の主観によって分節化された表情的記述を行っていくのに対し、生態心理学的な研究は実験的な発達研究から、子どもの生活の記述的研究まで様々な方法をとっているが、そのメタ理論となっているのはプラグマティズムから受け継がれている有機体－環境論に基づく経験概念である[3]。生態心理学の立場において経験とは、人間が環境の「意味」と「価値」を直接知覚することによって成り立つものであり、人間と環境との出会い（アフォーダンスの利用）を記述することによって捉えられるものである[Reed 1996a: 7][4]。人がコーヒーカップを手に取るという経験は、今コーヒーを欲している自分がおり、カップが手を伸ばして届くことができる距離にあり、それがつかむことのできる形状のものであるという人間－環境の動的なトランザクション[5]のなかにあるものであり、コーヒーカップを持つという行為には、環境に存在する様々な意味と価値の知覚が含みこまれている。生態心理学は、行為と環境の機能的記述を行うことによって、経験を理解することを試みる。それは共有可能な環境の記述を手がかりに、子どもそれぞれが多様なかたちで生きる世界に迫ろうとする立場であると言えるだろう[Heft 2001: 396]。

　現象学と生態心理学はともに「生きた事実」としての経験を記述するための方法となり得るが、それぞれの経験の捉え方は決定的に異なっている。認識論の次元では、現象学が経験を事象の本質を直視する上で立ち返るべき領野として見る一方で、生態心理学は経験を環境の意味と価値の直接知覚として見る。また、具体的な経験の記述においては、現象学的記述が研究主体の主観の反省的な記述を「図」としていく一方、生態心理学的記述は環境の情報を記述の「図」としている。また、それに伴って、現象学的記述では環境の情報の記述が、生態心理学的記述では主観的感覚の記述がそれぞれ「地」として背景化する傾向にある[6]。

　現象学的方法と生態心理学的方法はこれまで思想的類縁性がしばしば指摘されてはきたものの、厳密に論理を捉えるかぎり両者を統一的にむすび合わ

第4章　記述される経験の側面性と記述の相補性

せる論理はない[7]。しかし、哲学者が認識論の問題として調停することができなくとも、保育実践者が保育実践においてそれぞれの理論を補完的に位置づけ、実践の中で子どもの経験の理解を多重にしていくことは十分に意義のあることであり、保育学がその両者の関係を理論的に位置づけることは、実践の学としての重要な課題である[8]。

　それを実現するために、本研究ではパースが「プラグマティズムの格率」［Peirce 1960（1877）=1980: 79］と名づけ、ジェームズが「プラグマティズムの原理」として紹介した原理を手がかりにしたい[9]。本研究ではプラグマティズムは対象理論としてではなく、理論間の関係を考えるメタ理論として、現象学的方法と生態心理学的方法の関係への反省を導くものとして論じられる。また、教育学におけるプラグマティズム原理の適用としてデューイの教育学を手がかりにすることになるが、本研究はあくまでもデューイの教育学研究が問題なのではなく、保育実践における現象学的方法と生態心理学的方法の関係づけへの反省の手がかりを得ることが課題であり、その範囲内での限定的な考察に限ることにする。

　以下では、議論を記述の問題に焦点化し、現象学にみられる表情的記述と生態心理学にみられる機能的記述が、経験の異なる側面に焦点を当てるものであることについて述べる。そして、2つの記述の関係をプラグマティズムの視点から捉えなおすことで、経験についての異なる視点の存在が、保育において対話的に価値基準を再構築するプロセスと結びつくことについて論じていく[10]。

2. 記述される経験の側面性

（1）「遊びの媒体としての木」という視点と「生きている木」という視点

　プラグマティズムの視点から経験を記述することの意味を問いなおしていく上で、まず具体的な保育実践研究を例に、機能的記述と表情的記述の差異について論じていく。ここでは、「木で遊ぶ」という経験について異なる視点から捉えた2つの論文を例にあげて検討する。1つは、中坪史典らによる

論文「アフォーダンスの視点から探る『森の幼稚園』カリキュラム」（2011年）であり、もう1つは、立浪澄子による論文「どう教える？　『木は生きている』──子どもの内面形成に関心を寄せ続ける保育者の姿」（2004年）である。

中坪らの研究は、アフォーダンスの概念を用いて、「木」という環境がもつ可能性について考察する生態心理学的立場からの研究である[11]。中坪らの研究は、幼稚園の年中児クラスの子どもが一日の大半を森で過ごす「森の日」についてのビデオ・フィールドワークを行い、そこで記録した映像データを分析・考察したものである。事例には、周囲の子どもの遊びに加わらずつまらなそうにしていたⅠ男が担任の保育者に木（細木）を差し出されたことをきっかけに、木を「びよーん」としならせる遊びを始める場面が記録されている。それを見ていたＫ男が「僕にもやらせて」と寄ってくる。Ⅰ男は始めＫ男と細木を奪い合っていたが、しだいにＫ男と一緒に大きく木を揺らして遊ぶようになる。周りでそれを見ていた女児の間にもしだいに遊びが広まり、保育者も交えて木（細木）を揺らすという遊びが盛り上がる。中坪らはこの事例について、「素朴な自然環境が保育者と幼児にもたらしたもの」という観点から考察し、木のもっている多様なアフォーダンス（揺らす・曲げる→戻ってくる・雨粒が飛ぶ、など）が、保育者のⅠ男への働きかけや、周囲にいる子どもたちを巻き込んだ遊びの充実のきっかけとなっていることに注目している。

中坪らの研究が示すように、自然環境には多様な行為の可能性が潜在しており、保育者や子どもがそれを見出すことによって豊かな遊びが生まれていく。木は多様な遊びと子ども同士のつながりを生み出す媒体として捉えることができるのである。

一方、異なる視点から子どもと木の関わりを捉えているのが、立浪の研究である。立浪の研究は、「木が生きている」という生命性に子どもが気づくために、保育者がいかに関わることができるかを論じたものである。立浪の研究自体は現象学的な立場をとったものではないが、保育者Ｓの記録は、環境が自分自身に働きかけてくることを捉えた表情的記述となっている[12]。

立浪の研究は、保育者Ｓの実践記録の検討を中心として行われた。事例

第4章　記述される経験の側面性と記述の相補性

には、保育所の園庭にあるドウダンツツジと4歳児の2人の男の子（K男とM男）の関わりが記録されている。多くの葉の茂った1mほどのドウダンツツジの木に対して、K男とM男がヒーローになりきって、パンチや体当たりを繰り返しているところに、保育者Sが通りかかる。子どもたちは体当たりをして跳ね返されることに面白さを感じていたが、そのたびに木は左右に揺れ、葉っぱが散り、小枝が折れたりしてしまっている。保育者はそれを見て“このままでは木がかわいそう、何とか止めることはできないか”と感じ、子どもたちに働きかける。保育者はこのとき、「そんなことをしてはだめだよ」と直接的に禁止するのではなく、2人のごっこ遊びに入り込んで言葉かけをする態度をとる。保育者は何度か働きかけるが子どもたちがそれをやめなかったため、「あーっ！　葉っぱ怪獣、手も足もいっぱい折れたよ。ほら血もいっぱい出とるー！」と言ったことで、子どもたちは遊びをやめることになる。

　この事例の後、保育者Sが園内研修や各部署での討議を経ていかに子どもたちに「木が生きていることを教えたか」が、立浪の研究の主題となる。その後も保育者Sは、K男とM男の指導に関心を持ち続け、子どもが自ら問題を見出すことに関わっていくことになり、最終的には、K男が木をやっつけることを「ダメだよ」と言ったことなどをもって、子どもが自ら「木が生きている」ことを学んだのだと結論づけている。

　立浪の研究では、木が生み出す遊びに焦点が当てられるのではなく、「木が生きている」存在であることに焦点が当てられる。事例の中でK男とM男は、木と関わって遊びを生み出しているが、保育者Sにとってそれは「止めるべき」「好ましくない」遊びとして捉えられている。

（2）「木で遊ぶ」という経験の意味

　中坪らの研究は、「木という環境が、創造的な遊びや他者との関わりを生み出す資源となる」という主題を保育実践に提供する。それはアフォーダンス概念が、子どもの豊かな経験の条件となっている子どもと環境との相互作用を効果的に記述する理論であることに支えられている。一方、立浪の研究は、「木が生きている存在であり、尊厳をもった関わりを必要とする」とい

123

第Ⅱ部　エコロジカル・アプローチに基づく生きられた環境の保育実践研究論

う主題を保育実践に提供する。それは保育者Sの記録が、自らに立ち現れた木の「表情」を記述するという情意的側面をもっていたことで可視化された主題であるといえるだろう。

　両研究の導く結論は、ともに経験の記述から「木で遊ぶこと」に関する主題を提供するという点で意義があるものである。しかし、提供された主題同士を保育実践の視点から対照してみると、それらは双方が同等に重要なものであると同時に、対立的なものでもあるというジレンマを抱えている。

　たとえば、子どもたちが生き生きと木のぼりをしているが、その細い枝が折れそうなほどしなっているという事例を考えてみよう。そして、あなたがそのような場面に保育者として立ち会い、子どもへの関わりが迫られているとする。そのような場面に立ち合う際、ある人は豊かな遊びが生まれていると感じ、ある人は「木がかわいそうだから止めたい」と感じる。また、ある人は遊びを続けさせるか、木が生きていることを伝えるかで葛藤する。そのような差異が生じるのは、「木で遊ぶ」という経験がはらんでいる両義性に由来するものであり、ひとつの側面から経験の意味を規定することはできない。「木で遊ぶこと」は子どもの創造的な経験を生み出す可能性を備えたものであると同時に、「生きているもので遊ぶ」ということに対する尊厳の問題を含んでいるのである。

　このようなとき、保育者にとって、「木で遊ぶのは良いこと」という見方への囚われは、「木を傷つけている」という側面に気づくことの妨げになるであろうし、「木が生きているのを教えることは良いこと」という見方への囚われは、子どもの創造的な遊びへ目を向ける視点を暗黙のうちに弱めてしまうことになるだろう。経験の記述によって提示される視点は、経験のある一側面に焦点を当てて取り出したものである。そのような視点は独自の深さをもって保育実践を問いなおすきっかけとなるものであるが、その結論が過度に一般化されることは、保育者が次なる実践を行う際、目の前にいる子どもの経験の理解を固定させることにもつながってしまう。

　それでは、保育実践研究において「経験を記述する」という営みはどのような位置づけをもつものなのであろうか。デューイは、論文「教育科学の源泉」（1929年）において「教育科学の源泉とは、教育者の心に、頭に、そし

て手にはたらき、確かめられた知識の一部分である。それは、教育的機能の
パフォーマンスが、それがはたらく以前よりも、より啓発され、人間的なも
のとなり、真に教育的なものとなるような知識なのである」〔Dewey 1984
(1929): 39〕と述べている。このように、経験の記述を保育者の次なる実践
行為を含めた過程の中に捉えることで、機能的記述と表情的記述のそれぞれ
がもつ視点の違いを、相補的に働くものとして位置づけることができるので
はないか。以下では、ジェームズのプラグマティズムの原理から2つの方法
を捉えなおし、さらにこのプラグマティズムの原理との関連においてデュー
イの議論を参照しつつ、経験を記述する保育実践研究の位置づけについて問
いなおしていきたい。

3. プラグマティズムから保育実践研究を捉えなおす

（1）多様な見方とその実際的結果

　ジェームズによれば、プラグマティックな方法とは、「これなくしてはい
つはてるとも知れないであろう形而上学上の論争を解決する一つの方法」で
あり、それは論争の各立場が主張する観念のそれぞれがもたらす「実際的な
結果」を辿りつめてみることによって、各観念を解釈しようと試みるもので
ある〔James 1907＝1957: 51〕。

　ジェームズが例としてひくのは、一匹のリスの運動である〔*Ibid.*, p.49〕。
まず、「一匹の生きているリスが木の幹の一方の側にくっついていると仮定
し、その木の反対側には一人の人間が立っている」ことを想像してみる。そ
の際、リスを目撃したその人間は木のまわりをすばやく駆け廻ってリスを見
ようとするが、彼がどんなに早く廻っても、それと同じ速さでリスは反対の
方に移るので、リスと人間との間にはいつでも木が介在していて、その人は
リスを見ることができない。そのような出来事が起こったとき、「その人間
はリスのまわりを廻っているのかどうか」という問題が生じるのである。こ
れに対し、ある人は「廻っている」と言うし、ある人は「廻っていない」と
主張し意見が対立することになる。しかし、このような対立は、それぞれの

立場の人間が、自らが「廻る」という言葉を実際にどのような意味で捉えているのかという前提の差異を自覚することで解消するものである。「廻る」という言葉を、「リスの北から東へ、東から南へ、それから西へ、最後に北へと移行する」意味と捉える人は、「リスのまわりを廻っている」と主張している。これに対し、「廻る」という言葉を、「最初はリスの正面におり、それからリスの右に、それからリスの背後に、それからリスの左に、そして最後にリスの正面にいる」という意味で捉える人は、「リスのまわりを廻っていない」と主張することになる。どのような視点をとるかによって、「リスのまわりを廻っている」という言い方も、あるいはその逆も、ともに正しい言明であると言えるのである。

　ジェームズは、「それぞれの観察者は、彼が立つ独自の立場から部分的な洞察の優越を得るが、単独の観察者には、真実の全体も、善の全体も明らかになることはない」と述べている［James 2009（1899）: 26］。出来事をどのように理解し評価するかは、観察者の価値観や言語体系に大きく左右される。出来事には常に多様な見方をもって迫ることが可能であるが、私たちは自分が理解した仕方が出来事の唯一の真実に近いものであると信じてしまいがちなのである。その意味で、私たちは自分とは異なる他者の視点や価値観に対して、常に無自覚である可能性を抱えている。

　出来事に対しての見方そのものが議論の対象となるとき、リスの例に挙げられているような議論のための議論が生じ、異なる見方同士が対立することになる。それは自分自身のうちに閉じられた見方に基づく論戦であり、そのような見方それ自体が問いなおされることはない。しかし、もしその議論が何らかの実践的課題に応えるための方法であることが明確であれば、物の見方をめぐる対立は信念の戦いから、課題をクリアするためのより良い理解の方法を探る試みへと変容する。つまり、このような対立は、それぞれの立場がもたらす「実際的結果」をたどることを試みることによって、発展的に解消される可能性をもっているのである。

（2）保育実践研究における実際的結果
　このことを保育実践研究にあてはめてみると、子どもの経験を理解するこ

とは、その理解がもたらす「実際的結果」を含んだ営みであると捉えられる。デューイは教育科学において、「科学的結果の価値は、教育することにおける実際の活動において検証される」[Dewey 1984（1929）: 17] ものであると述べている。ここでの「実際的結果」とは、保育者が実際に子どもと向き合ったときの子ども理解と、それに伴う保育行為を指しているといえるだろう。表情的記述と機能的記述はそれぞれ、経験の異なる側面に焦点を当て、異なる視点から経験の意味について考察するが、その記述と考察はそれ自体で完結するのでなく、常に他の保育者によって読まれ、再検討されるものとして捉えられる。保育者は多様な保育実践研究の見方を、自らの実践の文脈に受け継いで検討することで次の保育行為を決定していく。そのようなプロセスを含めた形で成立するのが、プラグマティズムに基づく保育実践研究なのである。

　プラグマティズムにおいて、経験を言語化することは探求の終わりを意味するのではない。記述され、名づけられ、言語化された経験は、それがひとつの解明された「真実」を表現するものであるかのように思われがちである。しかし、プラグマティズムにおいて探求の結果は、「われわれがそこに留まることができる謎への解答なのではなくて、謎を解くための道具となる」ものなのであって、実践者の「経験の流れの中で働く」ことによって、「現存のリアリティが変えられてゆくかもしれない方向を指し示す」ものなのである [James 1995（1907）: 21]。同様に、保育実践研究の結果は、子どもや保育者の経験の真実や価値を規定するものではなく、研究の結果が保育者の経験の中に働くことによって、保育者が自らの子ども理解と実践行為を問いなおすきっかけとなっていくものである。デューイが述べるように、「教育科学の最終的なリアリティは、本の中でも、実験室の中でも、それが教えられる教室の中でもなく、教育的活動の方向づけに従事する人々の精神の中で見出される」[Dewey 1984（1929）: 16]。保育実践研究は、保育者と子どもの間に生じる経験に定位しつつ、保育者自身には死角となって見ることができないような視点を提供することによって、現実の新たな理解を生み出していく助けとなることができると言えよう。

　保育実践研究は、保育実践者の経験においてはたらくことで、実践上の多

第Ⅱ部　エコロジカル・アプローチに基づく生きられた環境の保育実践研究論

様で柔軟な判断を生み出す助けとなることができる。そのような研究におい
て、現象学と生態心理学がもつ事例記述の特性の差異は、経験の真実をめぐ
る対立にあるのではなく、経験への視点の多様性を確保する相補性をもつも
のとして捉えられるのである。

(3) 対話的保育実践研究

　プラグマティズムの主張は、実践研究者がそれぞれの関心によって勝手に
研究し、保育者はそれぞれにとって都合の良い考え方を採択すればそれで良
いということを意味しているのではない。プラグマティズムにおける実際的
結果とは、保育者個人、あるいは実践研究者個人によって結論づけられた最
終結果（result）ではなく、他者との関係を含んだ保育実践の過程における中
間結果（consequence）として捉えられるものである［James 1995 (1907): 22]。
　先に例を挙げたように、現象学的方法あるいは生態心理学的方法によって
経験の理解を目指す実践研究者は、「子どもたちが生き生きと木のぼりをし
ているが、その細い枝が折れそうなほどしなっているという事例」を前に
「いかに行為するか」という実践的問いに直面したときに、それぞれの記述
理論がもつ側面性に気づかされる。現象学的記述が可視化する、「子どもた
ちが生き生きしている」「木がかわいそう」という経験の表情的な側面も、
生態心理学的記述が可視化する「子どもが木のもつ豊かなアフォーダンスを
利用している」「木の枝の太さや高さが子どもにとって適当な関係にある」
という経験の機能的な側面も、ともに経験の限定された側面を切り取るもの
であり、実践的判断のためのひとつの視点として位置づくものである。「単
独の観察者」、「単独の理論的視点」が、他者の経験の何らかの側面に対して
不可知である可能性がある以上、実践研究者は他の理論的背景をもつ実践研
究者が提供する視点のリアリティに対して目を向け、対話的に自身が依拠す
る理論の特性を捉えていく必要がある[13]。
　また、保育実践研究が、保育者の経験にはたらくという実際的結果をもつ
以上、実践研究者は保育者とともに子どもの経験をめぐるリアリティの探求
を担うという位置づけにある。デューイは「教育とは本質的に終わりのない
円および螺旋である。それはその中に科学を含みこんだひとつの活動なので

128

ある」と述べている［Dewey 1984（1929）: 40］。保育実践研究は、子どもの経験を問いなおし、その都度の子どもへの関わりを判断し、再び関わりについて問いなおす……という円環運動としての保育の一部なのであり、終わりのない理解と価値判断の探求の営みを形成している。そのような過程に参与する実践研究者にとって必要なことは、自らが提示する経験の理解が再実践の中で検証されるものであることを自覚し、実践者による研究結果の検証に開かれた態度で臨むことなのではないだろうか。

　その意味で保育実践研究は、保育者の実践をめぐるコミュニケーションのプロセスの中に位置づけられるものである。デューイは「社会生活がコミュニケーションと同じことを意味するばかりでなく、あらゆるコミュニケーション（したがって、あらゆる真正の社会生活）は教育的である。コミュニケーションを受けとることは、拡大され変化させられた経験を得ることである。人は他人が考えたり感じたりしたことを共に考えたり感じたりするが、そのことで、多かれ少なかれ、その人自身の態度は修正される。そしてコミュニケーションをとる側の人もまたもとのままでいはしない」［Dewey 2004（1916）: 5］と述べ、コミュニケーションによって人間が変容していくことを共感と共同性の実現のプロセスとして考えていた。保育実践研究をひとつのコミュニケーションとして捉えると、そこには送る側と送られる側双方の経験の変容が含まれている。実践研究者と実践者との間でコミュニケーションが生じることで、相互の理解が深まり、実践の理解の在り方が変化していく。保育実践研究の発展はこのようなプロセスの中に見出されるものなのである。

　デューイは相互変容を含むコミュニケーションを助長するものとして、「共通の目的」［Dewey 1976（1900）=1998: 72］を挙げている。保育実践研究に共通の目的を見出すならば、それは実際的結果、すなわち子どもと向き合う保育者の経験に働き、実践の理解に多角的な視点を与えていくことにある。それぞれの研究が対立する実践の見方を提示する際も、保育者の実践の向上という共通の目標が見出されることによって、実践を問いなおすひとつのコミュニティが形成される。そのようなコミュニティの中で、保育者と研究者が共に他なる視点を得、限定された物の見方を問いなおしていくことによっ

て、現場での子ども理解、保育研究としての実践理解が修正されていくことになる。

(4) 何が良い経験か

実践研究によって記述される経験の意味は、経験のある側面を限定的に取り出したものであり、経験の意味についての唯一の見方を確定するようなものではない。しかし、このことは実践研究の意義を少しも貶めるものではない。むしろ、実践研究の提供する視点が経験についてのひとつの見方にすぎないことを積極的に捉えていくことが必要である[14]。

保育実践研究によって記述された経験は、保育者に次なる保育実践における価値判断の材料を提供する。ここで再び、「子どもたちが生き生きと木のぼりをしているが、その細い枝が折れそうなほどしなっている」ところに保育者が向き合っている場面の例を考えれば、保育実践研究の結果は、保育者がそのときの子どもの行為が「良い」経験になるものであるかどうかを判断し、それからの子どもへの関わり方を決定する際の道具（instrument）として働いていく。そのとき保育実践研究は、「木で遊ぶこと」が良いのか、悪いのかを保育者に指示するものとして機能しているのではない。そのときの教育的関わりについて価値判断を行うのは保育者なのであって、中坪らの研究が「木で遊ぶことは良いことである」という価値判断を、立浪の研究が「木が生きているのを教えることは良いことである」という価値判断を、それぞれ保育者にもたらすことはできないのである。そうではなくて、「木という環境が創造的な遊びや他者との関わりを生み出す資源となる」という主題、そして、「木が生きている存在であり、尊厳をもった関わりを必要とする」という主題を、それぞれの実践研究から受け取り、自らの経験の中にはたらかせることのできる保育者は、より広く、柔軟な実践の理解に基づいて、目の前で起こっている経験について判断し、行為することができる。

デューイは、「知的な道具は実践の中で、実践者自身の態度と、彼の前で起こっている出来事への反応の様式に影響する。なぜなら、理解の範囲が深められ、広げられることで、実践者はもともとは彼の視野に入らず、したがって彼の行為において無視されていた、離れた結果（remote consequences）

を考慮することができるようになるからである。」[Dewey 1984（1929）: 10]
と述べている。他なる視点を批判的に摂取することが可能になることで、実
践者は「常に他者の視点に対して不可知である可能性をもつ」という自己の
限界を超えて、単独では届くことのなかった理解と行為の可能性を探求し、
成長していくことができる。

　そのような研究と実践の在り方が可能になるためには、実践研究者も保育
者もともに、教育的な関わりにおける価値判断の主体が保育者自身であるこ
とを忘れてはならない。デューイは「教育的機能の外に出て外部の資源から
客観的なものを借りてくることは、教育的な運動を放棄することである。教
育者が独立し、教育の目標が教育的過程の中で形成され、実行されるもので
あると主張する勇気をもつまでは、教育者は彼ら自身のもつ機能に気づくこ
とはない」[Ibid., p.38] と述べる。保育者自身が自らの実践において、保育
実践研究がもたらす視点との対話に開かれつつ、その上で、次なる実践の文
脈の中で自ら価値判断を行っていく「勇気」をもつことが、保育という運動
の力強い支えとなる。個々の子どもにとっての経験の意味を対話的に問いな
おし、子どもの現在の在りようと未来の可能性に照らして、その都度価値判
断を行うのが、保育者が身を置く教育的過程なのである。

　デューイは「科学にとっては、それが目を開き足元を照らす光であるとみ
なされるよりも、安売りの良さ／既製品（goods）の保証としてみなされる
ことの方がたやすいことである」[Ibid., p.7, 傍点引用者] と警鐘を鳴らす。
実践と研究の関係には、常に「正しさ」をめぐる葛藤が働いている。保育者
は実践研究の結果を見て保育のリアリティとかけ離れているとして研究を遠
ざけるか、研究者の提供する言説が「正しい事実」であると盲従して保育を
行おうとすることがある。一方で研究者は、自身の依拠する理論や立場から
の研究成果の確立に固執し、保育者の経験に働くことのないできあいの「正
しい事実」を産出し続ける危険をはらんでいる。

　プラグマティズムとは「学説を硬化させまいとするもの」[James 1995
（1907）: 31] であるとジェームズが述べているのは、プラグマティズムの観
点から捉えたとき、実践研究の目的とは、経験について完全な観念を与え、
経験を固定することにあるのではなく、常に実践する者が経験を再構成する

第Ⅱ部　エコロジカル・アプローチに基づく生きられた環境の保育実践研究論

ための道具になっていく、終わりなき改訂のプロセスにあることを示しているのである。

4. 保育実践研究の地平——経験の多様性の尊重へ向けて

　ここまで保育実践研究を、経験の理解と価値判断のための道具として、保育実践の過程の一部に位置づくものとして捉えなおしてきた。経験の意味がひとつの側面に回収されるものでない以上、経験の記述に関わる異なる理論は、異なる角度から保育者の理解を照らす相補的な意味をもつ道具として捉えることができる。経験の記述的理解を試みる現象学と生態心理学は、それぞれがもつ表情的視点、機能的視点によって、異なる形で経験の理解についての重要な主題を提供する。研究者と保育者、あるいは研究者と他の視点をもつ研究者が、実際的な課題の下に対話的に視点を交換していくことによって、多様な角度から子どもの経験と保育実践の在り方を問いなおすプロセスを促進することができると考えられる。

　保育実践研究の「実際的結果」とは、今目の前にいる子どもと向き合い、その経験の意味を考え、「良い経験」へ向けて価値判断し関わっていく保育者の理解と行為にある。保育者は実践研究の結果を、正しい事実であり良い保育を示すものであるとして追従するのではない。子どもの経験を理解し、子どもへの関わりについて価値判断していくのは保育者自身なのであって、保育者は保育のリアリティを探求する終わりなきプロセスの中で、他なる視点と対話し、他なる視点を自らの経験に働かせていくことで、保育実践を豊かにしていくことができるのである。

　プラグマティズムが理論を固定させないことを目指すのは、経験が常に再構成され続ける過程の中にあるという経験観と、自己に対して他者は常に不可知の側面をもつという認識論に基づいている。このことは保育実践研究において、他者の経験が私たちにとって未知である可能性についての厳格な意識に立って研究を行うことを意味するものである。ジェームズが述べるように、「観察される主体は観察する主体が知っている以上のことを常に知って

第4章　記述される経験の側面性と記述の相補性

いる」〔James 2009（1899）: 2〕のであって、保育者も研究者も、実践研究を行う者は、子ども自身が生きている経験世界に敬意を払い、子どもが表現したものを感じ取ることによって、自らの子ども理解と保育行為の在り方を再構成していく必要があるのではないだろうか。

　保育実践は、子どもを「わかろうとする」気持ち、「わかった」と感じられた感覚に基づいて進められていく。保育者による実践研究は、子どもとともに生きる中で、子どもを理解できたという感覚、あるいはできなかったという感覚を反省・省察し、再び実践していく中で、子ども理解を促進していこうとする運動である。その運動は、子どもを「わかる」感覚に基づきつつも、常に理解の届かなさを残している子どもの経験世界に敬意を払うことによって保たれているのであり、だからこそ保育者は、子どもから発せられるその都度の声に耳を澄ませ、そのとき、その子どもに合わせた理解と保育行為を実践するのである[15]。そしてそのような理解と保育行為の実践の過程を他者と共有し、次の実践へ向けて他の保育者・研究者を巻き込んだ対話を行っていくことが、保育実践の運動をより豊かなものにしていくこととなる。

　研究者が行う実践研究は、その実際的結果が保育者の実践に還元されるものである以上、常に「子どもへの理解の届かなさ」を共有した立場からなされていく必要がある。研究者の行う実践研究は、子どもの経験について特定の立場からの視点を提示するものであり、保育実践に限定された意味での主題を提供するものである。デューイが述べるように、「何に価値があり、何に価値がないかについての意識的な評価が、どれほど多く、全く意識されていない基準によっているかに、われわれは滅多に気がつかない」〔Dewey 1916=1975: 38〕。実践研究者は自らの基づく理論的立場や認識論の特性、研究の関心を明記し、自らが提供する視点の前提について可能な限り公共化した記述を進めていく必要がある。そのような立場からなされる実践研究の結果が、保育者や他の視点を提示する実践研究者に継続的に問いなおされ、対話が生まれていくことによって、子どもの経験についての固定観念を生み出すことのない実践研究が可能になるのである。

　保育は常に子どもの経験から出発して問いなおされていく必要がある。プ

133

ラグマティズムから捉えなおされる保育実践研究は、次なる実践に向けた保育者の省察において働き、柔軟な子ども理解と保育行為を導くためのコミュニケーションの道具となる。保育実践研究とは常に子どもの経験を問い続ける運動の中にあるのである。

注

1）無藤隆は「保育」という語の法的な定義を確認し、そこから園における保育の独自性について論じている［無藤 2009: 1-4］。また、湯川嘉津美は、「保育」という語の使用法についての歴史的展開を整理している［湯川 2016: 63-65］。

2）もっとも廣松が指摘するように、直接に体験される表情性現相の全体性に比して、それを分類的に記載する言語は総じて貧困である。体験の言語化が難しいことは、記号的な次元の問題のみでなく、現相的世界に関わる存在論的了解や方法論的態度の欠陥にも起因するものであり、簡単に解決できるものではない［廣松 1989: 55］。現象学的保育研究にとって重要なのは、表情的記述を素朴な主観的印象の記述に終わらせることなく、その事象そのものへと立ち返ろうとする注意深い判断停止を行うことであろう。鯨岡峻が批判するように、ありのままに記述するためには様々な抵抗が存在するが、そのような抵抗を乗り越えようとする現象学的還元の過程が記述されないままに現象学的立場を主張する実践研究も多い。それらの研究においては、主観的記述についての公共性の確保がなされなくなるという問題が生じることになる［鯨岡 2002: 135］。

3）実験的な発達研究として、Adolph, Joh & Eppler（2010）など。また、子どもの生活の記述研究としては、Storli & Hagen（2010）などがある。

4）リードの「出会い」概念については、第5章にて詳しく論じている。

5）第2章で述べたように、トランザクションの立場に立つ心理学は、環境を人間から独立した要素であるとみなさず、常に流動する出来事の中に経験されるものとして捉えることで、人間－環境の系の変容を記述しようとする。南博文は、トランザクショナルな心理学の理論的基礎としてデューイの有機体－環境論を位置づけつつ、ギブソンのアフォーダンスは浅い次元でのトランザクションを記述する概念であると論じている［南 2006: 35］。

6）廣松は表情論のなかでアフォーダンス理論を引用し、それが生活体にとっての意味ある環境の分節様態を価値性に留目して把捉している点、環境の経験に対する条件供与性を把捉する点を評価している。その一方、廣松はアフォーダンス理論が、

第 4 章　記述される経験の側面性と記述の相補性

環境の情意興発性や行動誘発性を捉え損ねていることに不満を表明する［廣松 1989:
33］。廣松のように経験の情意性を記述することが関心となる場合、アフォーダンス
理論は記述理論として物足りないものとなる。しかし、経験の条件供与性を記述す
ることが関心となる場合、すでに情意性を伴った環境が経験の条件として人間から
分離して外在するという立場は奇妙なものとなる。明らかにしたい直接経験の価値
がどのようなものであるかによって、現象学的立場と生態学的立場のいずれをとる
のが効果的であるかが変わってくるように思われる。

7 ）生態心理学と現象学の関係については、佐々木正人・村田純一「アフォーダンス
とは何か」（1994 年）、河野哲也「ギブソンとメルロ＝ポンティ」（2001 年）などの
論考がある。また、人類学者であるティム・インゴルドは、生態心理学の立場が、
アフォーダンスに満ちた世界が事前に存在し人（生物）に利用されるのを待ってい
ると考えるのに対し、現象学の立場が、人の成立を世界の成立のプロセスの一部で
あると考えるという差異を指摘している［Ingold 2011: 168］。インゴルドの議論は、
両者の世界観の違いを端的に言い表しているが、アフォーダンスの「先在」と「潜
在」の区別がなされていない点で不十分である。本研究では、アフォーダンスとい
う価値が出会いによって初めて現実化すると捉えるため、アフォーダンスが環境に
「潜在」しているという立場をとる。

8 ）哲学者と保育学者の違いについて、津守は以下のように述べる。「保育者は、子ど
もが自分自身を形成する者となるように、子どもと日々生活しながら思索をつづけ
る。哲学者が自らを孤独の中において思索するのに対して、保育学者は相手とかか
わる生活自体を意味あるものと考える。保育の実践も学問も、一回ごとに異る具体
的状況をぬきにしてはありえない。状況をはなれた理念や、状況の外で構成された
理論は、それ自体としては価値があろうとも、保育の実践とは無縁である」［津
守 1989: 10］。エコロジカル・アプローチを行う研究者（保育学者）の身体は、常に
実践と関わりのある状況に置かれ思考している。

9 ）ジェームズはパースの「プラグマティズムの格率」を拡張し、個人の特殊な経験
をも実際的結果として含むプラグマティズムを確立した［James 1907=1957］。パース
のプラグマティズムは「観念が意味をもつかどうか」をその実際的な結果から判定
する基準として用いられたものであったが、ジェームズにおいて、プラグマティズ
ムの原理は観念を信じたり、観念の対象に操作を加えたりすることによって生じる
結果にまで拡張されている［魚津 2006: 142-143］。本研究で適用するプラグマティ
ズムの原理は、ジェームズの確立した原理に基づくこととする。

10 ）筆者が以下で対象とするのは、経験の記述を試みる保育実践研究であり、すべて

135

第Ⅱ部　エコロジカル・アプローチに基づく生きられた環境の保育実践研究論

の保育研究を対象としたものではないことを注記しておく。

11）中坪らの研究がビデオの分析を手法としているのに対し、本研究の第Ⅲ部における実践研究は、私自身が身体を伴って経験し、子どもと共有した環境の記述に基づいている。第Ⅲ部の研究は、アフォーダンス理論を基盤とする機能的記述であるが、ビデオに記録された環境の機能を対象にしているのではなく、私自身が出会った環境の機能を対象にしている。

12）なお、保育者Sの記録は自らのものの見方を括弧に入れる現象学的還元が明示的に施されたものではない。ここでは、保育者Sの記述を厳密な意味での現象学の要件を満たすものとして取り上げているのではなく、現象学的還元が不十分ながら生活世界の記述へと向けられつつある表情的記述の一例として取り上げている点に注意したい。

13）生態心理学的研究が「木の生命性への気づきの重要性」という結論を、あるいは現象学的研究が「木のもつ豊かな遊びの可能性」という結論を導きだす可能性も否定しない。しかし、事例の記述に関しては、生態心理学的記述が「木がかわいそうという表情的世界」を、現象学的記述が「木のもつ遊びのアフォーダンス」を記述することは理論的に不可能であって、両者の記述は絶対的な差異をもっている。事例を異なる角度から見る両者の方法は、子どもの経験を異なる角度から可視化するものであり、相補的に活用されていくべきものである。

14）研究の結果が経験についてのひとつの見方にすぎないことは、経験の内容の意味を恣意的に判断しても良いということを意味するのではない。経験の記述の公共性については、研究者自身の関心や理論的前提についてのメタ記述とメタ観察［鯨岡1999: 165］の必要性や、組織的に実践と省察を行っていくこと［柳沢 2011］の必要性など、重要な指摘がなされている。

15）津守真は、「子どもと出会うとき、相手の子どもは、おとなである私にとって、究めつくすことができない未知の世界をもった、他者としての存在である（中略）子どもは、究極的にはおとなの理解を超えた、他人が手をふれることを許されない、尊厳な人間存在である。これは、子どもと出会うことの根底にある、おとなと子どもとの存在の様式である」と述べている［津守 1989: 20］。大人とは異なる仕方で存在する子どもの生に敬意を払い、子どもの世界を尊重して実践に臨むことは、保育実践を探求していく上での基本的態度であるといえる。

第5章
環境の「意味」と「価値」の記述と経験の成長
——エドワード・リードの生態学的経験科学

　第4章では、保育実践研究という営みをプラグマティズムの立場から捉え
なおし、本研究がどのような保育実践研究のメタ理論に基づいているのかを
明確にした。本研究の第Ⅲ部は、第4章で述べた立場に基づく、「人的環
境」、「物的環境」、「自然や社会の事象」に関する保育実践研究である。それ
らの保育実践研究は、第5章と第6章で述べられる生態学的経験科学の立
場から記述・省察されたものである。

　第5章ではギブソンの生態心理学を日常生活の経験の学として発展的に継
承したリードの思想を取り上げ、保育実践研究の記述理論としての生態学的
経験科学の可能性について論じる。リードはギブソンの直接知覚論を継承
し、環境の多様な情報（「意味」）とアフォーダンス（「価値」）の知覚として
経験を捉える理論へと発展させた。その経験概念は、ジェームズの多元的な
経験論を引き継いでおり、動物であれ人間であれ、それぞれの関心に伴う固
有の「感じ」を伴って経験されるリアリティを認めるものであった。リード
はこのような経験（アフォーダンスの知覚）を記述する理論を構築し、それ
が人間や動物が世界と出会うその仕方を探求し、経験を共有・成長させてい
く実践の過程に働くものであると位置づけた。以下で論じられるように、
リードの生態学的経験科学は、保育実践の具体的な記述を可能にする言語を
提供すると同時に、その記述がさらなる実践の文脈のなかで経験を成長させ
るものであることを提示するのである。

137

第Ⅱ部　エコロジカル・アプローチに基づく生きられた環境の保育実践研究論

1. エコロジカルな「意味」と「価値」を含んだ経験科学の構築

　保育実践研究は、その研究が立脚する子どもの経験を記述・考察する方法
が、どのような経験観に基づき、子どもの経験のどのような側面を切り取る
ものであるのかについて、十分に考察する必要がある。現在行われている保
育実践研究において、子どもの経験は多様なかたちで切り取られ、解釈され
ているが、それらの研究は必ずしも自らの立脚する記述理論について明示的
ではない。保育実践研究が経験のある一側面を切り取るものであるならば、
それぞれの保育実践研究についてのメタ的な考察が行われることは、保育実
践者が経験の理解を対話的に更新していく上で重要な意味をもっていると言
えるだろう。

　ここでは、本研究が依拠するリードの生態学的経験科学が、どのような認
識論に基づくものであり、どのようなかたちで経験を記述することを目指す
ものであるのかについて明らかにしていく。

　リードは『アフォーダンスの心理学』（1996年）、『経験のための戦い』
（1996年）、『魂から心へ』（1997年）という3つの主著を残している。これら
はそれぞれ、心理学、社会哲学、思想史の研究領域に対応したものである
が、リード自身が3つの著作を「三面からなる屏風」[Reed 1996a: vi]であ
ると述べているように、リードの思想の意義は、以上の領域を横断すること
によって明らかになるものである。本章では、リードが『アフォーダンスの
心理学』で確立した経験の記述理論を、子どもの経験の「意味」と「価値」
の理解へ向けた探求の理論として、保育実践研究に応用する可能性について
検討する。そのためにまず、リードの記述理論の概要について述べ、彼が記
述することを目指した「意味」と「価値」との「出会い（encounter）」[1]につ
いて明らかにする。そしてリードの経験概念が、ダーウィンの「アンダーグ
ラウンド心理学」の思想、ジェームズとデューイのプラグマティズムの思想
の影響を受けて形成されたことを示す中で、出会いを記述することが、人間
の多元的な経験世界の尊重と他者理解に向けた実践として捉えられることに
ついて論じていく。

138

第 5 章　環境の「意味」と「価値」の記述と経験の成長

（1）ギブソンの直接知覚論とその継承

リードの記述理論を理解する前提として、まずはギブソンのアフォーダンス概念について確認しておきたい。序章でも引用した部分であるが、アフォーダンスの定義を示す重要な部分であるため、もう一度引用する。

> 環境のアフォーダンスとは、環境が動物に提供する（offer）もの、良いものであれ悪いものであれ、用意したり備えたりする（provide or furnish）ものである。アフォードする（afford）という動詞は辞書にあるが、アフォーダンスという名詞はない。この言葉は私の造語である。アフォーダンスという言葉で私は、既存の用語では表現し得ない仕方で、環境と動物の両者に関連するものを言い表したいのである。この言葉は動物と環境の相補性を包含している。[Gibson 1979: 127＝1985: 137、傍点はギブソン]

このようにアフォーダンスとは、環境に存在し、動物に行為の可能性を提供する情報である。たとえば硬くある程度の広さをもつ表面が、もしも人の膝ほどの高さの段差をもっていれば、それは「座る」という行為をアフォードする可能性がある。しかし、もしもこの表面が胸ほどの高さをもつ場合、「座る」という行為がアフォードされることはないだろう。この表面がもつ情報は、物理学的な観点からすれば、硬さや傾き、広がりなど、様々な尺度で測定することが可能であるが、生態学的な観点からすれば、その表面がもつ情報はその動物との関係において同定されなければならない。アフォーダンスは、物理学的に測定される情報とは異なる特性を備えたものであり、環境に存在する事実であると同時に、行動の事実であると位置づけられる[*Ibid*., p.129]。

リードが述べるように、アフォーダンス理論の最大の革新は、情報を生態学的なものとして捉えている点である [Reed 1996a: 6]。ギブソンは、生涯をかけて視知覚の研究に取り組み、知覚を成り立たせているのが、この生態学的な情報であることをつきとめたのだった [佐々木 1994: 21]。

ギブソンは1922年にプリンストン大学の哲学科に入学したが、そこで当時の最新の心理学であったゲシュタルト心理学の影響を大きく受けることに

139

なる。当時の伝統的な知覚理論において、知覚は感覚刺激から生じた網膜像を原因として生じるという考え方が支配的であった。これは、知覚の原因が感覚刺激という要素に分解可能であると考える立場である。一方、ゲシュタルト心理学者たちは、感覚の全体的な構造であるゲシュタルトが知覚を生み出すと考えていた。これは、知覚を感覚の要素の総和として考える立場とは一線を画した立場であり、ギブソンはこのゲシュタルト問題から出発して、生態学的な情報概念に行き着くことになるのである[2]。

　ギブソンがまず取り組んだのが「奥行知覚」の問題である。従来奥行知覚は、実験室のなかで数メートル先の暗闇に光点を提示する方法を中心に行われ、水晶体や眼筋の緊張、両眼視差などが奥行の手がかりとして発見されてきた。しかし、このような理論では、飛行機のパイロットが実際に行っているような動的な空間知覚をうまく説明することができない。そこでギブソンは実験室を出て、実際にパイロットが生きている、その環境にある情報に注目することにした。ギブソンは、「連続する背景面の知覚がないなら、空間知覚というものは存在しない」という仮説に基づき、「視覚世界（Visual world)」という概念を用いて空間知覚を説明しようと試みたのである[Gibson 1950=2011]。

　「視覚世界」とは、距離的な広がりをもち、奥行に立体感があり、正立し、安定し、境界線をもたない世界である。それには色があり、陰があり、照らされ、肌理を持っている。そして、最も重要なのは、これらの特性は、主体と切り離された空間の特性として測定される場合と異なり、その環境内に生きる主体にとっての意味を持っているという点である[Ibid., p.3]。「視覚世界」の概念は「現象学的」な体験の分析を目指したものであると述べられているように、初期のギブソンは現象学の影響を受けているのである[Ibid., p.11]。

　しかし、ギブソンがこのとき説明することができなかったのが、「動き」の問題である。網膜像に映る陰影や肌理などの平面的な情報は、たしかに奥行きについての手がかりを与える。しかし、人間が動くたびにその像は常に変化し続けているのであり、その動きを考慮した場合、視覚の説明ができなくなる。なぜ網膜像が変化しても、奥行は同一のものとして知覚されるのだ

第 5 章　環境の「意味」と「価値」の記述と経験の成長

ろうか。

　この問いに答えるには、伝統的な知覚理論の前提を放棄せねばならなかった。伝統的な知覚理論は、網膜像に映る「かたち」こそが視覚の手がかりになると考えたが、ギブソンはこの網膜に映る「かたち」ではなく、網膜の像の変形や、身体の運動によって作られ様々な器官によって受容される変化の情報こそが、知覚を成り立たせていると考えたのである。このような立場からギブソンが知覚の手がかりとして見出したのが、「包囲光配列（optic array）」である［Gibson 1966: 196］。たとえば、私たちが部屋を歩きながら椅子を見るとき、私たちの目に映る光学的な配置は常に変化し流動しているが、その配置の中には、相対的に不変な構造（ギブソンの用語でいう「不変項（invariant）」）が存在している［Ibid., p.201］。網膜像が移動によって変化しても、むしろその変化のなかに人間が不変の構造を知覚していると考えれば、奥行や立体知覚の恒常性が説明できる。ギブソンはこの構造を備えた包囲光配列の変化に、知覚を成り立たせる情報を見出した。つまり、「私たちは変化と不変を同時に経験できる」のである［Gibson 1979: 253］。

　このような生態学的情報の配列における不変項によって構成されるのがアフォーダンスである。私たちは生活のなかで、情報の構造をピックアップすることで対象を知覚しており、その構造には「座ることができる」や「登ることができる」といった行動上の意味や価値が内在している。ギブソンはそのような生態学的な情報構造に内在する意味や価値もまた、直接に知覚されると考えた。

　もしも面の知覚に関して光のなかに情報があるならば、面がアフォードするものについての知覚に関する情報は存在するのだろうか。おそらく面の構造や配置は、それらの面がアフォードするものを構成している（constitute）。もしそうならば、それらの面を知覚することが、面がアフォードするものを知覚することである。これは大変大胆な仮説である。なぜならば、環境に存在する事物の「意味」や「価値」が直接的に知覚されることを示しているからである。さらにこの仮説は、価値や意味が知覚者の外側に存在するということがどのような意味をもっているのかを説明することになろう。［Gibson 1979: 127=1985: 137、傍点は

141

ギブソン]

　デカルト以来の心身二元論に基づく心理学は、物質的世界から与えられる
刺激を人間の心が解釈することによって心的表象や経験が生じると考えてき
た。このような考え方に従えば「情報」は物的環境から与えられた刺激の意
味を解釈することによって生じるものであり、「意味」や「価値」は解釈に
よって事物に付与されるものとなる。一方、ギブソンにとって情報とは、あ
らかじめ環境に存在し、動物の行為との関係の中で構造を持ち、直接に知覚
されるものである。動物はさまざまな関心に基づいて環境を探索する。大地
の表面は、動物にとって、よじ登れるもの、飛び降りられるもの、つかめる
もの、衝突しそうなものといったように、さまざまなアフォーダンスをもっ
ている。そして動物はそのような「意味」や「価値」の選択によって行為し
ている。アフォーダンスは網膜像を解釈して生じるのではなく、動物－環境
の相互作用のなかで構成される構造であり、その構造がもつその動物にとっ
ての「意味」や「価値」として直接に知覚されているものなのである。

(2) 環境との出会いの記述

　以上のように、ギブソンは動物の知覚を、生態学的情報に基づくアフォー
ダンスの知覚として説明する理論を構築した。そしてリードはギブソンの研
究を引き継ぎ、アフォーダンス理論を人間の日常経験を理解する科学として
展開することを試みた。リードが目指したのは、日常経験の「意味」と「価
値」を扱う心理学であり、人間の生のリアリティを扱う新たな経験科学であ
る［Reed 1996a: 7］。

　リードによれば人間に限らずすべての動物は、環境に存在する「意味」や
「価値」と切り結ぶことで己の生活をかたちづくる。生態心理学的に動物の
行為と経験を理解することを試みる際、「意味」は動物にとっての情報とし
て、「価値」は動物の利用するアフォーダンスとして、環境に存在すると考
えられるのである。

　私は生態心理学が科学的であると同時に意味に満ちたものであることを信じてい

第5章　環境の「意味」と「価値」の記述と経験の成長

る。それは経験の意味を理解する必要性を見失うことなく、行動の厳密な自然史的分析を可能にするものだ。ミミズの行動についての洞察と分析は、ヒトを理解する際に用いられるのと同じ方法と概念によって展開されなければならない（とはいえ、ヒトをミミズに還元したり、ミミズを円筒形のミニチュア人間に還元してはいけない）。ヒトは他のあらゆる動物と同じように、この私たちの惑星で進化した動物である。ヒトは他の動物と明確に異なる生きる道（way of life）をもつ点で（あるいは、その生態的ニッチにおいて、ということもできるが）ユニークであるが、あらゆる動物種も同じように、それぞれ独特な生きる道をもつ点でユニークなのだ。

　生態心理学は、それら種々の生きる道が、環境の多様な価値と意味を中心に展開されていると考える。ある動物の生態学的ニッチの多数の価値は、利用可能な多数のアフォーダンスとして具現しており、多数の意味は、その動物たちに利用可能な情報として具現している。いかなる動物個体も、すべての価値あるいはすべての意味を利用しつくすことはできない。したがって、心理学は、価値と意味を利用しようとする動物の努力が、進化・発達・経験によって、いかに選択され、整形されていくのかを分析することをおもな課題とする。[Reed 1996a: 96-97=2000: 200-201、傍点はリード]

　リードによれば、人間を含む動物は、環境の様々な情報（「意味」）を知覚し、それが特定するアフォーダンス（「価値」）を利用することで行為している。たとえばカサ貝がその天敵であるエッチュウバイから逃げるか、逆に攻撃をし返すかはそれぞれの体長比に依存していることが明らかになっているが [Branch 1979]、ここでの相手が何であるかという「意味」は体長比という情報に具現化しており、その情報が特定する「逃げる」「攻撃する」というアフォーダンスはカサ貝にとっての生存上の「価値」の具現化であると説明できる。動物の知覚とはこのように、自らの生存や適応に関わる環境の「意味」と「価値」を能動的にピックアップする行為として捉えられる。

　通常、生物はさまざまな「意味」（情報）に囲まれて生活しているが、利用される情報はその一部である。たとえば、草むらで食事をしているレイヨウは、草と、草むらの向こうにいるライオンを同時に意識しつつ、ライオン

143

が危険な距離に近づいてくるまではライオンの情報によっては行為しないことを選んでいる［Reed 1996a: 98］。食べることと逃げることとを可能にする情報は同時に意識されているのであるが、「食べる」「逃げる」という行為は、自らの関心とニーズに基づいて環境の「意味」を実際に利用することによって実現する。このことがアフォーダンスの実現（realization）であり、「価値」の知覚が「意味」の知覚から区別される重要な点である。

そして、人間の場合、どのような「価値」を利用するかは文化的に制限されている［染谷 2005］。たとえば、空腹の動物は目の前に食べ物があればそれを食べるだろうが、人間はたとえ空腹であれ、スーパーに陳列されたリンゴを食べることはしない。しかし、幼い子どもを初めてスーパーに連れていくとき、その子どもは何もわからずに陳列されたリンゴを口に入れてしまうかもしれない。人間はどのような行為がその文化において適切であるのかを学ぶことで、集団での生活を可能にしている。自分の周りの環境にどのような「意味」と「価値」があるのかを共有すること。これをリードは、「意味と価値を求める努力の集団化（collectivization of efforts after meaning and value）」［Reed 1996a: 107］と呼び、どのような「意味」と「価値」が選択されていくかを記述することで人間の経験を理解することができると考えた。

以上のように、環境のアフォーダンスがどのように利用されるのか、そしてその傾向性がどのように形成されているのかを分析することが、リードの目指した生のリアリティを扱う生態心理学である。そのリアリティの探求は、人間と環境との出会いを多角的に記述・考察することを求めるものである[3]。

生態心理学は方法に関しては普遍主義をとる。実験的方法、記述的方法、解釈学的方法など、さまざまな方法を奨励し、そのすべての長所を活かすのだ。心理学がその根本的な主題として出会いを正面から焦点化することで、そうした多岐にわたるすべての方法がそれぞれに世界との出会いの理解に役立つことが見えてくるだろう。アフォーダンスとエコロジカルな情報の概念は、心理学者に実験的統制を確立するための重要なツールを与えるが、それと同時に、情報と意味の問題、アフォーダンスと価値の問題は、綿密な自然史的記述と適切な解釈による研

第 5 章　環境の「意味」と「価値」の記述と経験の成長

究を必要とする。[Reed 1996a: 188=2000: 396-397]

　リードの記述理論は、人間の経験を理解する方法が、動物の行動を理解するのと同じ方法と概念によって展開されなければならないという立場に基づいて構築されたものである。人間はその生きる道（way of life）において他の動物と明確に異なるが、自然という共通の資源を利用する中で生きていることに関しては他の動物と同様である。動物がそれぞれ環境のなかで、多様な意味と価値と関わりながら生きているのと同様、人間の経験もそれらの環境の事物と関わることを条件にして生じているのである。

　リードは、人間を徹底して自然の一部として捉え、動物の行動の科学と同じ方法で人間の経験を科学しようと試みた。しかし、このことは、人間を、動物と同じく環境に拘束された貧しい世界に生きる存在へと貶める思想であるという批判を招くかもしれない [Heidegger 1983=1998: 291]。人間は動物と異なり、道具を作り、意味世界を形成する。出会いという行動の記述によって、人間のもつ豊かな経験世界を理解することはできないのではないかという批判は十分に想定され得る。

　しかし、リードがここで論じようとしているのは、他者の経験を記述しようとするための方法であって、人間の経験世界がすべて行動に還元できると主張しているのではない。むしろ、記述という行為の性質を考えれば、動物が人間よりも貧しい世界をもつという前提に立つことの方に大きな問題があるように思われる。

　次章では以上の問題を論点に含めつつ、リードが「経験」概念をどのようなものとして捉えていたのかについてより詳細に検討する。そのためにリードが哲学的な立場から記した残りの2つの著作、『魂から心へ』と『経験のための戦い』を参照することにしたい。

2. 多元的リアリティをもつ経験概念の再興

　リードが『魂から心へ』で描くのは、心理学における「魂」の抑圧の歴史

145

とその解放の試みである。「心理学を開放してより広い経験概念へ導く」
[Reed 1997: xvi] ことこそが、リードの思想史的研究の目的であった。

　結論を先に述べれば、リードが目指した「より広い経験概念」とは、
ジェームズの「生きられた経験」の概念を継承したものである [*Ibid.*,
p.220]。ジェームズは、経験とは、ときに人が「魂」と呼ぶような力によっ
てもたらされる神秘的内容をも含むものであると考えていた。リードは、心
理学はそのような「生のリアリティ」を含んだ経験を、研究対象から排除す
るのではなく、人間の豊かな生の諸相として適切な形で扱っていくべきだと
主張した。以下では、「魂」の心理学がどのようなものとして生じ、また、
どのような形で抑圧されてきたのかについて本書の内容を追うことで、リー
ドが目指した経験概念について検討する。

(1) 心理学における「魂」の抑圧

　『魂から心へ』で明らかにされているのは、19世紀末の「新心理学」の勃
興に伴い、「魂（soul）の科学」という夢が徹底的に否定され、この「魂の科
学」に代わって「心（mind）の科学」が勝利をおさめることになったという
歴史である [*Ibid.*, p.219]。リードがこの歴史を語るための具体例としてまず
取り上げるのは、スコットランドの医者、ロバート・ホイットが1740年代
に発見した脊髄反射である。ホイットは、脳が切除される一方で脊髄が完全
に残されているカエルが、皮膚の上に酸をしみ込ませた布を置かれるとその
布を取り除くことを発見した。ホイットは、この事実を、「魂」が脊髄全体
の中に分散されており、脊髄の感覚原理が「魂」によって働くことによって
運動が生まれているものと考えた。リードは、このホイットの主張が「デカ
ルト流の魂と身体の分離という考え方の基盤を崩す」ために「分散された
魂」というアイディアを表明したものであったと位置づけている [*Ibid.*,
p.6]。しかし、ホイットの研究は人間の生理学的理解にとって重要な意味を
もつ研究であったにもかかわらず、その成果が当時の思想家に受け入れられ
ることはなかった。下等な動物に、「分散された」とはいえ「魂」を認める
ことは、万物の霊長として創造された人間の地位を貶め、神を冒瀆するもの
であり、当時の神学の立場からは絶対に認めることのできないものであった

第 5 章　環境の「意味」と「価値」の記述と経験の成長

のである。

　19 世紀中頃のヨーロッパにおいて、哲学と科学は教会と国家を支持する
ものでなければ公刊することが難しかった [*Ibid.*, p.10]。教会と国家は人間
のみに魂を認める「科学的結論」を正統なものとして位置づける一方、動物
や自然に生きた「感覚（sensibility）」や「感じ（feeling）」を認めようとする
思想を非正統なものとして抑圧してきた。そのような抑圧はホイットの例に
とどまらず、リードが「アンダーグラウンド心理学」と呼ぶ思想系譜に共通
するものであった。たとえば、チャールズ・ダーウィンの祖父であり、進化
論に影響を与えたエラズマス・ダーウィンは、他者や世界との結合を希求す
るエロス的な「感じ」こそが、進化の上で決定的に重要な役割を果たしたの
だという世界観を、詩という形式によって表明していた。さらに、エラズマ
ス・ダーウィンの影響を受けた、メアリー・シェリーは『フランケンシュタ
イン』（1818 年）を書き上げ、生命は、物質に内在する魂が自分に欠如して
いるものを満たそうとすること（エロス）によって動機づけられているのだ
という思想的立場を表明している。それは、メアリーの夫であるパーシー・
シェリーがその詩『感覚植物』（1821 年）の中で表現した、エロスが生殖の
みならず認識への欲望を掻き立て、物質的世界を生かし、脈打たせるのだと
いう自然観と共通するものである。彼らが揃って詩や小説という形態で表現
した思想に共通しているのは、「観念と連合したかたちで生じている様々な
・・
感じこそ、観念が生み出される際にも、観念が生み出された後でも、観念の
起源や意味よりも重要なものだ」[Reed 1997: 51、傍点引用者] という、反神
学的な「自然化された魂（naturalized soul）」[*Ibid.*, p.183] を探求しようとす
る志向であった。

　リードは、彼らが詩や小説という形式で表明した思想を、有機体の「感
じ」を基礎とする「魂の科学」の構想であったと捉えている。それはダー
ウィンが「有機体の幸福（organic happiness）」[*Ibid.*, p.55] と呼んだように、
人間の経験を、物質によって条件づけられ、エロス的に生成するものである
と考える思想である。ダーウィンやシェリー夫妻の思想は、多元的で自然的
な魂の力によってもたらされる生の意味を扱おうとした"心理学"の系譜で
あったと捉えることができるのだ。

147

第Ⅱ部　エコロジカル・アプローチに基づく生きられた環境の保育実践研究論

(2) 魂と切り離されることのない経験

　そして、リードが「アンダーグラウンド心理学」の系譜をたどる先に見出すのがジェームズの経験概念である。ジェームズは一般的に、アメリカにおける現代心理学の父として位置づけられているが、彼はヴントやヘルムホルツに代表される当時の「新心理学」に対して反対の立場をとっていた。

　ジェームズはデカルト的な心身二元論に基づく「新心理学」の立場が、人間の経験を刺激に対する大脳の基礎的反応に還元してしまうことを批判していた。「新心理学」にとって人間の経験とは、環境からの刺激を感覚器官が受け取り、それを脳が統合することによって主観的に生じるものであり、感覚は原子的で点的な経験の要素として捉えられる。これに対しジェームズは、一見単純に見える感覚でさえ実は複合的であり、それは要素の結合ではなく、流れという形態をとるものであると考えていた。心は要素の連合ではなく、常にひとつの全体として現れるものであり、経験の豊かさは還元主義によっては捉えられないとする立場である［James 1912=2004: 128］。

　また、当時の新心理学は「有用な神経放電」、「適切な方向づけ」、「正しい反応」といった概念を用いることによって、行動的価値を含む高次の心理過程と低次の心理過程を区別していた。ジェームズは論文「わたしたちは自動機械なのか」（1879 年）においてこれを批判し、「有用」「適切」「正しい」という用語が、人間にとっての善さや目的といった「関心」を前提にしていることを指摘した。刺激－反応という単なる物質的過程それ自体において善さは生じ得ない。もし物質的・機械的宇宙において価値が生じるとすれば、そこには個体の関心が働いている。そして関心とは、個体が事物に対してもつ「感じ（feeling）」を前提としたものなのである［James 2009（1899）: 3］。

　ジェームズは、人間であれ動物であれ、生物はそれぞれの関心にしたがって環境と出会い、固有の「感じ」を伴った経験世界をもつものであると考えた。それは「アンダーグラウンド心理学」が追求しようとした、自然的で多元的な魂についての考え方と共通する部分をもつ。経験とは、生物が固有の関心によって世界と出会うことであり、そこには生きた「感じ」が伴っている。そして、生物それぞれの関心は「核心的秘密（vital secret）」［*Ibid*., p.4］を有したものであり、経験世界は多元的で絶対的なものなのである。

第5章　環境の「意味」と「価値」の記述と経験の成長

（3）多元的経験の記述とパラドクス

　ジェームズの経験概念を再興することは、心理学の歴史の中で抑圧されてきた「魂」に再び目を向け、人間の個別的生のリアリティを経験概念に取り戻そうとすることを意味している。このことは、人間と動物の経験を同じ方法によって扱うリードの心理学が、決して人間の経験の実存的な豊かさを無視するものではないことを示している。このような経験概念に基づいて他者の経験を理解しようとするのであれば、記述者には他者の内面的世界の絶対性に対して、尊厳をもって近づこうとする態度が求められる。ジェームズが述べるように、「私たち自身の実存を超えて、（他者の）実存の形式の意味のなさについて言及すること」［*Ibid.*, p.26］は、絶対的に許されない。多元的魂によって脈づく動物の経験世界を「劣った」ものであると判断することは、経験不可能なものに対して価値判断を行う行為であり、他なる者の経験を理解しようとする探求を停止させるものである[4]。この点で、第1章で述べられたユクスキュルの態度とリードの態度は重なりを見せている。人間の経験であれ、動物の経験であれ、他なる者の世界を理解しようと近づくとき、用いられる方法は同じものでなければならない。環境の「意味」と「価値」との出会いは、人間と動物が共有する事実であり、研究されるべきは人間や動物が世界と出会う、その仕方にあるのだ。

　リードが目指したのは、他者の経験世界の無限の豊かさを認めつつ、それを理解しようと試みる科学である。しかし、ここには記述という方法に関わるパラドクスが生じるように思われる。「無限の豊かさ」を「記述」することは、原理的に不可能である。そうであれば科学は他者の「魂」、「核心的秘密」、「生のリアリティ」については、探求を放棄し、目をそらせるべきではないのか。他者の経験を記述することは、結果として他者の経験の絶対性を剥奪することにはならないだろうか。

　リードの「意味」と「価値」の記述が持ち得る可能性を判断するためには、3つめの主著である『経験のための戦い』の内容を検討する必要がある。本書の内容を検討することで、リードの思想が、経験の成長という実践的志向をもつものであることを明らかにする。そして、リードの記述理論を社会実践の文脈に置きなおして捉えることで、リードの記述理論が、子ども

149

にとっての「意味」と「価値」を共有することを目指す、終わりなき探求としての経験科学となり得ることを論じていきたい。

3. 経験の成長へ向けた探求——記述のパラドクスを超えて

（1）直接経験と経験の共有

『経験のための戦い』の中でリードが試みたのは、プラグマティズムと生態心理学の思想をつなぎ合わせ、経験の成長を目指す生態学的な実践哲学を構築することであった。リードは、経験の連続的再構成こそが個人の成長と民主的な社会の創造の過程であると考えたデューイの思想を引き継ぎつつ、現代を生きる私たちがそれを実践する必要性を主張している。私たちが経験を成長させていくためには、他者と経験を共有するコミュニケーションを通して、自分自身が変容していかねばならない。リードは他者と経験を共有するために必要なこととして、以下の2点を挙げる。1つは、直接経験と間接経験を適切な形で混ぜ合わせることであり、もう1つはその際にあらかじめ直接経験を重ねておくことである［Reed 1996b: 8］。リードは、生態心理学の概念を、経験の成長のための実践的な概念として用いようとする。

ここで、生態学的情報に基づく直接経験と、処理情報に基づく間接経験の差異を確認しておこう。生態学的情報は、私たちが、自力で見、触り、味わい、聞き、嗅ぐことのできる情報であり、環境に存在している。動物はこのような環境の多様な「意味」を探索し、自らの欲求や関心にしたがって、それらの情報が特定するアフォーダンス（「価値」）を利用する。この能動的なアフォーダンス知覚の実現、すなわち人間と環境との出会いは固有の「感じ」を伴って経験される内面的生の基盤（basis）である[5]。

一方、処理情報は誰かによってすでに選択された情報のことを指す。身近な例で言えば、本に書かれた内容やコンピューターの画面上を流れる動画は、他者がその内容を選択・編集しているという点で処理情報である。また、他人から伝え聞いた友人の言葉や、メールに書かれた言葉なども、処理情報の一種として分類することができるだろう[6]。これらの処理情報は、生

第 5 章　環境の「意味」と「価値」の記述と経験の成長

態学的情報と異なり、その能動的な精査の可能性がすでに限定されたものである。処理情報は、過去の記憶や知恵を伝え、遠く離れた場所に情報を伝えることができる点で有用であるが、メールでのやりとりが面と向かって話をする場合よりも誤解や対立を招くことに見られるように、対面的なコミュニケーションにおける表情や雰囲気、声の抑揚といった生態学的情報は、ここでは捨象されることになる。

　直接経験と間接経験は相互に補完し合うものであるが、リードがここで最も強調するのは、生態学的情報の探索が自らの仕方で行われることの重要性である。

　　間接経験と直接経験とのこれらの結びつきにもかかわらず、間接経験には依然として、直接経験にはない重大な制限がともなう。人が独力で世界を詳しく調べているとき、この精査には限りがない。つまり自分が望むだけ注意を凝らして見ることができるし、つねに新たな情報を明らかにすることができる。しかし、これは間接的情報についてはまったく成り立たない。（例えば）風景の記述には――風景の写真やビデオによる記述でさえ――必ず情報の選択が伴う。（情報の選択が伴わない）本物の風景を調べることができない場合、風景の精査にはいつでも外部から制限が課されるだろう。この情報の選択が経験の共有にとって間接経験を決定的なものにするが、他人の注意をある対象に集中させそこへと差し向けるこの能力によって獲得されたものは、包括性と開放性においては失われるのである。［Reed 1996b: 94＝2010: 131、傍点はリード］

　生態学的環境には、五感を用いて知覚される情報が無数に存在し、私たちはそれをひとりひとり異なる仕方で探索する。環境との出会いが多様になるのは、この探索の可能性が包括的であり開放性をもっているためである。ある視点からは気づかれていなかった環境の「意味」や「価値」は、他者がそれに出会う経験が共有されることによって初めて明らかになる。出会いは環境を探索することで実現（realize）するものであり、出会いがもつ固有の事実性＝リアリティ（reality）は、自らの仕方でそれが行われることによって確証されるものである[7]。

151

このように、直接経験の基盤があってこそ、経験を有効な仕方で共有していくことが可能になる。自分と異なる世界観をもつ人と経験を共有していく上で、本を読み、インターネット上のコミュニティで交流するといった間接経験は確かに重要な役割をもっている。しかし、その際の間接情報が豊かなリアリティをもつためには、個人の直接経験の土壌、すなわち、自らの仕方で世界と出会う経験の土壌が必要なのである。直接経験として豊かな世界が生きられ、間接経験によってそれが広げられることによって、社会を形成するコミュニケーションが成立する。お互いのもつ独自の経験世界を認めつつ、他者の経験世界を感じとり、理解していこうと努めることで経験は成長していくのである。リードが目指したのは、多元的な世界観に基づきつつ、他者と経験を共有することを求める、コミュニケーションの社会思想であったと言える。

(2) 生活への愛と他者理解の実践

そして、リードが直接経験に基づき、経験を共有するための道筋として提示するのが「生活への愛（love of life）」[*Ibid.*, p.117] である。それは、「日常経験にかかわるエロス」「生きられた経験の喜び」「出会いや効用の快感」[*Ibid.*, p.124] として言い換えられているように、人々の日常の中に生じるものである。リードは、「人間として生きることは、世界におけるその人の場所を、周囲の事物と周囲の人々の両方を楽しむ（enjoy）特別な方法として経験することである」[*Ibid.*, p.125] と述べ、喜び（joy）が世界との関わりの中で直接に経験されるものであると考えた。喜びはありふれた生活の中に眠っている。畑仕事や料理、裁縫や音楽といった活動は、その人自身の仕方で環境と触れ合うことを楽しむことであり、活動の生産性や有用性を超えたその活動自体としての喜びを有している。

そして、人々をそのような出会いの喜びへと導く、根源的な動機づけが愛である。ギリシア哲学の時代以来、エロスは、より高く、自分に欠けるものを探し求める衝動として考えられてきた。ここで想定されるイデアは不完全な人間の感覚によっては捉えることができず、経験はこの真理にたどり着くことができない。しかし、生態心理学の観点から見れば、「価値」は環境に

第 5 章　環境の「意味」と「価値」の記述と経験の成長

存在し、人間の喜びは環境との出会いにおいて無数の形で実現していると考えることができる。人間は、ありふれた生活の中でさえ、身近なものに価値を見出し、身近な他者と経験を共有することに喜びを見出していくものである。私たちは、生活の中に、生きていることの喜びや、人生の喜びを感じる通路をもっている。リードは、そのような「生活への愛」こそが、エロスの本質であると考えた[8]。愛は、ソクラテスが言うような「魂とイデアとの霊的な結合」ではなく、フロイトが言うような「性的一体感への欲動」でもない。愛は、身近な他者や事物との出会いの喜びであり、性的一体感はそのような喜びの中のひとつにすぎないのだ。

　「生活への愛」という概念は、リードが『魂から心へ』の中で再発見した「自然的魂」の思想と、ジェームズやデューイのプラグマティズムの「生活・生命・生物（life）」の思想を、生態学的な経験概念を通して架橋したものであると考えることができる。「自然的魂」の思想は、「感じ」を観念に先行するものであると考え、人間を含む動物に共通する「生のリアリティ」の基盤として考えるものであった。しかし、「感じ」を人間と動物との間で連続するものとして捉える一方、リードは、「感じ」を種の保存を動機づける性的な喜びに還元することはしない。生物には、それぞれが営む生活があり、そこにはそれぞれの仕方での「意味」や「価値」との出会いが存在している。多様な出会いに内在する喜びは、それぞれが異なる質をもつ多元的なものである。「生活への愛」という概念は、人間の喜びが他の動物との連続性をもつということを認めると同時に、人間の life（生活・生命・人生）に固有の経験であることをも認めるものである。喜びは生態学的環境を源泉として生じるものであり［Ibid., p.124］、生物がそれぞれの生活の中で出会う出来事なのである。

　このような多元的生命の思想は、他者理解と経験の共有の問題に、重要な視点を提供するものである。ジェームズが路上生活者であったウォルト・ホイットマンの詩を取り上げて論じたように、自分と異なる世界観をもつ他者が価値を感じる事物について、私たちはそれが取るに足らないものとみなしがちである［James 2009（1899）: 26］。そして、私たちはしばしばそのような他者を、「理解できないもの」として退ける。しかし、本当に彼が出会う

153

第Ⅱ部　エコロジカル・アプローチに基づく生きられた環境の保育実践研究論

事物には価値がなく、私たちはその「価値」を理解することができないのだろうか。生態学的に捉えられる「価値」とは、生活の中での出会いによって実現しているものであり、「意味」と「価値」は私たち生物が共有する環境の資源であると考えられる。ホイットマンが愛した生活を私たちが取るに足らないと感じるのであれば、それは私たちがその事物（things）の「価値」に気づくことができずにいるからであると考えることができないだろうか。

　「生活への愛」は、それが「ありふれたもの（common things）」に基づいているからこそ、共有の可能性に開かれている。私たちは、他者が何かに感じる愛や喜びを完全に理解し尽くすことはできない。しかし、私たちは、他者が何かを愛する姿に触れることを通して、自分の理解は届かないが、彼にとって確かに存在している愛や喜びに気づくことができる。生態学的な環境は、生物に共通の（common）「意味」と「価値」の資源であり、他者理解とは、未だ私が出会わざる「意味」や「価値」を、他者の姿を通して共有しようとする営みなのである。デューイが述べるように、人々は共通の何かをもつことによって、民主的コミュニティに生きることができる［Dewey 2004 (1916)：5］。リードの思想は、人の多様な経験と、その共通な生の基盤の双方を視野に入れることで、相互理解のコミュニケーションの可能性を開くものである。

（3）アフォーダンスの記述と経験の成長

　ここまで、リードの思想が、経験の共有と成長を目指す実践的な文脈をもつものであることを明らかにしてきた。ここで再び、他者の無限の経験世界を認める一方で、それを科学の対象として記述的に理解しようとすることのパラドクスについて考えてみよう。

　リードの目指した科学を、他者の経験を十全に記述し、説明しようとする純粋科学としてみなすのであれば、リードの議論は矛盾を抱え、一貫性をもたない思想であるとみなされることになる。しかし、ここでリードが目指した科学を、経験の共有と成長のための道具として考えるのであれば、それは経験の十全な説明を提供しようとする純粋科学ではなく、デューイの言うプラグマティックな教育科学として捉えることができる。デューイは、経験科

154

第 5 章　環境の「意味」と「価値」の記述と経験の成長

学が導き出す事実や法則は、教師に利用されることによって知的な道具性を
もつものであると考えた。経験科学の内容は、それ自体が経験の事実を確証
するものではなく、教師の再実践の中で検証されることによって教育科学と
なりえていく［Dewey 1984（1929）: 14］。

　以上のように考えると、アフォーダンスの記述は、前章で述べられた保育
実践研究、すなわち、次の保育実践の文脈の中で常に再解釈され、保育者の
子ども理解を更新していくための道具となるものである。子どもが出会う世
界の豊かさが記述を超えたものである以上、子どもの経験世界を理解しよう
とする営みは常にその理解が問いなおされる可能性を持ったものとして行わ
れる必要がある。アフォーダンスの記述は、子ども理解が終わりのない営み
であることを引き受け、それでも経験を共有しようと試みる、探求としての
科学になることで記述のパラドクスを乗り越えるのである。

　リードの記述理論を子ども理解の探求として捉えるとき、その記述理論が
もつ限界を自覚しておくこともまた重要である。その限界とは、アフォーダ
ンスの記述が、経験のひとつの側面を記述するものであって、生きられた経
験全体を記述するものではないということである。アフォーダンスの記述と
は、あくまで行動と環境の機能的関係の記述である。人間と環境との出会い
の経験は、確かに生きられたリアリティを伴うものであるが、環境との出会
いを記述することによって、他者によって生きられたリアリティそのものが
理解できるのではない。アフォーダンスの記述は、生きられた経験の条件で
ある環境を記述し、経験の共通の地盤を見出していこうとすることで、未だ
気づかれていない価値を理解しようと目指すものである。それは、カサ貝に
とっての「価値」、レイヨウにとっての「価値」、異なる世界観をもつ他者に
とっての「価値」を理解しようとする営みであり、そのことによって理解し
ようとする側の経験を更新するものである。アフォーダンスの記述は、それ
によっては描ききれない経験世界の豊かさを開示することによって、さらな
る他者理解と、経験の成長の可能性を開くのである。

155

第Ⅱ部　エコロジカル・アプローチに基づく生きられた環境の保育実践研究論

4. 子どもにとっての「意味」と「価値」を探求すること

　ここまで述べてきたように、リードは経験の共有と成長とを目指す実践哲学としてプラグマティズムと生態心理学の思想を継承した。リードの生態学的経験科学は、アフォーダンスという「生きられた環境」の記述言語を提供するとともに、アフォーダンスの記述を経験の共有と成長という、保育の生活の文脈に置きなおすメタ理論を提供している。

　子どもはひとりひとりが独自の経験世界を生きている。保育者は、大人の視点からはときに理解しがたい子どもの経験世界を共有し、子どもの立場に寄り添って関わっていきたいと願うからこそ、保育実践研究を行うのである。アフォーダンスの記述は、保育者－環境－子どもという系において生きられた環境の記述となることで、そのような探求に役立つ道具となる。たとえば、子どもが散歩中に喜んで道端の溝を跳び、道端の壁を登るという行為はアフォーダンスとして記述可能である。溝や壁に対して「ぎりぎり跳ぶことができる」「ぎりぎり登ることができる」という挑戦可能性を探索することで、子どもは周囲の環境に大人とは異なる「意味」を知覚している［山本 2008］。このとき、子どもが出会う「溝」は、子どもにとって「跳ぶ」という「価値」を持ったものとして記述される。生態心理学は、異なる仕方で生きる他者にとっての「意味」と「価値」を理解するための、環境行動の記述言語を提供するのである。

　アフォーダンスの記述は、確かに子どもにとっての「道端の溝」の価値を描きだす。しかし、ここで記述される「価値」は、子どもの生きる世界を理解するのに十分なものではない。子どもの関心の源泉、子どもの生き生きとした生の源泉は、記述者にとってやはり「核心的秘密（vital secret）」であって、「価値」の記述はさらなる理解の余地を残し続ける。記述の届かなさは、「なぜこの子はこれほど道端の溝を跳ぶのだろう」という問いとなり、保育者の子ども理解の更新を求めるものとなる。アフォーダンスの記述は、日常の環境、身の回りの事物の新たな意味と価値に注意を向けることで、経験の共有へ向けた探求を導いていく。保育者と子どもが出会い成長する喜び

第5章 環境の「意味」と「価値」の記述と経験の成長

の源泉は、身近な生活の中にあるのである。さらに、アフォーダンスの記述は、保育者や子どもが経験する多様な環境の「意味」や「価値」を、他の実践者へと開き、そのリアリティを検証する過程に置かれるものとなる。経験される環境の「意味」や「価値」は、多様な仕方で知覚される実在のひとつの側面を表すものであり、それらの経験が共有され、次の実践の文脈で働くことによって、経験は成長へとつながるものとなる。

　保育者や実践研究者が、日々の教育実践の中で起こる出来事を生態学的に記述することは、直接経験を言語化し、間接経験に変えていく行為である。アフォーダンスを記述し解釈を加えるという作業は、情報の選択と制限を伴うものであり、公共的に評価されていく必要がある。アフォーダンスの記述という行為は、実践研究者が自らの感性（感じ方の様式）を通して事象を切り取り、他の保育者や研究者と経験を共有しようとする営みである。このような営みにおいて、記述者の解釈はバイアスとなるものではなく、それぞれの感性を通した独自の子ども理解の視点を提供するものである。保育実践研究の質は、観察の客観性によって担保されるものではなく、記述を通して新たな子ども理解の視点を得る"実践性"と、観察者のバイアスをいかに民主的に取り除くことに成功しているかという、"公共性"によって保たれるべきものである。これらの評価がなされていくためには、「意味」と「価値」の記述が、多様な保育者や研究者に開かれ、対話的に問いなおされていく必要があるだろう。

　子どもにとっての「意味」と「価値」を理解しようとする営みは、それ自体が他者とのコミュニケーションを通した実践的な学びの過程である。リードの生態学的経験の哲学は、経験の成長という教育の過程の中で理解されることで、実践的思想として働くことになるのである。

注

1）原語である encounter は、細田訳において「切り結び」と訳されており、選択的に環境の価値と関わる力動感を伝えている。しかし、本研究では encounter という概念が含意する実存的豊かさに着目するため、あえて「出会い」という訳を用いることとする。

157

2）ゲシュタルト心理学者たちが主張したのが、ゲシュタルトの刺激が、要素としての刺激と同じレベルに位置づくという主張であった。その論拠となっていたのが、「ファイ現象」である。2つの位置に置かれた豆電球を交互に点灯させると、それがゆっくり入れ替わるときにはひとつひとつの点の灯りに見えるが、入れ替えの速度を上げるとしだいに点滅ではなく、スムースな光の移動運動として見えはじめる。ひとつひとつの光の「位置」が見えるときには「移動」は見えず、「移動」が見えるときには「位置」は見えない。この現象から、ゲシュタルト心理学者は、要素刺激とゲシュタルト刺激が同じレベルで感覚されるものだと考えたのである。ファイ現象は、物理的な感覚刺激が存在しない空間上に運動が知覚されるということを意味しており、感覚刺激から生じた網膜像を原因として知覚が生じるという、伝統的な知覚理論の根底をゆるがす問題であった。

3）発達を社会や文化との関連のもとに明らかにしようとするアプローチは、アフォーダンス利用の傾向性が集団のなかでいかに形成されているかを理解する助けになる。たとえば、バーバラ・ロゴフは、養育者が、危険な物や道具を子どもの手の届かないところに置いたり、子どもの目に触れる文書を検閲したりするなど、子どもの行為の機会を調整することで文化的に適切なかたちで共同体に参加させることを「導かれた参加」という概念によって分析している［Rogoff 2003=2006: 373］。また、佐伯胖は、マイケル・トマセロの議論をひきながら、新生児が、他者の意図の理解から共同注意を獲得し、さらに高次の目標の共有へと至る文化学習の過程を、「共感的知性」の獲得のプロセスとして論じている［佐伯 2007: 12-19］。発達は、物や道具の配置や使用方法の学習と不可分なかたちで進行するのである。

4）マルティン・ハイデガーは『形而上学の根本諸概念――世界‐有限性‐孤独』（1992 年）のなかで、「石には世界がない」「動物は世界に貧しい」「人間は世界形成的である」という3つのテーゼを定立している。デリダは、この「動物は世界に貧しい」というテーゼが人間中心主義を免れないものであることを指摘している［Derrida 1987=2010: 92］。石の場合、世界は「純然たる不在」であり、石は世界を持ち得ないことが明白である。しかし、動物の場合の場合、その貧困は「世界を持ちうることにおける持たぬこと」という形式としての貧困である。デリダは、ハイデガーのいう「貧しさ」が価値の序列を意味するのではなかったことに注意を促しつつも、このことが動物から「もつことができること」を奪っていると指摘し、それを「欠乏＝剥奪」と呼ぶ。動物が人間に固有のものを欠く存在として定義されるとき、動物は応答する権利を奪われたかたちで記述されており、そこには権力構造が含まれている。そして、多くの場合、そのことが意識されることはない。

第 5 章　環境の「意味」と「価値」の記述と経験の成長

5 ）リードは「情報は経験の原因ではないが、経験の基盤である」[Reed 1996b: 103]
　と述べている。このように、アフォーダンスの知覚を経験の条件として位置づけるこ
　とで、直接知覚論の立場に立ったプラグマティックな経験科学が可能になる。伊藤邦
　武が述べるように、アフォーダンス理論は、ジェームズの言う「感じ」、つまり対象
　のもつ温かみや人格同士の交流を含めた知覚理論を構成する可能性を備えている［伊
　藤 2013: 231-232]。リードの経験概念はその指摘と同様の方向でアフォーダンス理論
　とプラグマティズムを結びつけているといえるだろう。

6 ）間接経験は直接経験と密接な関係にあり、処理情報から得られる「意味」は、生
　態学的情報を基盤として成立している。たとえばリードは、本に書かれている内容
　（処理情報）を読み取るためには、紙の質感やインクの染み（生態学的情報）を知覚
　しなければならないと述べる。しかし、紙自体もまた他者の手を加えられて作られた
　ものであり、それに触れることはある意味では間接経験であると言うことも可能であ
　る。この点についてリードは十分に議論を展開できておらず、間接経験と直接経験の
　区分を厳密に定義することが難しいことは指摘しておく必要がある。

7 ）「自らの仕方で」というのは、経験が個人に閉ざされた形で成立するという主張を
　意味するのではない。リードは、別のところで「生態学的視点から見ると、経験は人
　が所有するものというよりむしろ人が従事する学びの過程である」[Reed 1996b: 105]
　と述べている。経験が独力の情報探索という側面をもつ一方、生態学的情報に接する
　機会は他者によってアレンジされたり、情報の探索の仕方（技術）が他者の情報探索
　の仕方から学習されることもある。リードは経験を他者との関係の中で生じ、共有さ
　れるものとして捉えているのであり、相対主義の立場とは明確に異なっている。

8 ）リードは「life（人生・生命・生活）のただなかにいるという喜びがエロスの本質
　である」[Reed 1996b: 123]と述べ、エロスが一次経験に内在し、生活のなかで無数
　の形態をとるものであると考えていた。

第6章

「そこにあるもの」のリアリティの探求
——「自然な実在論」から捉えなおす保育環境のアフォーダンス

　保育実践研究におけるアフォーダンスの記述は、子どもにとっての環境の「意味」と「価値」を探求し、経験の共有と成長へと開かれていく過程に位置づくものであった。エコロジカル・アプローチにおいて記述される「意味」と「価値」は、環境に実在する。この環境のリアリティがどのような理論的位置づけをもつものであるのかについてより詳細に検討していく必要があるだろう。

　第6章では、リードの記述理論が、ジェームズからパトナムへと至る「自然な実在論（natural realism）」の系譜につらなるものであることを明らかにし、第5章で述べた生態学的経験科学による「意味」と「価値」の探求が、「共通の実在／リアリティ（common reality）」の探求として捉えられることについて論じていく。アフォーダンスを知覚することは、「自然な実在論」の観点から言えば、「そこにあるもの（things out there）」のリアリティがひとつの仕方で現実化（realize）することである。そして多様な仕方で知覚されるアフォーダンスが共有され、環境の「意味」や「価値」が問いなおされることによって、リアリティは修正・確証されていく。エコロジカル・アプローチにおける探求は、保育者が「そこにあるもの」、「ありふれたもの（common things）」の知覚を再構成することを契機として始まり、他の保育者・研究者とのコミュニケーションのなかで維持されていく性質をもつものである。

161

1. 保育者は子どもと「共通のリアリティ」をもつことができるのか

　保育において、子どもが経験している世界を理解することが重要な営みであることを述べてきたが、その理解が簡単なものでないところに保育の奥深さがあるように思われる。津守が述べるように、「子どもにとって意味のある世界は、生活の片隅のようにみえる小さな時間と空間のなかにある」のであり、子どもの世界は、大人の視点からは気づかれにくいかたちで存在している［津守 1987: 9］。そして、子どもがもつ世界はそれぞれが異なる価値をもっているのであって、保育者は自分自身の枠組みでそれを規定することなく、ありのままに理解していく必要がある［森上 1998: 15］。

　では、保育者が経験する世界と子どもが経験する世界に差異があるという問題に、私たちはどのように向き合っていけばよいのだろうか。保育者と子どもとの間に経験する世界の差異が存在するのは当然のことであり、むしろ差異があるからこそ教育的な営みが可能になるという考え方があり得る。しかし、一方でその差異の存在によって、保育者が子どもと世界を共有することは不可能であるという帰結が導かれるのであれば、それは子ども理解にある意味での限界を提示するものである。私たちは他者と「共通のリアリティ（common reality）」をもつことができるのかという哲学的考察は、保育における人間関係の基層を問いなおし、新たな角度から実践の理解をもたらす可能性がある。

　以上の問題を論じるにあたり手がかりとするのが、パトナムの「自然な実在論」である［Putnam 1999］[1]。パトナムはジェームズの実在論を再評価し、「私たちは実在の多様なアスペクトを知覚している」という立場から経験と実在との実際的関係について考察した。パトナムが批判する間接知覚論に基づく認識論は、私たちが経験する世界を脳の内部で構成されたものであると捉え、結果的に私たちが共有可能な世界を消失させる危機をもたらした。これに対し、パトナムの立場は、私たちが外部世界のアスペクトを直接に知覚し、それが真であることを探求することを通して、「共通の実在（common reality）」に接近することができるというものであった[2]。

リードは、パトナムの「自然な実在論」が、ジェームズやデューイの目指した日常経験の哲学と科学を引き継ぐものであると評価し、ギブソンの直接実在論はパトナムの「自然な実在論」を補強する知覚理論となることを主張している［Reed 1996b: 30］。「自然な実在論」に基づけば、アフォーダンスは主観によって構成された対象ではなく、私たちの外部に存在し、私たちはそのアスペクトを知覚しているということになる。アフォーダンスは直接経験可能な実在であるが、ノエマとして主体の内部に回収されるものではない。それは環境に存在し、他者と共有することが可能な実在である。アフォーダンスの記述と考察による科学は、世界を直接経験する可能性を否定してきた原子論的で還元主義的な認識論とそれに基づく心理学・認知科学の抱える問題を乗り越え、具体的な生活のなかで生きられた経験を理解する道を開くことになる。「自然な実在論」の立場から保育環境のアフォーダンスを捉えなおすことで、保育というフィールドにおいて共有される「意味」と「価値」のリアリティを探求することが可能になる。

　以下では、まずパトナムの「自然な実在論」について概説し、経験と実在との関係について考察する。次に、アフォーダンス知覚が「そこにあるもの」の価値を多様な仕方で実現する（realize）行為であることについて論じ、環境の価値を探求することが、共通のリアリティへの通路であることを論じる。最後に以上の議論を再び保育という文脈から読み解き、保育者が子どもの経験している世界のリアリティを探求する際の「そこにあるもの」「ありふれたもの」の役割について考察する。

2. パトナムの「自然な実在論」

（1）実在論の二律背反

　『心・身体・世界』（1999年）は、パトナムが「自然な実在論」を主張し、自らがそれまで採ってきた形而上学的立場を転回させた著作である。本書のなかでパトナムは、かつて自身が擁護してきた形而上学的実在論と、それを批判する反実在論的立場の双方の問題点を指摘している。パトナムによれ

ば、脱構築に代表される反実在論の立場は、共通の外部世界の存在を、伝統的形而上学の副産物である「訂正不可能性」への回帰であるとして否定するものである［Putnam 1995: 20］。一方、共通の世界の消失を危惧する実在論者は、形而上学的な同一性や絶対性の把握といった神秘的概念を作り上げることで、私たちと世界との関係を確保しようとしてきた。これらの二極化による対立は、それぞれの立場の、部分的には優れた洞察を失わせるものであり、私たちは極から極へと退却するのではなく、実在に対して責任ある仕方で知識を主張する方法を探し求めるべきだというのがパトナムの主張である［Putnam 1999: 4］。これらの論争が映し出すのは、思想や言語が実在に接していることへの懐疑が、解決不能な二律背反の様相を伴って現れているということなのである。

　パトナムによれば、このような二律背反は、知覚の直接的な対象が心的なものであり、私たちの認知能力と外部世界との間には両者を媒介する「境界面」がなければならないとする間接知覚論に根をもっている。このような立場に基づけば、私たちが世界を知るためには、有機体の環境と私たちの認識とをつなぐ「表象」が必要とされる。そして、私たちの認識が成功しているかどうかを判断するためには、表象と外部の対象との因果関係を分析することが求められる。実在論においてこのような立場が前提とされた場合、言語は私たちと世界とをつなぐ媒介物として捉えられる。そして、パトナムによればこのような形で言語を捉えた場合、私たちの言語は認知の領域内部に閉じ込められ、その指示するところについての意味解釈を固定することができない。すなわち、言語が外部世界の何を客観的に指示するのかが、全面的に定まらなくなるのである[3]。

　「どのようにして、言語は世界につなぎとめられているか」という争点は、「どのようにして、知覚は世界につなぎとめられているか」という問題と通底している［*Ibid.*, p.12］。間接知覚論の立場は感覚経験を、私たちと世界とを結ぶ中間項であると考える。私たちの知覚は感覚の解釈によって生じるものであり、私たちは外部世界の表象を解釈することを通して世界を知っているとされる。私たちは知覚入力の外側にあるものを直接経験することはできない。したがって、このような立場に基づけば、私たちの世界は内的に

つくられるということになり、私たちの共通の世界、共通の実在とのつながりは消失する。そして、自己と世界をつなぐ「媒介物」の正体をめぐって、出口のない議論が続いていくのである[4]。

(2)「共通の実在」への信念

　間接知覚論のモデルを前提とする限り、実在論の二律背反を解決することは不可能である。そこでパトナムが再評価するのが、ジェームズの「自然な実在論」の立場である。

　「自然な実在論」者は、知覚の対象が「外部にある事物（external things）」そのものであると主張する。つまり、「外部にある事物」（キャベツであれ、王様であれ）は、心の内部に主観的に映し出されるだけでなく、直接に経験されているのだと主張するのである[5]。

　しかし、私たちが外部の事物を直接に経験するという主張は、「素朴実在論（naïve realism）」として近現代の多くの認識論者から否定されてきた立場と類似している。素朴実在論を論駁する代表的な戦略は、デカルトが夢についての議論で行ったように、"知覚の対象となっている事実が存在することの裏付けがなくても「視覚経験」が存在する"ということを立証するというものであった［Ibid., p.25］。たとえば、十分に鮮明で真に迫った夢を見ている場合、それが心がつくりだした幻であるのか、物理的な事物の知覚であるのかを判断することが難しくなる。素朴実在論の批判者たちは、以上のことから私たちが夢を見ている際に知覚しているのは心的なセンス・データであり、対象を直接に知覚しているのではないと結論づけるのである。

　パトナムはジェームズの「自然な実在論」を擁護するにあたり、オースティンの『知覚の言語』（1962年）における反論を取り上げる。オースティンは、素朴実在論に反対する論者が、「夢を見ている人は何かを知覚している」という根拠のない仮定を前提としていることを批判した。そこには、意識が成立するために、「いかなる物理的な対象も知覚されていないのであれば何か別種の対象が知覚されていなければならない」という前提と、「物理的な対象でないものは心的な対象である」という前提が含みこまれている。オースティンとジェームズが主張するのは、もし夢や錯覚が非物理的なもの

の知覚であり、本当の経験とそっくりであったとしても、そのことから本当の経験の場合まで、その経験の対象が事物それ自体ではありえないと結論づけることは不可能であるというものであった [*Ibid.*, p.28]。素朴実在論は、夢や幻と現実の区別について十分な説明を与えるものではないが、その一方で素朴実在論に対する反論も、私たちと事物との直接の接触を否定するに足るものではない。

　ジェームズが外的な事物それ自体の知覚を擁護する背景には、私たちが共通の実在を知覚可能だとする信念がある [Putnam 1990: 246]。知覚にセンス・データ説を導入する場合、知覚の対象は観念の内部にのみ存在するものとなり、私が知覚する対象と、別の人の知覚する対象とは互いの結びつきをもたないということに帰結する。つまり、街を散歩している場合を考えてみれば、私の精神と、他の人の精神は、まったく別の、異なった街を目にしているということになるのである。このような立場は、「冷たく」、「不自然な」ものであり、信じられるものではない、とジェームズは述べる。ジェームズが間接知覚論を拒否するのは、「自分の精神が他の人々と共通の何らかの対象に出会っている」という前提を取らなければ、「あなたの精神が存在することを想定する」ことができなくなってしまうからである[6]。

　たとえば、あなたが一本の綱の端をもち、私がもう一方の綱の端をもち、お互いに引っ張りあう場合、綱はお互いの行為の対象になっている。私が綱を引っ張れば、あなたにとっての綱は変化するし、私にとっての綱が変化するということである。同様に、あなたが綱を引っ張ることで、私の対象も変化する。このような素朴な現実のなかでは、「あなたの精神」が存在し、「私の対象」に影響を与えているという想定と、私たちを包む世界が存在しているという想定は、ともにリアルなものである[7]。

　一方、間接知覚論は、綱を脳のなかの表象として説明することで、共有された世界を消失させる。しかし、お互いが影響を与え合う対象のリアリティを無視して、そのような表象的世界を想定することにどのような実際的意味があるだろうか。間接知覚論の懐疑主義は、私たちが共有する「そこにあるもの」のリアリティを失わせ、私と同じく内的な生をもつ「あなた」の実在を失わせる。そのような種類の懐疑を導入し、私たちの生を「独我論の寄り

合い所帯」とすることは不必要であり、理解不能なものなのである［Putnam 1999: 41］。

（3）リアリティの確証
　ここまで議論してきたように、「自然な実在論」は、経験される対象それ自体がリアルなものであり、共有可能なものであるという立場をとる。しかし、このような立場は、素朴実在論と同じく経験された夢や幻ですらも真の実在として位置づけてしまうことで、私たちが現実と白昼夢の区別のつかない世界に生きていることを指し示すことになってしまうのではないだろうか。
　「自然な実在論」が素朴実在論と異なるのは、共有されている実在を、同一で変化することのない実体として捉えるのではないという点である。パトナムは、「自然な実在論」の立場において、「（通常の〝適合的な〟）知覚の対象は、〝外部にある（external）〟事物、より一般的に言えば、〝外部にある〟実在のアスペクトである」と考えられると述べている［Putnam 1999: 10］。私たちは「そこにあるもの」を直接知覚しているが、その知覚は対象を全面的に捉えそれが何であるかを確定させるのではなく、実在の一側面を捉えるものなのである。私たちが知覚しているのは外部にある事物の部分的なリアリティであり、感覚や思考、言語がそのような実在に関係する仕方を見定めていくことで、私たちは真の実在に近づいていくことができる。
　ジェームズは、このことを「真理の可塑性」に基づいて主張している。私たちが真理を主張するとき、それは実在と結びついている[8]。私たちは「そこにあるもの」そのものを知覚し、そのリアリティを真理として主張する。その意味で私たちは真理の創造作用因であるが、それは恣意的に真理や実在を創造できることを意味するのではない。私たちが出会う実在は、私たち自身がつくりだしたものではなく、むしろ実在によって私たちの言語形態や生活形態は制約されている。そして、実在の世界のなかで私たちの言語や生活形態が発展するに伴い、私たちは実在についての自分の考えと、終わることなく交渉を繰り返していかなければならない［*Ibid.*, p.9］。私たちが言語を用いて実在を記述することは、「自らが創造に力を貸した真理を記録する」

［Putnam 1995: 20］ことであり、記録された真理に対して責任を負っていくことを意味しているのである。そのような意味で、真理は生活のなかで問いなおされていくものなのである。

このような観点からすると、実在を不変の実体として捉えることはできない。「実在が直接に知覚されるならば、それは訂正不可能な形で知覚される」という仮定自体が間違っているのであり、実在は直接に知覚されると同時に、訂正されていくものとして捉えられる［Putnam 1990: 242］。私たちは、世界のリアリティの一部を経験し、記録し、共有する。経験が多様な文脈との関係をもつなかで、私たちがリアリティを確証する探求が導かれていく。つまり、ジェームズが実在について書くとき、彼は、私たちが事物を「リアルだ」と呼ぶプロセスについて記述しているのである［*Ibid*., p.247］。

では、ジェームズは夢や幻についてはどのように考えるのだろうか。たとえば私たちが鋭いナイフをありありと目の前に思い浮かべたとする。そのナイフは十分はっきりとイメージされ、リアルな鋭さをもって経験される。その意味での実在／リアリティを私たち自身は否定することができないだろう。しかし、通常実在は、そのナイフが「そこにあり」、他の対象と関係して、ある特定の結果をもたらすことによって検証される。想像されたナイフの鋭さは当人にとってリアルなものであるが、それによって本物の木が切られることはない。ここでナイフは、物理的世界の名の下に精神的な経験からふるいにかけられ、経験のうちの安定的な部分としての位置を占めることになる。物理的世界の核となるのは、私たちの知覚経験であり、このような強固な経験が実在の核となっていくのである［James 1912=2004: 40］。

それでも素朴実在論の反対者たちは、知覚されたものが夢や幻かどうかについて決定的に知る知識の基盤がないままに実在を確証することはできないと批判するかもしれない。しかし、ジェームズのプラグマティックな真理観に基づけば、必ずしも知識や実在を統合されたもの（unity）として考える必要はない。むしろ、何が実在であるのかについての疑問は実践のなかで応えられるべきものであり、実在の経験は多元的なものと考えることができるのだ。目の前に見えているものが幻かどうかを確かめたければ、ほかの人にそれを見てもらえばいいし、ひとりのときならば写真をとってみればいい

第 6 章 「そこにあるもの」のリアリティの探求

[Putnam 1990: 247]。一方精神分析家にとってみれば、幻は臨床的なリアリティをもつものかもしれない [*Ibid.*, p.241]。真理や知識といったものは、私たちの生活の文脈と切り離すことができない。私たちは統合的で普遍な実在を共有しているのではなく、共通の実在のアスペクトに接しながら、その確証へ向けて探求していく過程を生きているのである。

3. アフォーダンスの記述を通した環境のリアリティの探求

パトナムがジェームズを継承して主張する「自然な実在論」に基づけば、私たちは共通の世界をもつ一方、それを多様な仕方で経験している。私とあなたがともに見ている対象は、共通の対象であるが、それぞれが見ているアスペクトは異なっている。「そこにあるもの」は異なる仕方で経験され、そのリアリティは、それぞれの経験が記述され、共有されていく中で検証され、変化していくものなのである。「自然な実在論」の観点は、私たちが経験する世界が多様であると同時に、共有可能性に開かれたものであることを示唆している。

リードが述べるように、ギブソンのアフォーダンス理論は、以上の「自然な実在論」が提示する世界観と共通した部分をもっている。「自然な実在論」は、アフォーダンス概念を経由することで、日常生活の経験とその科学の問題として捉えなおされることになる。そして、その生態学的な実在の探求を本研究の目的に照らせば、「そこにあるもの」の意味と価値の探求を、保育実践上の問題として具体的に考察することが可能になる。以下では、まずアフォーダンス概念について再度整理し、「自然な実在論」との共通点を明らかにする。さらに、アフォーダンス理論の観点から、環境の意味と価値の問題について触れ、「そこにあるもの」を知覚するという瞬間がもつ実践的意味について考察する。

（1）アフォーダンスと直接知覚論
ギブソンは、静的な網膜像を視覚の媒介物と想定してきた心理学が、人間

169

の知覚についての十分な説明をすることができないことを批判し、私たちが環境に含まれる情報を直接知覚するという知覚理論を構築した。

二元論に基づく哲学が自己と世界との間に媒介物を必要としたのと同様に、心理学は、物質的世界から与えられる刺激を人間の「心」が解釈することによって経験が生じると考えてきた。このような考え方に従えば「情報」とは、物的環境の刺激を感覚器官が読み取ることで生じるものであり、自己と環境の媒介物として捉えられる。しかし、このような間接知覚のモデルは、「情報」を解釈するシステムを必要とする点で、大きな問題を抱える。視覚像がどのように生じているかを説明するためには、脳のなかに情報（網膜像）を解釈する小人が必要とされ、その小人が視覚像を生じさせるためには、小人が小人自身の網膜像を解釈するさらに小さな小人を必要とする、というかたちで、トートロジーに陥ってしまうためである［Gibson 1979: 60］。

そこで、ギブソンは情報を、動物との動的な関係の中で構造化され、経験されるものとして捉えなおした。つまり、ギブソンは、精神と物質をつなぐインターフェースを必要とする二元論的な認識論の問題に対して、「空気の中の光に眼と身体を埋め込む視覚論」を構築することで克服を試みたのである［佐々木 2013: 18］。

たとえば、私たちが部屋を歩きながら椅子を見るとき、私たちの目に映る光学的な配置（網膜像）は常に変化し流動しているが、私たちは椅子の形が変わっていないことも、椅子が同一のものであることも疑うことはない。このような現象について、脳が変化する刺激から常に同一性を解釈している、と説明することは困難である。むしろ、知覚とは私たちが生態学的な情報の配置の中に、相対的に不変な構造（不変項）を見出すことなのだと説明する方が自然である。

さらに、椅子から発せられる光学的な刺激は、無味乾燥なものではない。その面積、堅さ、表面の凹凸といった刺激情報の配列には「座ることができる」や「登ることができる」という構造（意味）が潜在している。そして、そのような構造の知覚（アフォーダンスの知覚）が成立するかどうかは、自己の関心や身体能力との関係で決定されている。水面は人間にとって歩行をアフォードしないが、アメンボにとっては歩行をアフォードするといったよ

うに、アフォーダンスは、その環境に関わる動物との関係で測定される［Gibson 1982=2004: 341］。つまり、アフォーダンスは環境に存在し、動物と環境との相互依存的な関係が知覚 – 行為として結実することで記述可能になる特性なのである。

（2）環境に潜在する価値

ギブソンは、私たちが意味ある環境を直接に知覚し経験しているという理論は、「諸対象と諸事象から成る世界が存在する」あるいは「我々の感覚器官《senses》は、世界についての知識を与える」という素朴な確信を支持するものであると主張している［*Ibid*., p.311］。アフォーダンスを知覚することは、私たちが環境の生態学的な意味や価値と直接関わりながら生きていることを示している［Gibson 1979: 140］。そして、そのアフォーダンスそのものは不変であり、知覚されるべきものとして常にそこに存在するものである［*Ibid*., pp.138-139］。ギブソンはここで、素朴実在論の立場を再評価し、表象の媒介のない直接経験の立場を擁護している。

"意味や価値に満ちた世界は、知覚者の外側に存在する"［Gibson 1979: 127］というギブソンの主張は、人間に先在する世界を認め、実在を統合されたもの（unity）として扱う、伝統的な実在論思想に基づくものであるかのようにも見える。働きかけとは別に事物に内在する本質があると考えるのが伝統的な実在論であるが、これに対してギブソンは、存在を行為と結びつけるプラグマティックな実在論の立場をとっている［河野 2003: 71］。ギブソンが知覚を行為として捉え、それが「流れ」であり「終わらない」ものであると捉えている点に注意を向けるとき、ギブソンの思想がもつ「自然な実在論」的な側面、つまり実在への懐疑と同時に実在の同一性を拒否するプラグマティックな実在論としての可能性が見えてくるのである[9]。

ギブソンは知覚を、単なる意識でなく、「気づくこと」であると述べる。そして、気づくこととしての知覚は、「経験」を所有することなのではなく、「事物を経験すること」であると述べている［*Ibid*., p.239］。ギブソンが静的な網膜像を否定したことからも明らかなように、私たちが経験する事物はとどまっていることがない。ギブソンにとって生態学的な事物は、流動す

る世界のなかで知覚されるものであり、経験もまた流れのなかにあるものとして捉えられる。

これはジェームズが、「連接的経験」[James 1912=2004: 50] という概念で捉えたように、未来を予期し、後に続く経験によって検証される種類の経験である。たとえば、ジェームズは、ハーバード大学のメモリアル・ホールを、そこから歩いて 10 分のところにある自宅から想像するという例を挙げる。このとき、もしも想像上のホールがなんらかの形で、実際のホールとの接続をもつことができなかった場合（他の人を実際にそのホールにつれていくことができない、イメージが実際のホールと違っていた場合など）、ジェームズがそのホールのことを思考していたことは否定されることになる。一方、もしジェームズがほかの人を実際にホールに連れていき、イメージに付随する感情や知識が、そのホールを説明することに接続したとすれば、ジェームズの観念は実在との関係に立ったということができる。実際的観点からすれば、このとき、ジェームズが思考していたものが、最終的に知覚したホールそのものであったということに不自然な点はない [*Ibid.*, p.62]。以上のような事例を考えてみる場合、ホールについての思考が真にホールそのものの思考であったことが確証されるのは、実際にジェームズがホールを知覚したときである。経験のリアリティは、知覚対象のもつ「逆向きの妥当性の力」によって確証される [*Ibid.*, p.72]。つまり、経験のリアリティは、推移のなかにある対象との連接的関係のなかで検証されていくものなのである。

経験を生の流れの中に置きなおすとき、知覚もまた推移する世界との交渉のなかで修正されつづけていくことになる。「アフォーダンスそのものは不変であり、知覚されるべきものとしてそこに存在する」という命題は、私たちが知覚し得る共通の実在として「そこにあるもの」をみとめつつ、そのアフォーダンスの全体性に言及することが不可能であることを示している。「投げることができる」「つかむことができる」というリアリティは、それが実際にできたときに初めて確証されるものであり、そのような環境の意味や価値は潜在しているものなのである。私とあなたが同時に手を伸ばした水の入ったコップは、私たちにとって共通の実在である。しかし、私がその「飲

むことができる」という価値を知覚したのに対し、あなたは「投げることができる」として知覚したのかもしれない。そのコップのリアリティが確証されるためには、経験の結果を待たなければならない。私たちは共通の実在のアスペクトを知覚しているが、コップのすべてのアフォーダンスを知覚することはできない。共通の実在（reality）は、その価値が実現（realize）していくなかで、確証されていくのである。

（3）リードの経験科学を通した環境のリアリティの探求

　私たちは外部にある実在のアスペクトに直に接しており、そのリアリティは協同的に探求されるものであるというのが、「自然な実在論」の要点である。そして、アフォーダンス理論を「自然な実在論」の系譜に位置づくものとして捉えるとき、私たちが直接知覚する環境の「意味」や「価値」は、そのリアリティを確証していくプロセスに置かれていることが理解できる。リードの生態学的経験科学がこのような立場に基づいていることを確認するとき、環境の記述と考察が、経験の成長を目指す上で欠かせないものであることが明らかになる。

　第5章で詳しく述べたように、リードは環境のアフォーダンスを共有することが経験の成長に欠かせないものであると考えていた。アフォーダンスとは、多様な仕方で生きられる経験の基盤であり、多様な生物が共有し得るものである。異なる経験世界の生、たとえば、レイヨウにとっての草の味、コウモリにとっての空気の振動の感触を私たちは感じとることはできない。しかし、レイヨウと草との切り結び、コウモリと空気の振動との切り結びは、私たち人間と共通の環境のうちで行われている。レイヨウやコウモリにとってのアフォーダンスを記述していくことによって、私たちは未だ経験していない環境のリアリティに近づいていくことができる。レイヨウやコウモリにとっての環境の意味が私たち人間のものと全く異なるものであったとしても、私たちがその共通の環境のアスペクトに接していることによって、異なる経験世界のリアリティは探求され得るものとなる[10]。私と異なる仕方で世界と出会う者と出会う経験は、私たちの外部にある事物のリアリティを更新する契機となる[11]。リードの生態学的経験科学は、アフォーダンスの記述を

通した、共通のリアリティの探求として位置づけることができるのである。

4. 保育における「そこにあるもの」の価値

(1) 経験世界の差異とアフォーダンスの共有

　「私たちは実在のアスペクトを知覚している」という「自然な実在論」の命題は、私たちは世界をリアリティをもって知覚するが、それは実在の限られた一側面を知覚しているのだということを意味している。私たちが経験する世界はそれぞれが異なるリアリティをもつと同時に、環境には私たちが共有し得る、共通の意味や価値が潜在している。

　このことを再び保育という文脈に照らせば、子どもが知覚しているアフォーダンスに注意を向けることが、保育者が子どもと共通のリアリティを探求することを可能にすると言うことができるだろう。子どもは、環境の多様なアフォーダンスを利用して生活している。小石をひたすら並べる子どももいれば、小石をひたすら水たまりに投げ込み続ける子どももいる。大人には普段利用されないアフォーダンスを見出し遊ぶ子どもは、そのなかでさまざまなリアリティをもつ環境を経験しているのだ。大人にとって理解しがたい行為のなかでも、子どもはそこに何らかの意味や価値を知覚している。そのとき私たちは、子ども独自の経験世界に注意を向け、それを尊重していく必要があるだろう。

　さらに重要なのは、私たちが子どもたちとともに、そこにあるもののリアリティを共有し得るということである。そこにある石、そこにある葉は、私たちと子どもたちをともに取り巻いている実在である。私たちは、子どもが独自の仕方で知覚する環境に関心をもつとき、その意味や価値を共有していく可能性を開くことができる。子どもがひたすら石を投げ込んでいる水たまりを私たちが覗き込むとき、水たまりに映った私たちの顔が石の波紋で変形しているのを見るかもしれない。子どもが利用しているアフォーダンスを共有するとき、そこに映る世界の面白さは、まるで優れたアート作品のように、私たちに新たなリアリティを開くだろう。私たちは環境の潜在する価値

に気づき、新たな仕方で世界と関わっていくことによって変容していくのである。

　知覚されたアフォーダンスは共通の実在のひとつのアスペクトである。異なる仕方で環境と関わる子どもの姿を見て保育者が変容することもあれば、その逆もあり得る。ギブソンは、「価値とは私的であるのと同じ程度に公的であり、社会的世界は環境を真に共有することに基づいている」［Reed 1988=2006: 2］と述べた。保育という社会的世界においても、保育者は、環境を真に共有することで子どもたちの生きる世界に気づくこともできれば、環境を選ぶなかに子どもに伝えたい価値を込めることもできる。そこにある環境の未だ気づかれていない意味と価値を探求することは、私たちと子どもたちが、お互いが生きる世界について気づき、共に生きる世界を築いていく過程であるといえるのではないか。

（2）「そこにあるもの」の汲みつくせなさ

　以上のように、保育を「そこにあるもの」のリアリティの共有へむけた探求として考えてみるとき、その探求を駆動しているのは、私たちが「そこにあるもの」の意味や価値を汲みつくすことができないという事実である。砂場で黙々と子どもが砂のかたまりをつくっているとき、「それはもしかしたら山であるかも知れないが、山ではないかも知れない」［松井 1999: 56］。子どもがどのように環境に関わっているかは、常に新たな理解の可能性を残す。そこにある「山」の価値は、無限に探求することができるのだ。

　しかし、「そこにあるもの」は、私たちが自由にそれに意味を付与することができる対象なのではない。経験は、その条件としての環境のアフォーダンスに支えられている。砂が平らにならされている砂場で、山を想像して遊ぶことは困難である。環境の条件は人間の知覚をある程度規定するが、そこに未だ知覚されていない実在のアスペクトがあり得ることが、「そこにあるもの」の無限の意味作用の根拠である。

　園庭の中や近隣の環境にも、私たちが未だ気づいていない価値が潜在している。園庭の木は保育者が縄をかけることで遊び場に変わるかもしれない。公園へ向かう途中の道端に咲いている花に子どもが気づくことで、保育者は

第Ⅱ部　エコロジカル・アプローチに基づく生きられた環境の保育実践研究論

散歩の新たな意義について気づかされるかもしれない。環境の価値が見出され共有されるときには、それが小さなものであれ、お互いが生きる世界の変容が生じるのである。ありふれた／共通の（common）環境に新たな価値を見出していくことは、生活のなかの喜び、楽しみ、好奇心にも通じるものであろう。

　このように保育を捉えるとき、環境の意味は保育者によって一様に固定できるものではないことが理解できる。保育にとって環境構成が重要なのは言うまでもないが、さらに重要なのは構成した環境が子どもにとってどのように経験されているかという事実である。いかに環境を熟知し、ねらい通りの環境構成が行えたとしても、環境の意味や価値は、異なる仕方で見出され得る。そして、むしろそのことの内に、子どもの経験に寄り添っていく保育の奥深さがあるのではないか。

　環境は、確かにそこに在るが、それは同時に汲みつくすことのできないものとして存在している。そのことによって環境は、子どもの経験世界と保育者の経験世界をつなぐメディアとなっているのである。

注
1）パトナムは生涯を通じてその実在論的立場を変化させている。そのなかでも重要なのが、「内的実在論（internal realism）」から「常識的実在論（commonsense realism）」への転換である。「自然な実在論」は、この「常識的実在論」の内実として位置づけられる。実在論をめぐる議論の根底にあるのは、外的な事物がなぜ認識可能なのかという問題である。パトナムが主張した「内的実在論」においては、環境に対して言語的な表象を構成し、それが科学的に証明されることによって実在へのアクセスが保障されるという「証明主義者的な意味論（verificationist semantics）」に基づく実在論の立場がとられていた。この証明は理想的な認識論的条件でのみ達成されるものと位置づけられるが、パトナム自身、この理想的な条件を求めることができない認識論的課題を見出すこととなった。結果的にパトナムは、デカルト的な内−外の二元論に基づくのではなく、事物はセンス・データや表象といった媒介を経なくても直接知覚されているとする、ジェームズの「自然な実在論」を擁護するに至った。現在のパトナムは、「常識的実在論」という言い方を好むが、知覚に関する「自然な実在論」は、現在のパトナムの立場からも支持できるものであると結

論づけられている［Putnam 2012: 59-61］。

2）この点についてパトナムは、「世界の喪失」という問題の解決が「行為（action）」の中に見出されるべきであるというプラグマティズムの立場へのコミットメントを示している［Putnam 1995: 74］。

3）パトナムはこのことを数学のスコーレム・パラドクスを例に論じている［Putnam 1999: 16］。このパラドクスは、どんな無矛盾な理論にも異なる可能な解釈が無数に存在するというものである。パトナムによれば、スコーレムによるこの論証は、日常言語や経験科学の言語を含めた任意の言語についても成立する。

4）その代表的なものが、意識のクオリアをめぐる議論である。

5）ここでパトナムは、「外部の事物を知覚することが直接に主観的経験を引きおこす」と説明する安易な直接知覚論と、自らの「自然な実在論」の立場を区別している。外部の事物は主観的経験を因果的に引きおこすのではなく、ここで因果モデルを導入すること自体が疑似問題をつくりだすのである［Putnam 1999: 10］。

6）「あなたの精神の存在」を信じることは、ジェームズにとって多元的生を信じる理性と直結する。「わたしはなぜあなたの精神の存在を想定するのであろうか。その理由は、あなたの身体がある特定の仕方で運動することを見るからである。その身振り、顔面の動き、言葉、仕種一般が『表現的』であることから、わたしはそれがわたしと同じような内的生によって、自分と同じように活性化されていると考える。類推によるこの議論は、それ以前に本能的信念が働いているか否かを問わず、わたしがあなたの精神の存在を信じる理由（reason）である」［James 1912=2004: 82］。

7）ジェームズはこのような世界の存在について、「われわれの精神は実際的観点からして、さまざまな対象が共有しているひとつの世界において互いに出会っており、この世界はいずれかの精神が消滅したとしても、依然としてそこに存在していることになる」［James 1912=2004: 84］という言い方で述べている。お互いがひとつの対象を共有できる世界を信じるということには、人間が生きていく上での、あるいは人間が自己以外の存在に責任をもって生きていく上での実際的理由がある。

8）「すべてわれわれの真理は『実在』についての信念である。だからどのような特殊な信念においても、実在は、独立な何物かとして、製作されたものでなく、見出されたものとして、働いている」［James 1907=1957: 243］。

9）ギブソンは知覚を経験の流れのうちに捉える点でジェームズの心理学の影響を受けていることを自ら言及している［Gibson 1979: 240］。

10）パトナムは、リチャード・ボイドが「人間中心リアリティ（anthropo-centric realities）」と同様に「リス中心リアリティ（squirrel-centric realities）」があると主張

第Ⅱ部　エコロジカル・アプローチに基づく生きられた環境の保育実践研究論

したことに賛同している［Standish & Saito 2014］。ある種のリスは、陸から来る捕食者と空から来る捕食者に異なる鳴き声を発するが、そのときリスの鳴き声は、生活世界に影響を与えるリアルな事象の違いを参照しており、その点で実在に接している。つまり、パトナムの実在論は、「リアルな世界がそこにあること」を軸とした実在論であり、関心や価値の違いによって異なるリアリティがあり得ることを認めている。しかし、それはリアリティが多元的に乱立可能であることを意味するのではなく、言語によって構成される概念を通した相互の解釈が行われることによって、相対主義に陥ることを免れている。この意味で本研究は、「保育者中心リアリティ」についての探求を記したものであり、このリアリティは、記された概念を通して修正・確証されていくプロセスにある。

11）ユクスキュルは太陽と惑星が彼のまわりを回転する天文学者の環境を例として挙げ、その環境が「人間主体の能力に応じて切りとられた、自然のほんの小さな一こまにすぎない」と述べている［Von Uexküll & Kriszat 1970（1934）=2005: 155］。自分とは異なる環境知覚の在り方を知ることによって、人は知られざる世界について学び、自らが生きる世界とは異なる生の世界を尊重することに開かれる。近年の生物学の進化は、生物のサイズや感覚器の働きなどから、動物の多様な生きる道を理解する視点を提供している［本川 1992、郷・颯田 2009、野島 2012］。また、発達障害や共感覚者の当事者の立場から多様な生の世界を描こうとする試みもある［綾屋・熊谷 2008、岩崎 2009］。綾屋紗月は『発達障害当事者研究』（2008 年）のなかで、自身の身体感覚と行動のまとめあげの困難さを説明する際に、アフォーダンス概念を用いている。

第Ⅲ部
生きられた環境の記述的保育実践研究

第Ⅱ部では、リードの生態学的経験科学が、「生きられた環境」の具体的な記述理論となることを論じた。リードにとって、アフォーダンス概念に基づく有機体－環境の相互作用の機能的記述は、生活のなかで多様な「意味」や「価値」を伴って経験される環境の記述であった。そのアプローチは、保育者と子どもが関わりあうなかで環境がどのように知覚されるのかという、経験の機能的側面を記述することができる。そして、アフォーダンスの記述は、それが共有され、確証されていくことによって、多様な仕方で知覚される環境のリアリティを探求する道具となる。

　以下では、環境を通した保育の実践の事例について、リードの生態学的経験科学の方法を用いて記述・考察していく。具体的なエピソードのなかで、私、他の保育者、子どものそれぞれが知覚しているアフォーダンスに差異が生じる瞬間が記述されることによって、当事者にとって「出会われていなかった環境」の存在が明らかになる。そして、この当事者にとっての出会いの経験が共有されることは、他の者にとって未だ出会わざる環境の存在を予感させるものとなる。この保育における「出会われていない環境」の記述は、それが読まれることによって、他の保育者が環境の知覚を組みなおし、新たな出会いへと開かれる可能性を実践のなかで生じさせることになるはずである。

　第7章から第9章に示されるエピソードは、私自身が実践の現場を生きる中で出会った環境の記述であると同時に、そのとき「出会われていなかった環境」の存在を指し示すものである。それぞれの章は、保育所保育指針に示されている環境の定義に対応する形で、保育者や子どもを指す「人的環境」、遊具や設備を指す「物的環境」、動植物や四季の行事、地域の文化・慣習などを指す「自然や社会の事象」を扱っていくこととする。

第7章

人的環境：「みんなにとってのヒロシ」
との出会い

　まず第7章で扱うのは、「人的環境」である。保育は、保育者と子どもの
1対1の関わりであると同時に、1対多の関わりでもある。ひとりで多くの
子どもたちを相手にするなかで、保育者は「みんな」という環境に対してお
り、その集団を維持することと、ひとりひとりと関わることのバランスを意
識して実践を行っている。そのような保育の特性のなかで生じるのが「主体
性のジレンマ」である。リードの概念を用いて人的環境を捉えなおすこと
で、「主体性のジレンマ」を克服する保育者の知覚 - 行為の在りようについ
て明らかにしていく。

1. 主体性のジレンマとその克服の試み

　保育という営みに従事するとき、保育者はときに自身の教育的意図を実現
することと、子どもの意志や主体性を尊重することとの間で葛藤を経験す
る。このような葛藤と緊張は、これまでの保育学研究の中で「主体的な保育
者 - 従順な子ども」「主体的な子ども - 追従する保育者」という二項対立関
係の両極を揺れながら模索されてきた問題であるということができる［吉村
ら 2001］。この二項対立関係は、近代啓蒙主義以来の個人を認識と行為の主
体とする個人主義的子ども観が、ルソーによって主体的な子どもを「消極的
に」教育することとして変奏されたことに由来する教育言説であり、現代の
教師と子どもの教育関係のなかに深く根を下ろしている［矢野 1996］。

181

第Ⅲ部　生きられた環境の記述的保育実践研究

　教育における二項対立の問題を引き受け、その克服を目指した思想家に
デューイがいる。デューイは、「教育理論の歴史は、教育は内部からの発達
であるという考え方と、外部からの発達であるという考え方との間にみられ
る対立によって特徴づけられている」と述べ、「あれかこれか」の二項対立
に拠らない教育の在り方を模索した［Dewey 1988（1938）＝2004: 22］。デュー
イは、子どもが自らの興味を通して学ぶという個人的経験を重視すると同時
に、そのような経験がさらなる成長を導くものであるために教師が関わりを
もつことの重要性を主張した。デューイの言う経験とは、「さらに進んだ経
験がなされるための条件」に対して影響を与えるものであり、過去と未来と
の「連続性」の中で捉えられる。そのため、子どもの経験が「どのような方
向をとっているか」を知ることが教師の仕事であり、責任でもあるというの
がデューイの主張である。

　では、教師はどのようにして、子どもたちの経験に、ひいては教育という
営みに関わっていけばよいのであろうか。その方法として、デューイは子ど
もの経験の条件となる環境を教師が調整していくことを重視した。デューイ
が「意図的教育とは、特別に選び抜かれた環境という意味をもつ。そして、
その選択は、特に成長を望ましい方向に助長するような材料と方法という基
準に基づいて、なされるのである」［Dewey 2004（1916）: 37＝1975: 69］と述べ
るように、教師は環境を通して子どもに影響を与えるものであり、望ましい
環境を調整していくためには、そのとき子どもがどのような経験をしている
のかを知り、その経験が子どもの未来にとってどのような意味をもつもので
あるのかを推し量ることが必要なのである。

　以上のように、デューイは教師が子どもの経験から出発して関わり方を問
いなおし、環境を調整していくプロセスの中に、「あれかこれか」の二項対
立の克服を見た。このことは、具体的な実践的行為のレベルにおいて、子ど
もの主体性と、教師の存在意義の双方を認めていく戦略であったということ
ができよう。

2. 人間－環境のトランザクションの記述から教育的関わりを問いなおす

　その時その場で保育者が環境を調整するプロセスの中にこそ二項対立的な思考への捉われを脱する道があるとするデューイの主張は、それを実現する保育者の行為の在りようが具体的に記述・考察されることによって、保育実践に重要な手がかりを提供する可能性を備えている。そこで本章では、保育者の意図と子どもの主体性が対立する具体的な保育場面において、保育者がどのように環境を調整して教育的意図と子どもの主体性を両立させているのかについて、具体的な事例を検討することで保育者－子ども関係について問いなおすことを試みたい。

　具体的な保育場面の検討に入る前に、ここで筆者が記述することを目指している環境が、デューイからリードへと至る「有機体－環境」のトランザクションの哲学に基づく環境を指しているという点に、改めて注意を促しておきたい。デューイが「人の方もそれとともに変わって行くようなものこそ、その人の本当の環境なのである」[Dewey 2004（1916）: 11=1975: 27、傍点はデューイ] と述べるように、デューイの言う「環境」は、機械論的な心理学・行動科学が前提としている、人間から切り離された独立した要素として存在する環境を指しているのではない。トランザクションの系譜について解説した南によれば、機械論的科学は刺激－反応のモデルに基づいて、環境を人間に影響を与えるひとつの刺激として捉える。そこでは環境は人間の行為に影響する変数として扱われ、刺激と行為の因果関係を説明することによって環境が記述されていく。しかし、このような環境を固定された要素として記述する立場は、人間と環境それ自体の変容や、人間－環境の系の全体性の変容を記述することができなくなるという問題を抱えている [南 2006]。

　具体的な保育の場を考えてみても、保育者は自己と切り離された環境を操作することで子どもに影響を与えているのではなく、環境を変化させることで自らも変化し、そのような変化の全体が子どもにとっての保育環境として機能している。小川博久が述べるように、保育者は物的環境を整備する者で

あると同時に、自らも子どもにとっての人的環境として存在しているのであり［小川 2000］、そのような複雑な様相をもつ保育実践の「場」を捉えていくためには、環境を人間と独立した要素として扱うのではなく、保育者－環境－子どもという系の全体性を損なわない形で人間と環境のトランザクションを記述する理論が求められる。

　以下では、保育者－環境－子どものトランザクションを記述し、教育的関わりを問いなおしていくためにリードの生態学的経験科学を参照し、「促進行為場（Field of promoted action）」「充たされざる意味（Unfilled meanings）」という2つの概念を基盤として考察を行っていく[1]。

3. 保育者－環境－子どもという系の記述

（1）促進行為場（Field of promoted action）

　リードは、乳児が、母親を含めた自分自身の環境と相互に影響を与え合いながら、その系を変容させていくプロセスを「促進行為場」という概念を用いて詳細に分析している。

　リードによれば、乳児は生まれてから能動的かつ支援的な「群棲環境」［Reed 1996a: 108］によって包囲される。その環境は、人、物、場所、事象を含み、乳児と養育者は、それぞれ能動的にその環境を構造化していく存在である。そのため、乳児の発達はそのような系の構造の変容のプロセスを追っていくことで記述される。生まれてからしばらくの間、乳児は自ら移動する能力を持たず、自身で姿勢を変えることも難しい。このとき、乳児にとって中心的な環境は、養育者との対面的な関係であり、そのなかで様々な学習が行われる。物的環境と異なり、養育者は対面する中で、乳児のわずかな変化を捉え、それに対し柔軟な応答を返してくる。そのような繰り返しの中で乳児は自身の行為と養育者の応答が何らかの関係性をもつことを学習していく。リードはこのような関係性の枠組みを、「相互行為フレーム（Interaction frames）」と呼んだ［Ibid., p.129］[2]。

　ほとんど移動能力を持たないとはいえ、ここでの乳児は環境からの刺激を

第 7 章　人的環境：「みんなにとってのヒロシ」との出会い

一方的に受け取る受動的存在ではない。乳児は「相互行為フレーム」におい
て、積極的に環境の情報をピックアップし、行為している。たとえば、舌を
出したり口を大きく開けるといった相手の表情を見て模倣したり［Meltzoff
& Moore 1977］、声が聞こえたところを見て、その声が、見た表情とマッチ
ングしていることを受け入れたりする［Walker & Gibson 1986］。このような
乳児の能動的な情報の選択と行為は、養育者との間で循環的な活動パターン
に組み込まれていく。たとえば乳児の運動能力が発達し、自ら動こうとする
意欲が高まると、それを母親が知覚することで、抱き方が横抱きから縦抱き
へと自然と移行していく［西條 2002］。ここでは乳児の能動的な動きによっ
て母親の抱き方が変化し、そのことで乳児の視覚に入る環境が変化するとい
う相互行為の調整が起こっていると言える。

　「相互行為フレーム」の中では、しだいに重要な情報とそうでない情報が
区別されるようになっていく。たとえば、生まれたときには弁別が可能で
あった音節を母国語に合わせてチューニングする中で弁別できなくなること
や、生後 6 か月の乳児は人間もサルも同じように表情についての情報を精査
し個体の違いを見分けるが、生後 9 か月の乳児は人間の顔の弁別は可能だ
が、サルの顔の弁別ができなくなってしまうことなどが明らかにされている
［Pascalis, Haan & Nelson 2002］。情報に対するこのような選択圧は、その文化
における適切さや有意味さの条件に基づいている。外国語よりも母国語を仔
細に聞き分けることや、サルよりも人間に特有の顔の表情や特徴を見分ける
ことのほうが、養育者との相互行為を促進し、適応的で豊かな学習をもたら
すのである。

　情報への選択圧が働く条件は、子どもと養育者を包囲する環境全体にわ
たって配置されており、養育者によって調整されている。このような群棲環
境の性質をリードは「促進行為場」と呼んだ。

　「促進行為場」とは、「他者が子どもに利用できるようにしたり、子どもに
向けて強調しているすべてのアフォーダンスが含まれ、他者が子どもに禁じ
ているアフォーダンスが排除されている場」［Reed 1996a: 130］である。乳幼
児はハイハイや歩行が可能になると、しだいに部屋の中にある様々なものに
触れ、その意味を学習するようになる。しかし、たとえばライターや包丁を

第Ⅲ部　生きられた環境の記述的保育実践研究

幼児の手の届かないところに保管するように、幼児が関わることのできる環境は、養育者によって制限されている場合がある。一方で、お菓子作りをしている母親が、フライパンを遠ざけつつ、小さなクッキーの生地を子どもに分け与えてあげることで子どもの参加を導くように、子どもにとって適切な環境を調整することで、子どもの学習を促進することもある。ここではクッキーの生地を渡すという行為によって、クッキーづくりの経験を促進する環境がコーディネートされているのである。

　第5章で論じたように、人間の群棲環境では、何が適切な行為であり何が不適切な行為であるのかは文化の影響を受けている。そして、この文化が行為と経験に影響を及ぼす仕方に、物や道具、場所の使い方といったアフォーダンスの配置が関与している。

　ここで使われている「促進行為場」の概念は、ヒトの子どもに向けた日常生活の構造化の複合的かつ相互作用的な効果のすべてを包括的に表現しようとするものである。各文化はそれぞれ時間・場所・事象・物・道具等々を特定化（specialization）し、日常生活を構造化する一定範囲の資源を提供しているが、一文化内の各家庭は、それぞれ独自の仕方でそれらの資源を利用している。この関係は、背景と前景の関係になぞらえることができる。背景とは、所与の一文化における日常生活の一般的構造であり、子どもにとって偏在する。しかし、その日常生活の特定の側面が養育者によって規則的に子どもに向けて促進され、それが子どもの経験の前景となる。このため、養育者は自分の子どもを周囲の慣習とは異なる "異例" な仕方で育てることもできるが、周囲から完全に隔離することはできない。[Reed 1996a: 149=2000: 311-312]

　子どもは自ら能動的に環境に働きかけるが、子どもが働きかけることのできる環境は、文化や家庭の養育方針によって制限されている。そして、子どもはそのような環境の配置を通して適切な行為とそうでない行為を学んでいる。子どもの能動的な行為が、養育者によって調整された環境において循環的な活動パターンに組み込まれ、そのことが学習を導いていくというのが、リードの生態心理学の主張である。行為と学習において養育者−環境−子ど

もの系は不可分のものとして存在している。

このような視点は、保育者がアポリアを抱えながらもいかに子どもに関わっていけばよいのかという冒頭の問いに、ひとつの示唆を与えるものである。保育者は、保育者－環境－子どもという系の中で子どもと関わっているのであり、リードの理論はそのような営みを記述的に理解していく上で有効な視点を与えるものであると言えるだろう。

(2) 充たされざる意味 (Unfilled meanings)

「促進行為場」の概念は、養育者が子どもにとって望ましい環境を操作するという側面から理解されやすい。しかし、保育者の関わりは子どもの能動的な働きかけによって規定されている側面ももっており、保育とはその時その場での子どもの経験や働きかけの意味を理解した上で環境を調整していく営みなのである。ここで再び課題となるのは子どもの世界と大人の世界に大きな差異が存在する中で、保育者がどのようにして子どもの経験している世界を知るのかという問題である。

リードは「文化的背景を異にする二人がコミュニケーションできるとしたら、それは生得的な言語モジュールを共有しているからではなく、手もちの相互行為フレームをその新たな状況に適応させる方法を学習してきたからである」と述べる［Ibid., p.151］。先述したように、子どもと養育者は相互行為フレームの中で適応的な行為を学習し、発達する。しかし、しだいに幼児の活動が複雑になり、多様な関係の中で生きるようになると、他者との間で葛藤が生じたり、これまでの行為のパターンが通用しない事態が生じてくる。それは、子どもだけでなく、養育者にとっても同様である。特に多様な背景をもって育ってきた子どもの集合である保育の場においては、なぜその子どもがそのような行為をするのか、その子どもが何を感じているのかについて、保育者が葛藤を抱えることも少なくない。

リードは、自分と異なる価値観をもつ他者、自分と異なる行動のパターンをもつ他者を理解する上で、環境の「充たされざる意味」［Ibid., p.150］を充たしていく過程が重要であると主張する。

第Ⅲ部　生きられた環境の記述的保育実践研究

　第二のヒトの傾向性は、環境のパターンに意味があることを経験から学習すると
いうことである。だが、この場合も、ある特定の状況の個別的な意味の理解には
るかに先立ち、環境に意味があることについての一般的な仮定が形成されること
が多い。（中略）ひとつのパターンが現前している——意味ある何かが進行して
いる——ということの知覚こそがほとんどの場合、そうした状況内に見出される
記号的あるいは社会化された意味を確かめようとするいかなる試みにも先立って
起こる。［Reed 1996a: 150＝2000: 312-313, 傍点はリード］

　「充たされざる意味」とは、私たちの周囲を取り巻いているが、いまだそ
の可能性が知覚されていない情報のことを指している。たとえば、子どもは
文字を学習する以前から、「本」に言語情報が存在していることを知ってい
る。子どもが「本」に初めて出会うとき、それは単なる大きな紙の固まりに
すぎない。しかし、それを自ら開けるようになると、そこに動物やヒトの絵
が描かれていることを知るだろう。あるいは、養育者がその絵の横にある一
連の黒い線（文字）をじっと見つめ、そこから物語を読み聞かせてくれるよ
うになると、「本」はそのような言語情報の源泉であり、その一連の黒い線
が、音声をもっているのだということを知るようになるのである。そのよう
な学習を経た子どもは、全く字が読めなくても絵本を開いて、それに即興で
自分の物語を合わせて読む遊びをするようになるかもしれない。あるいは養
育者にその文字の意味を尋ねてみるかもしれない。このような "よくわから
ない何か" に積極的に関わりをもつ中で、しだいに子どもは文字の意味を学
習していく。それは、「紙の塊」に過ぎなかった「本」にさまざまな経験が
重ねられていくことで意味を得ていくという、「充たされざる意味」を充た
す過程なのである。

　このような過程は、言語情報の学習に限らず、「理解できないものを理解
していく」という事象に本質的な探索的過程であり、理解できない他者と向
き合う態度を示す概念として読むことができる。「明確な理解はできないが
そこに何か大事なことが潜在している」という感覚は、新たな状況や未知の
事象の理解に向けた重要な一歩である。子どもの行為を理解することについ
て、リードは以下のように述べる。

第 7 章　人的環境：「みんなにとってのヒロシ」との出会い

　ある文化の人々から異文化の人々への理解の道が閉ざされているとする考えは人間の学習の多く、とりわけ文化的実践の学習において〈充たされざる意味〉が果たしている役割を無視するところから生まれる。あなたの言葉と身ぶりが何を意味するのかがわからないうちはそこに何らかの意味があることさえも理解できないとしたら、ぼくはあなたが意味することをいつまでたっても学習できないだろう。だが、あなたが何か意味のあることをしているということが理解できるとしたら、ぼくは自分を「子ども」の立場に置くことができ、ぼくの行為と理解とを促進するようにあなたを仕向けることができる。［Ibid., p.151（邦訳 316 頁）、傍点はリード、「子ども」の「」は引用者］

　他者が環境と関わる仕方を目の当たりにした際、そこで「何か」が起こっていると感じ取ることによって、理解への道が開かれる。時に保育者は、理解できない子どもの行為に直面したり、子どもの行為の意味の解釈について葛藤を抱えることがある。しかし、そのようなわからなさを切り捨てるのではなく、そこに潜在している意味に近づく努力を行うことで、しだいに子どもの立場から世界が見えるようになることがある（その際に、保育者は子どもの文化的実践の意味を学習する立場に立つという意味での「子ども」になる）。それは葛藤や理解のゆきづまりという状況に踏み止まり、その状況を探索することで「充たされざる意味」を、共に充たし発見していくという相互理解の在り方なのだといえよう。

4.「環境としての子ども」の記述

　ここまで見てきたように、リードの理論は人間－環境をひとつの系として捉える点で、保育者－子ども関係を問いなおす上で重要な示唆をもつものであった。以下では先に提示した概念群を手がかりにして保育実践を考察し、「保育者の意図か子どもの主体性か」という二項対立の図式によることなく、それを乗り越えていく保育の在りようを記述的に検討することを試みる。

189

第Ⅲ部　生きられた環境の記述的保育実践研究

　第4章でも述べたように、エコロジカル・アプローチによる実践研究が公共的であるためには、保育者自身の実践的な関心や、保育者の行為、出来事の解釈が記録され、そのような実践と解釈の過程が開かれた資料として提示される必要がある。ひとつの実践が他者に開かれ、検証されていくことによって、個別の実践に根差した問いから出発して共通の（common）問題の解決を目指す研究が可能になる。デューイの言う主体性のジレンマを超えた関わりは、デューイ自身が「実践のみが研究の結論を検証・実証し、さらにそれを修正・発展させることができる」［Dewey 1984（1929）: 16］と述べているように、更新される知として明らかにされるものなのである。

　本章の主題は、「いかに主体性のジレンマを乗り越えれば良いのか」という保育者としての私自身の実践的関心および実践の省察と切り離すことのできない地点から出発している。以下で検討される事例は、そのような省察のきっかけをもたらした事例である[3]。

（1）「みんなにとってのヒロシ」を意識したY先生の保育

　まず事例の背景について述べる。以下で提示される事例は、私が以前勤務していた京都造形芸術大学こども芸術大学（以下、こども芸術大学）での出来事である[4]。こども芸術大学は3〜5歳までの幼児と親がともに入学する幼児教育施設であり、当時37組の子どもと親が在籍していた。私はこども芸術大学にて常勤の保育者として勤務していた。活動は基本的に朝9時から午後2時30分まで行われた。午前中は自由遊びの時間と設定保育の時間が設けられ、昼食をはさんで、午後の自由遊びの時間、そうじ、おやつ、下校という流れで一日を過ごしていた。多くの親は日常的に保育に参画し、子どもとともにこのような流れの中で過ごしていた。親が子どもとともに入学するという形態をとっていたのは、親同士が協力して子育てをする関係性を構築し、多様な子どもと接することで子ども理解を深めるという目的によるものであった。親が入学するという特殊な形態の場所であったが、以下で取り上げる事例は親の参加が少なく保育者中心に保育を行っていた場面であった。

　以下の場面は、設定保育において、跳び箱をしていたときのエピソードで

190

第 7 章　人的環境：「みんなにとってのヒロシ」との出会い

ある。こども芸術大学は基本的に異年齢混合保育を行っており、このときも全員がひとつのフロアに集まり活動に参加していた。跳び箱は部屋の中央に置かれ、年長、年中、年少の順番で跳んだ。それぞれの学年が取り組んでいる間、他の学年の子どもは壁際に並んで座り、その様子を見守っていた。私は跳び箱の横で子どもの転落を防ぐ役割を担い、跳び箱から離れずに待機していた。子どもへの声かけの中心はＹ先生が担っており、ほかに数名のスタッフが年中、年少の集団の横で待機していた。

エピソード：「ヒロシの跳び箱への姿勢とＹ先生の関わり」　2009年10月22日

　ホールでのリズム遊びが終わり、跳び箱の時間になる。年長の子どもがまず始めに挑戦することになり、助走の位置に一列に並ぶ。Ｙ先生は子どもたちに、「みんな、跳び箱を跳ぶときは、両足でバンって踏み台に足をついて、両手をバンってつけてジャンプすんねんで」と自ら跳び箱を跳ぶ動作をしながら、子どもたちに真剣かつ丁寧に跳び方を伝えている。跳び箱は危険を伴う実践であるため、真剣な雰囲気を作り出そうとしているのが感じられる。

　その後、年長の子どもがひとりずつ跳び箱を跳び始める。私は子どもが万が一跳び損ねて転落した場合に受け止められるように、気を張って跳び箱の横に待機し、子どもたちが跳ぶ瞬間に呼吸を合わせて集中する。何人かの子どもが跳び箱を跳び終えた。待っている子どもたちは始めは列に並んで他の子どもの様子を見ていたが、友達が跳んでいる姿を見るうちに気持ちが高ぶってきたのか、その場で飛び跳ねたりふざけたりして、落ち着かない様子になってくる。そして、ヒロシの順番になる。ヒロシは少しおどけるようにへらへらと笑いながら、ぴょんぴょんと両足跳びで助走してきた。私はヒロシがふざけているようにも見えたため、「ふざけたら危ない！」と注意しようかどうか迷ったが、完全にふざけているとも判断できなかったため、ぐっとこらえてそのまま様子を見守った。ヒロシはそのまま跳び箱を踏み切ったが、跳びきれず跳び箱にまたがってしまった。

　そのままヒロシが列に戻り、次の子の順番になったので、私が改めて子どもたちにふざけないように注意しようとしたとき、Ｙ先生が「今のヒロシ君の見

191

第Ⅲ部　生きられた環境の記述的保育実践研究

た？」と列に並んでいた子どもたちに話しかけた。「ヒロシ君、足をこうやって跳んでたやろ？」と、Y先生はヒロシの真似をして両足で跳びながら助走をしてみせる。そして、「ヒロシ君はな、ちゃんと両足で跳ぶのを忘れないように、こうやってずっと両足で走っててん。な、ヒロシ君」とヒロシに話しかけると、ヒロシは少しびっくりしたような感じだったが、笑顔を見せそれにうなずく。気づけば、みんながY先生に注目し、それまでふざけかけていた空気はなくなり、子どもたちが静かに何かを考えているようである（おそらく、ヒロシの動作を思い出し、両足で跳ぶことを考えていたのではないか）。

　そして、再び次の子どもの順番が始まると、子どもたちがそれまでよりも集中した様子で助走を走り、丁寧に踏み切り板を踏むようになっていた。そして、次のヒロシの順番のとき、ヒロシは両足跳びでなく、全力で走って助走をし、先ほどよりも遠くまで跳び箱を跳んだ。

　保育終了後、Y先生になぜあのような声かけを行ったかをたずねると、Y先生もふざけないように注意しようと考えたが、ヒロシが踏み切りを両足で踏むことを忘れないように考えていたことも伝わってきたため、ヒロシの良い面がみんなに伝わるように共有したというねらいを伝えてくれた。

　跳び箱はケガのリスクが高い実践であるため、私を含め他の保育者は真剣な場をつくることを意図して子どもたちに声かけをしていた。子どもたちのやる気は高く、始めのうちは意気揚々と取り組んでいたが、しだいにざわざわとした雰囲気になり列が乱れてくる。ヒロシもまた気持ちが高ぶり、落ち着かない様子であった。そして順番が回ってきたとき、ヒロシは少しおどけたように両足でドンドンと床を蹴りながら助走した。並んで見ていた子どもからヒロシのおどけた感じに笑いが起こっていたところもあり、私はヒロシにどう対応するかが場の空気が変わるポイントであると感じた。

　ここで保育者として、私はどのように振る舞うべきだったのか。ここでこのような空気をそのまま流してしまえば、その後の跳び箱がおどける舞台に変わってしまい、真剣な場が維持できなくなる。それではケガのリスクも高まるし、子どもたちが自分の壁を乗り越えようとする成長の場を作り出すことはできない。では、ここでヒロシの行為を叱ることが正解だったのだろう

192

第7章　人的環境：「みんなにとってのヒロシ」との出会い

か。しかし私は、どこかでヒロシが完全にふざけているわけではないことも感じていた。それは、一般的に子どもが緊張や躊躇をおどけて紛らわせることがあるという傾向や、少し不器用だがまっすぐなヒロシの性格、おどけた中にもやる気を感じさせていた目の色など、様々な要因から感じ取った感覚だった。ここで叱ることをためらったのは、そのことでヒロシが挑戦しようとする気持ちを折ってしまうのではないかという迷いが生じたためであった。

　ここでの私の葛藤は、「保育者の意図か子どもの主体性か」という二元論的な思考に基づくものであり、「ヒロシを注意するか否か」という二者択一の行為選択を迫るものであった。ここで私は注意しようとする気持ちをいったん「ぐっとこらえて」ヒロシの気持ちを考えてみることになるのだが、ヒロシの行為を「やる気」の表現というポジティブな意味をもつものとして確信することができず、全体の場の維持を優先するために「注意する」という選択をしたのである。

　これに対してY先生はヒロシが「両足で跳ぶのを忘れないように」両足跳びで助走したのだという見方を提示する。そのことによって、ヒロシが注意されることなく、集団の跳び箱への集中が高まる結果となった。ここでのY先生の行為は、「ヒロシを注意するか否か」という二者択一の問いとは別の次元の選択によって導かれている。Y先生が「ヒロシの良い面がみんなに伝わるように」と述べているように、Y先生の行為は「みんなにとってのヒロシ」を意識しつつヒロシ個人と向き合うことによって創発したものなのではないだろうか。

　二項対立的な思考においては、「ヒロシ」を尊重するか、「みんな」を尊重するかは対立する選択として捉えられる。ヒロシの行為を許容すれば真剣な場がなくなるし、真剣な場を維持するためにヒロシを注意すれば、ヒロシの気持ちは汲み取れないことになる。ここで保育者としてヒロシに対応することを迫られた私は、そのどちらかを選択すべく、「ヒロシがふざけているか真面目にやっているか」を判断し、その判断によってふざけることを「不適切」なものとして注意することを意図したのである。

　これに対し、おそらくY先生は「ヒロシがふざけているか真面目にやっ

193

第Ⅲ部　生きられた環境の記述的保育実践研究

ているか」という葛藤に捕らわれず、それらが並立したものとしてヒロシの
行動を見ることができたのだろう。それはヒロシに主体として向き合い、
「ヒロシが真剣に取り組もうとする意志をもっているが完全に自信がなくて
ふざけてしまう」という心の動きを推し量り、それを受け容れることを意味
している。そしてその上で、「みんなにとってのヒロシ」を意識し、ヒロシ
がより「みんなの中で」輝くためにはどうしたら良いかを考えることで、
「注意するか否か」という選択を超えた関わりに思い至ったのではないか。

　ここで二項対立的な思考を脱することによって、真剣な場を作ることと、
ヒロシの挑戦しようとする気持ちを両立することができる第三の道が生じて
いる。それは「主体としてのヒロシ」と向き合うと同時に、保育者－環境－
子どもという系における「環境としてのヒロシ」の位置を調整する関わりで
あると捉えられる。

(2)「充たされざる意味」として存在しているヒロシ

　ここで、Y先生の保育を考察するにあたり、「環境としてのヒロシ」とい
うことの意味について、リードの概念を用いてより詳細に検討してみたい。

　このとき私やY先生が「真剣な場」を維持しようと努めたのは、跳び箱
という保育の場がひとつの「促進行為場」として存在しているためである。
設定保育は、特定のねらいと内容をもって構成されるものであり、跳び箱を
保育の中で行うことは、子どもの体力の育成、挑戦する意欲の育成など、い
くつかのねらいをもって設定されている。その中で、なるべく多くの子ども
に豊かな経験を保障するために、活動内容の質を高める場づくりが目指され
るのである。

　しかし、この事例においてヒロシの行為はそのような「促進行為場」の維
持を揺るがしかねない事態をもたらした。ヒロシの行為を注意すれば「跳び
箱への集中」を促進する場が維持されることになるが、反対にヒロシの行為
を許容すれば、「ふざけて楽しむ」ことを促進する場が形成されることにな
る。いずれにしても、ここでヒロシはその行為をもって周囲にいる子どもた
ちの行為に影響を与える存在なのであり、保育者－環境－子どもの系におけ
る「促進行為場」の形成に重要な位置を占めている。その意味で、ヒロシは

194

第 7 章　人的環境：「みんなにとってのヒロシ」との出会い

主体として存在すると同時に、他者にとっての環境として存在しているのである。

　ヒロシの行為によって「促進行為場」が揺らいだとき、「環境としてのヒロシ」は「充たされざる意味」として存在していると考えられる。先述したように、「充たされざる意味」とは、「意味ある何かが進行している」という知覚によってその存在が明らかになるものであり、その場の成員にとって確定されていない意味を伴った環境のことを指す。

　まず、ヒロシは私にとって「充たされざる意味」として存在している。ヒロシの行為は、その意味をめぐる私の葛藤を導くものであった。私は両足で跳ぶヒロシの行為を単なる悪ふざけとして見ることができず、悪ふざけにとどまらない「何らかの意味がある」行為として捉えることになる。しかし、ヒロシの行為が「促進行為場」を揺るがすものである以上、私は保育者として即座の対応を迫られるのであり、ヒロシの行為の意味を自分なりに確定させた上で何らかのリアクションをしなくてはならない。そして結果的には、ヒロシの行為をその場に「好ましくない」ものとして判断し、注意を与えようと意図したのである。

　そして同時に、ヒロシは周囲の子どもたちにとっても「充たされざる意味」として存在していると考えられる。ヒロシの行為はそれまでの保育の流れを変化させ、その後に続く保育の流れにとってのターニングポイントとなっていた。ヒロシの「両足で助走する」という行為が、それまでの他の子どもの行為とは異質の意味を提示するものであったのは明らかであり、周囲の子どもにとっては「ふざけても怒られないのかな？」という参照基準の境界に位置する両義性を持ったものであった。ここでヒロシの行為が許容されるか注意されるかによって、その場が「ふざけて楽しむ」ことを促進するのか、「真剣に挑戦する」ことを促進するのかが決定される。両義的であるヒロシの行為の意味がどのように周囲の子どもたちに「充たされる」のかによって、「促進行為場」の方向性が決定されるのである。

（3）「充たされざる意味」を充たす
　　——「みんなにとってのヒロシ」のリアリティ
　このとき私と周囲の子どもたちにとっての「充たされざる意味」を充たし
たのはY先生の言葉がけであった。Y先生の言葉は、「環境としてのヒロシ」
の意味を、「両足を揃えて跳ぼうと意識してがんばる姿」として確定するも
のであった。その意味の充たし方は、ヒロシを「悪い見本」として確定する
のとは対照的に、「保育の主人公」として変化させ、「両足を揃えて跳ぼうと
すること」についての、「促進行為場」が形成されることとなったのである。
　ここで「環境としてのヒロシ」がそのような意味を持ったことは、Y先生
が働きかけるまでは潜在していたものであり、Y先生がそれを発見し、顕在
化させることによって、保育として機能したものである。瞬時にこのような
働きかけができることは、Y先生が実際にヒロシが「両足を揃えて跳ぼうと
している」と知覚することなしに実現することはない。もしも、場の雰囲気
を変えるためのテクニックとして無理やりな見方を押しつけようとすれば、
逆に子どもたちはそのような見方を共有することはできないだろう。その場
の成員にとって、「意味」は押し付けられるものではなく、自分自身で見出
すものであり、Y先生が提示したヒロシの姿の意味が、その場の成員にとっ
て何らかのリアリティをもつものであったからこそ、跳び箱への集中が取り
戻されたと考えられる[5]。
　その意味で、「充たされざる意味」の充たし方は、「意味ある何か」を伴う
子どもの行為と正面から向き合う中で見出されるものである。ここでのY
先生の知覚は、これまでのヒロシと接する中で捉えられたヒロシの性格、現
在のヒロシの表情、そしてここでどうすれば未来のヒロシにとって良い経験
をもたらすことができるかといった想像を含めた現在のヒロシの行為の知覚
なのであり、Y先生自身のリアリティに基づいた教育的関わりである。そこ
から導かれたのが、「個か集団か」という発想を超えた、「みんなにとっての
ヒロシ」に想像力をめぐらせた保育なのであり、ヒロシに主体として向き合
いつつ、ヒロシを含めた系としての「促進行為場」を調整した保育であった
ということができるだろう。その結果、ヒロシの挑戦する気持ちを育むこと
と真剣な場を維持することの、両方を可能にする環境が整えられたのであ

第 7 章　人的環境：「みんなにとってのヒロシ」との出会い

る。

5.「みんなにとってのヒロシ」のリアリティと研究の課題

　ここまでの考察で、保育者の実践的行為を保育者 − 環境 − 子どもの系の調整として捉えることで、「子どもの主体性か保育者の意図か」という二項対立を克服する関わりの在りようが示された。

　本章で提示されたエピソードにおいて、保育者は子どもと主体として向き合うと同時に、「みんなにとってのその子」を意識した形で保育者 − 環境 − 子どもの系を調整していた。それは、子どもひとりひとりと向き合う感性的なコミュニケーションと、子どもの体験の条件となる集団の環境の調整を両立させる高度な専門性として捉えられるものであり、日常の中で言語化・意識化されることなく実践されている技術でもある。

　リードの概念を用いて環境を理解することによって、二項対立的な図式を越えた教育的関わりの可能性を示すことができた。子どもを「環境」としてみるという視点は、子どもに主体として向き合うという視点と葛藤するように見える。もちろん「環境としての子ども」という視点は、保育における経験の一側面を切り取ったものにすぎないことには留意が必要であるが、保育者が「みんなにとってのヒロシ」を意識した実践を行うことで、質の高い実践を行っていたことは、それが保育を省察するひとつの視点として有効なものであることを示していると言えよう。

　保育者がジレンマを抱えながら子どもと向き合った際、保育者 − 環境 − 子どもをひとつの系として見ることで、葛藤を解決するヒントが得られる可能性がある。保育者 − 子どもという相互主体としての関係はあくまで基本にありながら、そのとき保育者自身が周囲の子どもにとってどのような環境となっていたのか、そのとき向き合っていた子どもが周囲の子どもにとってどのような環境として機能していたのかを問うことは、保育者と子どもが共に集団の場の中で生きる保育の省察において、重要な意味をもつ視点であると言えるだろう。「環境としての子ども」という視点が、個別の実践に根差し

197

た問いのなかで他の保育実践者に継承されることで、共通の問題を解決する道筋となり得るはずである。

　実践の当事者による実践研究が公共性をもつためには、省察者の理解の前提や理解の変容のプロセスが公共の資料として提示され、省察が持続的に展開し、他者と相互に検証されていくための組織化がなされる必要がある［柳沢 2011］。エコロジカル・アプローチを行っていく上では、事例の理解に関しての背景や、筆者の実践の変容の過程等、共有できる資料を可能な限り提示することが重要であるが、本章では十分かつ組織的にそれを行うことができなかった点に課題が残る。この点については、保育実践者自身が記録段階から意識的に事象の詳細を描写していくことが必要であり、実践研究への関心を継続していくことが必要であろう。

　エコロジカル・アプローチに基づく保育実践研究の結果は、実践のプロセスの途中経過であると位置づけられる。「ヒロシは本当はただふざけていただけだったのだろうか」、あるいは「保育者がヒロシの気持ちそのものと異なる役割を押し付けても良いのだろうか」といった問いは、具体的な保育の場面が共有されることで生まれるものであり、それらがさらに問いなおされていくことで、子どもについての見方や保育の技術を高めていく重要な素材となる。保育者自身の学びや保育の方法についての経験を開き、再度個別の関わりに回帰してそれを問いなおしていくことで、「いかに関わるか」という実践的課題についての研究が活性化する。実践研究の結果は、「正しい」保育の在り方を示すものではない。研究結果が提示する視点を通じて、さらなる保育の問いが生じてくることが重要であるといえる。

注
1）第5章でも詳しく述べたように、リードはデューイの哲学とギブソンの心理学、双方から大きな影響を受け、自らの理論を発展させた。ギブソンはアフォーダンス概念を人間の視覚の問題に焦点化して論じたのに対し、リードはアフォーダンス理論が人間－環境の動的な関係性を記述する概念であることに注目し、その概念を社会的経験にまで拡張することで、子どもが集団の中で環境と関わりながら発達するプロセスを明らかにした。リードが「どのように、また、どうして西洋哲学が意味にみちた日常世界という考え方に背を向けてきたのかを私たちは理解する必要があ

第 7 章　人的環境：「みんなにとってのヒロシ」との出会い

る。（中略）われわれはジョン・デューイに帰ることによって、この課題を果たすことができる」［Reed 1996b: 31］と述べているように、リードの関心は西洋哲学と心理学が正当に扱ってこなかった「日常世界における経験」の理解にあった。

2 ）リードによれば「相互行為フレーム」の概念は、グレゴリー・ベイトソンのコミュニケーション理論［Bateson 1955］、およびアラン・フォーゲルのコミュニケーションの発達理論に由来している［Fogel 1993］。

3 ）エピソードは、私自身の保育記録に補足と再記述を加えたものである。私は毎日の保育終了後、その日のうちに心に残った出来事を書きとめる形で保育記録を行っていた。この記録は、保育の直後には「主体性のジレンマ」という主題を明確に意識せずに書かれたものであり、保育者の発言や子どもたちの様子といった出来事の事実関係と私自身の関わり方の反省が記録されたものであった。本章で提示するエピソードはその記録を元に、私の行為の意図や、事例理解の前提となる状況の説明を、他者に理解できる形に修正したものである。

4 ）「こども芸術大学®」：東山三十六峰の一つ、瓜生山のすそ野に 2005 年に誕生した幼児教育施設。自然と芸術をテーマに、子ども自身の感じる心と表現する力を大切にしている。2019 年 4 月には「認可保育園 こども芸術大学」としてその理念は引き継がれ、瓜生山をフィールドに子どもたちは多くの発見をし、自ら考え、表現し、工夫し、心を育んでいく。

5 ）当然のことながら、このことは、その場にいた全員がヒロシに対して同じ意味を知覚していたということを保障するものではない。

199

第8章

物的環境：「贈与される砂」との出会い

　第8章では物的環境を扱う。「環境を通した保育」では保育者が「ねらい」を込めて環境を構成することが重要であるが、環境は必ずしも「ねらい」どおりにその意味を実現できるとは限らない。環境は既存の認識の枠組みによって意味づけられ、経験されることもあるが、ときに思いがけない意味や価値を伴い、創発的に出会われることがある。「ありふれたもの」が、思いがけない「意味」と「価値」を伴って現実化することは、保育にとって重要な意味がある。第8章では、潜在する環境の意味や価値を、具体的な保育実践の事例のなかに見出していく。

1. 環境を通した保育と環境との出会いの創発性

　保育所保育指針と幼稚園教育要領では「環境を通して」保育（教育）を行うことが基本的方法として示されている［厚生労働省 2017、文部科学省 2017］。環境を通した保育においては、「環境のなかに教育的価値を含ませながら」「幼児が自ら興味や関心をもって」環境に関わることが目指される。保育は、幼児の主体性と保育者の意図のバランスによって成り立っているものであり、保育者は常に幼児の生活の姿を捉えながら、どのような環境を構成するかを工夫していかなければならないのである［文部科学省 2008］。
　そもそもデューイが環境を通して教育を行うことで二項対立の克服を目指していたように、「環境を通した保育」が明文化された背景にも、保育者の

201

ねらいや意図が先行し大人の主導になりがちな保育を反省し、子どもが自発的に環境に関わる主体性を尊重しようとするねらいがあった［森上ら1997］。しかし、「環境」という言葉は、一歩間違えれば、ある特定のねらいを対象に付与して子どもに与えることが「環境を通した保育」であるかのような印象を与えるものである。たとえば、計算練習や単語練習のワークブックを幼児に与え、毎日それを繰り返すだけの保育を行い、「環境を通した保育」であると呼ぶ場合などである。ここでの物的環境（ワークブック）は、その意味が固定され、保育者側のねらいを伝達する転送装置のようなものとして捉えられていると言える。このときのワークブックという環境の意味や価値は、子どものひとりひとりの側から捉えられたものではない。

このような要素主義に基づいた環境の認識は、子どもと環境との出会いの創発性を見落とすことになる。保育環境は「子どもの育ちにつながる意味ある環境」として定義できるように、何が保育の環境になるのかは、子どもの身の周りにある事物がどのように子どもに受け止められるかを含めて考えられなければならない［榎沢・入江 2006］。たとえ豊かな保育の可能性をもつ遊具や教具が配置されていたとしても、それに子どもが関わらなければその環境は保育環境にはならないのである。榎沢が述べるように、保育現象は「子どもたちや保育者の意図や思惑の交差する世界の中に生起する」ものである［榎沢 2004］[1]。

保育における物的環境は、意味が固定した対象として捉えられるべきものではなく、保育者、子ども、事物の三者の関係の中でその意味が実現するものとして捉えられるべきものである。物的環境は保育者が「ねらい」を含ませることが可能な既知の事物（「ねらい」達成のための手段）であると同時に、子どもによって多様な仕方で出会われる未知の事物としての側面をもっている。環境は、保育者が子どもの育ちへの願いを込めるメディアでありつつ、常にその意図を超越した出会いをもたらすメディアでもあるのだ。

保育者と子どもは物的環境を共有することができるが、その出会い方は必ずしも同じではない。子どもがどのように物的環境を経験し、どのような意味を感取しているかを理解するために、保育者は周囲の事物の意味を既存の認識の枠組みからすべて解釈してしまうのではなく、自らにとって未知であ

第 8 章　物的環境 :「贈与される砂」との出会い

る事物の意味に対して、開かれた姿勢をもって臨む必要があるだろう。子ども
の生活に沿った形で環境を構成していくためには、保育者自らが環境の理
解を更新していくことが必要である。ここまで述べてきたように、子どもや
保育者が出会う環境は、環境のある特定の一側面が知覚されたものである。
環境の異なる側面を明らかにする出会いの瞬間が記述されることは、環境の
多様なリアリティを共有し、環境の理解を更新していく助けとなるだろう。

　以下では、具体的な保育場面における環境との出会いをリードの概念を用
いて記述・考察することによって、保育の中で発見される物的環境の意味に
ついて考察していく。

2.「ありふれたもの」の充たされざる意味

　環境との出会いをアフォーダンス理論の観点から記述することで明らかに
なるのは、物的環境がもつ“行為の可能性”である。そして、そのような物
的環境の可能性の多くは、実現することなく環境に潜在しているものであ
る。

　先述したように、リードは環境がもつ行為の可能性を示す情報を「意味」
という言葉で捉えている。リードによれば「意味」とは、行為主体を包囲す
る利用可能な情報であり、そのすべてを利用しつくすことができないもので
ある [Reed 1996a: 96]。たとえば、子どもにとって木の枝は、多様な「意味」
を備えた物的環境である。それは、杖として山登りに使うこともできれば、
剣にして戦いごっこに使うこともできる。また、それを小さな秘密基地の柵
として使うこともできれば、畑の土を掘るスコップの代わりに用いることも
できる。このように、木の枝は、「(体重を) 支えることができる」「(相手
を) 叩くことができる」「(自分を) 囲うことができる」「(土を) 掘ることが
できる」という多様な「意味」を備えているのであるが、それらの「意味」
のうち実際の行為として実現するのは一部のみである。木の枝自体は多様な
行為の可能性を備えてはいるが、それらのほとんどは利用されないかたちで
環境に存在しているのである[2]。

第Ⅲ部　生きられた環境の記述的保育実践研究

　そして、環境の情報が行為に利用される際に知覚されるのが「価値」である。動物は多様な情報のなかから自らにとって「価値」のある情報を選別し、行為している。「価値」はアフォーダンスとして具現化しており、利用されたアフォーダンスはその動物の「価値」の知覚を反映している。先述したように、たとえば、ライオンの情報は、レイヨウにとって「逃げる」ことをアフォードする。しかし、レイヨウは草を食べているとき、たとえライオンに気づいたとしても、ライオンが危険な距離に近づいてくるまでは逃げることはない。このときライオンの情報と草の情報は同時に意識されているが、行為に利用されるのは草の情報のみである。つまり、「逃げる」という「価値」は選択されず、「食べる」という「価値」が選択されているのである [*Ibid.*, p.98]。リードはこのように、動物の行為を、アフォーダンス（「価値」）の実現、すなわち環境の情報（「意味」）を選択的に利用する過程として描出する。「意味」や「価値」は、動物の行為と環境の性質の相互の関係のなかで現実化するのである。

　リードの議論に従えば、私たちは身近な環境に満ち溢れている「意味」や「価値」を選択的に知覚することで生活している。そして、そのような「意味」や「価値」の多くが、気づかれていないということである。私たちの周囲を取り巻いているが、いまだその可能性が知覚されていない情報、それをリードは「充たされざる意味」と呼んだ [*Ibid.*, p.150]。この概念は、この気づかれていない環境の「意味」や「価値」の実在を端的に指し示している。

　たとえば、幼児がスマートフォンに初めて出会うとき、それは単なる金属の塊にすぎない。しかし、大人がその金属の表面を指でなぞっているのを見て、幼児はそこに「何だかよくわからないが、何か意味のあること」が進行しているのを見てとるだろう。そして、そのような経験を経た子どもは、大人のまねをして金属の表面をなでてみるはずである。このように、"よくわからない何か"に積極的に関わりをもつ中で、子どもはしだいに事物の「意味」を学習していく。それは、金属の塊に過ぎなかった「何か」がもたらす行為の可能性を学習することであり、「充たされざる意味」を充たす過程なのである。

　この「充たされざる意味」は馴染みのない事物と出会う際だけでなく、身

204

近な事物（「ありふれたもの」）が馴染みのない仕方で他者によって利用されている際にも知覚される。たとえば、欧米の文化に慣れない人がレストランでフィンガーボールを出された場合、その「（指を）洗うことができる」という「意味」が知覚できず、その状況に対して戸惑うことになる（人によっては水を飲んでしまうかもしれない）。また、ミクロネシアで行われている伝統的な航海法では、太陽や星や潮流を用いて自らを定位するが、現代を生きる我々は、これらの自然物がもつ「意味」を知覚することができない。このように慣れない文化様式（事物の用い方）の中に身を置くときにも、私たちが「充たされざる意味」に取り囲まれていることが顕在化するのである。

このように環境には、自己の既存の認識の枠組みでは捉えることのできない行為の可能性が潜在している。そして、他者との相互作用のなかで、自分がそれまで気づいていなかったアフォーダンスに気づくことで、環境の新たな「意味」と「価値」が学習される。「充たされざる意味」を充たすことは、環境に新たな仕方で出会い、環境の理解を更新する営みなのである。

3. 潜在する環境の「意味」と「価値」との出会い

（1）コミュニケーションの媒体としての砂

「充たされざる意味」が充たされていくプロセスを記述することは、ありふれた環境に潜在する「意味」や「価値」に焦点を当て、自己の理解が届くことのなかった「何か」の実在を指し示すことになる。以下では、砂という物的環境に焦点を当て、具体的なエピソードの記述と考察からこのことについて明らかにしていきたい。

以下のエピソードは、私が大学院生の頃に保育ボランティアをしていた、L保育所での出来事である[3]。保育ボランティアには週1回、3～4時間程度の参加であったため、子どもたちとそれほど深く知り合っているわけではなかったが、名前を憶えてもらう程度には見慣れた存在となっていた。ボランティア中にどのクラスに入るかは自由に任されていたため、毎回朝に会ったり、声をかけてきてくれた子どものクラスに入るようにしていた。

第Ⅲ部　生きられた環境の記述的保育実践研究

　記述されるのは、私が 3 歳クラスと 4 歳クラスの子どもと砂場で遊んで
いたときの出来事である。砂で川を作って遊んでいるときに近づいてきたマ
イは、1 〜 2 歳クラスの子どもで、歩くことはできるがまだ言葉が出ていな
かった。当時私は以前にマイと関わった記憶がなく、ほぼ初対面といった状
況であった。そのようななかで、砂を通してマイとのコミュニケーションが
展開されていった事例である。

エピソード：「砂を通したマイとのコミュニケーションの生成」　2007 年 7 月 20 日

　園庭の砂山で 3 歳クラスと 4 歳クラスの子ども 10 人くらいが遊んでいる。
私がソウタと川を作って遊んでいると、3 ｍくらい離れたところにいたマイと目
があった。私は少し笑いかけるようにして、再び川を作り出した。するとマイ
が私の方に近づいてきたのでそちらを見ると再び目があった。私が再び笑いか
けると、少し間を置いて、マイが黙って手のひらをこちらに差し出した（よう
に見えた）。私はその手のひらを見て、「あー、砂がたくさんついとるー」と楽
しそうな感じの言葉をかけ、マイの手のひらを指でなぞった。するとマイは不
思議そうな顔をしていたが、砂山の方に戻っていったので、私は再び川をつく
りだした。しばらくすると、マイがふたたび近づいてきて、私に手のひらを差
し出した。すると、マイの手には砂が握られていた。私はさきほどマイが無言
で差し出していた手のひらをきっかけに、マイと気持ちが通じあったような気
がしてうれしくなり、「ありがとー、砂持ってきてくれたとー！」とはしゃい
で、砂を受け取った。するとマイは再び砂山の方に戻っていった。一緒に川を
作っていたソウタが「どうしたと？」と声をかけてくる。「砂くれたとよ。ここ
に使おうか」といって、川の堤防にその砂をはりつけた。するとマイが戻って
きて、その手には再び砂が握られていた。さらに今度は「ん！　ん！」と少し
興奮したような感じの声を出して、砂を渡してくる。私もうれしくなって、
「あー、また持ってきてくれたとー！　ありがとー」と言って、それを受け取っ
た。マイがうれしそうな表情をしているわけではないのだが、何か通じあって
いる気がして心地よい。マイはしばらくそばにいたあと再び戻っていった。し
ばらくすると、マイが再び近づいてきて、手のひらを差し出してきた。すると

第 8 章　物的環境：「贈与される砂」との出会い

今度は、白い石が握られている。私はさらにうれしくなって、それを受けとり、「すごーい、こんなにきれいな石もらっていいと？　ありがとうー！」と興奮したように話しかける。マイはその後私のそばをずっと離れなかった。

　私たちと少し離れたところで遊んでいたマイは、私と何度か目が合った。私は目を合わせたり笑顔を投げかけたりしながらコミュニケーションを図ったが、マイは特にこちらに好意的な態度を示しているようには見えなかった。私は怖がらせてはいけないと思ったため、無理に近寄ることはしなかった。しばらくした後、マイはこちらに興味を持ったのか砂場に近づいてきた。私は再びマイに笑いかけたが、マイはやはり声を発することも笑顔を返すこともなく、ただそこに立っている。そしてしばらくしたとき、それまで砂場のわきに立っていたマイが、突然黙ってこちらに手を差し出したように見えた。ここで私はこの行為が何かをこちらに提示しているように見え、「あー、砂がたくさんついとるー」と言いながらマイの指をなぞったのである。

　しかし、この時点でもなお、私はマイと相互のコミュニケーションを取れているように感じていなかった。「あー、砂がたくさんついとるー」という私の発話は、目を合わせることや笑顔を投げかけることと同じく、一方的なコミュニケーションとして行われていたように思えた。そして、やはりマイは取り立てた反応もないまま砂山の方へ戻っていく。ところが、この後マイは再び私の方に近づいてきたかと思うと、手のひらに握った砂を差し出したのである。この瞬間、私はマイと気持ちがつながったように思えて感動を覚えることになる。

　はじめ私は、マイが怖がっているのか私に近づこうとしているのかがわからなかったため、積極的に近づくことをせず、目を合わせたり笑いかけたりしながらその場に留まった。このことは、おそらくマイにとっても不思議な行為だったのであろう。マイにとって、私の身振りや発話は「充たされざる意味」であり、「よくわからない何か」に対してどのように関わるかを、マイ自身も模索していたのではないだろうか。お互いの身振りの「意味」は、充たされないままに進行したが、このことはマイが手を上げたことに対する

207

私の「見方」を契機として展開を見せていく。

　マイが手を上げたのは、おそらく手のひらについた砂を私に見せるためではない。しかし、私はそれにコミュニケーションとしての「意味」を知覚し、マイの手のひらについた砂をなぞるという行為に出る。この「誤知覚」[4]とも言える「意味」の発見によって、「充たされざる意味」として存在していたお互いの身振りはコミュニケーションとしての「意味」で充たされていくこととなったのである。

(2) 「充たされざる意味」を充たす——「贈与される砂」のリアリティ

　砂という環境に通常知覚されるのは、「掘る」「盛る」「握る」といった「価値」である。しかし、マイの手のひらについた砂に私が知覚したのは、「なぞる」という「価値」であった。このとき、砂という環境の「価値」が、通常とは異なる仕方で知覚されたのはなぜだろうか。

　このとき、私はマイとコミュニケーションをとりたい気持ちを持ちつつも、どのようにそれを行っていくかに慎重になっていた。あまり積極的になりすぎては、マイを警戒させることになってしまうかもしれない、しかし、何かを働きかけることでつながりたい。そのような関心をもちながら、私はマイとの関係を深めるきっかけになるものを探索していた。マイが手を上げたとき、マイ自身は無意識にそれを行っていたかもしれない。しかし、関わりをつくることに関心をもってマイに接していた私には、その手についた砂がそのきっかけになりそうなものとして目に入ったのである。

　「充たされざる意味」として存在していた「手のひらについた砂」は、私がそのコミュニケーションとしての「意味」を発見したことによって、関わりの媒介となっていった。そして顕在化した新たな「意味」は、マイによって共有され、マイ自身が私に「砂」を渡すという行為につながっていった。「砂」という物的環境を「贈与することができる」ものとして知覚するようになったマイは、その後何度も私のもとに砂を運んでくれるようになった。このとき、マイにとって潜在していた「砂」の「意味」は、私との相互作用によって顕在化し、「贈与する」という「価値」を伴って知覚されるようになったのである。

第8章 物的環境：「贈与される砂」との出会い

　砂の新たな「意味」と「価値」が発見され、共有されたことによって、私とマイの関係性は喜びの経験を伴うものへと変容した。そして、マイが興奮したように何度も私に砂を渡してきたことから、おそらくこのことはマイにとっても自己と世界との変容を伴うものだったのだろうと推測できる。さらに、私がマイから受け取った砂を砂場遊びに利用することによって、マイは材料を供給する役割をもつ者として、遊びのシステムの中に巻き込まれることとなった。マイ自身に集団で遊んでいる意識があったかどうかを述べることはできないが、砂場遊びという「充たされざる意味」に満ち溢れた世界に参与する機会が生成しているという点では、大きな変化であったといえるだろう。

　このように、環境に潜在する「意味」と「価値」の知覚は、それまでの関係性を質的に変容させ、新たな経験の次元を開く契機となっていたのである。

4. 保育環境に潜在する「意味」と「価値」に開かれること

　ここまで、「充たされざる意味」の概念を手がかりに事例を考察し、環境に潜在する「意味」と「価値」との出会いの様相を明らかにしてきた。では、環境に潜在する「意味」と「価値」という視点は、保育実践にどのような示唆を与えるものであろうか。

　「意味」と「価値」を環境に潜在するものとして捉えることで生じるのは、保育者が「環境の未知なる側面」に注意を向けていく動きである。日常の保育環境に潜在している「価値」に目を向けることで、環境を通した保育の可能性は広がりを見せることになる。

　保育者が自由遊びの時間に、子どもたち同士が遊びを共有できそうな環境を用意しておくように、環境を通した保育は、子ども同士の関係をつなぐメディア、子どもと活動をつなぐメディアを配置して保育を行う点に大きな特徴がある。本事例において、「砂」が私とマイをつなぐメディアとなったのと同様に、生活環境には、子ども同士の関係をつなぐメディア、子どもと活

209

動をつなぐメディアが多様な形で潜在しているのである。プールに入れず集団から離れようとしている子どもを前にしたとき、保育者がそばに生えている笹の葉の「価値」に気づくことができれば、それをちぎって笹船にし、その子とプールの活動をつなぐことができるかもしれない。また、おうちごっこに入りたくても入れない子どもを前にしたとき、保育者がそばに落ちている葉っぱを手紙に見立てることで、その子は郵便屋さんとして遊びに加われるかもしれない。それぞれの保育者がもつ感性が新たな環境の「価値」を発掘することで、多様な環境を通した保育が可能になるように思われる。そして、そのような保育の可能性は、日常生活のありふれた環境のなかにこそ眠っているのである。

　保育者が環境の新たな「意味」と「価値」を探索できるということは、保育環境が保育者の認識の枠組みによってすべて構成されるのだということを意味するのではない。リードが述べるように、環境の「価値」をすべて利用し尽くすことはできない。環境には常に自己の認識の届かない「価値」が潜在しているのである。そのような未知の「価値」は、本事例の「砂」のように、他者との関係性のなかで顕在化することもあれば、子ども自身が自ら体験している世界を保育者に指し示すことによって、保育者の側に開かれてくることもある。いずれにせよ、新たな環境の「価値」に出会うことが可能なのは、単一の知覚者の視点から環境の「価値」を決定することはできないのだという限界を積極的に受容し、環境の理解を更新する限りにおいてである。自己の環境理解の枠組みのなかに留まる限り、そこにある環境に潜在する「意味」と「価値」に出会う可能性は限りなく制限されることになる。

　身近な環境に多様な「意味」と「価値」を見出していくことは、日常の環境の見方を変容させ、新たなかたちで保育を展開する可能性を開くものである。保育実践研究は環境との出会いの事例を蓄積し、多様な環境の経験を共有していくことで、環境を通した保育の理論と実践の発展に寄与していくことができるだろう。保育が行われる環境のなかには、私たちが共有可能な「価値」が未だ数多く潜在しているはずなのである。

第8章　物的環境：「贈与される砂」との出会い

注

1) 第3章でも述べたように榎沢の議論は、保育環境の意味を関係論的な観点から捉えようとする点で多くの示唆を与えるものである。しかし、榎沢の議論が主観的現象としての保育空間の生成に中心を置くのに対し、本研究の議論の中心は環境に潜在する意味と価値の探求にある。第Ⅲ部における環境の記述は、「意味」や「価値」が環境の側に存在し出会いによって実現／現実化すると考える点で、意味が主観性の領野に在るとする榎沢らの現象学的立場とは異なる立場からなされている。

2) アリストテレスの用語で言えば、「意味」は「潜勢態（dynamis）」として存在しているといえるだろう。トマス・ロンバートによれば、アリストテレスとギブソンは実在を根本的に力動的なものと考えていた点で強い結びつきをもっている［Lombardo 1987=2000: 59］。アリストテレスは、世界を過程によって特徴づけられているものとして捉え、あらゆる過程に帰結があることに注目した。過程の自然な最終状態が"目的因"であり質料のうちに現れるのに対し、事物のうちにあって目的因を達成しようとする力が"形相因"である。事物は質料と形相が互いに結びついて達成される秩序（現実態）によって成り立っている。つまり、アリストテレスは、実在を質料と形相の相互依存のなかで実現する潜勢態から現実態への変化として捉えていたといえる。このことはギブソンがアフォーダンスを、動物と環境の相互作用のなかで知覚され実現する価値として捉えていた点と重なっている。環境に潜在するアフォーダンスは変化の過程のなかで実現する実在である。アリストテレスとギブソンはともに、知覚が客観的実在についての知識を生み出すと考える実在論者として捉えることができるのである［Ibid., p.61］。

3) 事例はボランティア中に経験しメモした出来事を、保育終了後、その日のうちにフィールドノーツとして文章化したものである。L保育所には、ボランティア中に記録した事例を研究として公表することについて説明し、許可を得ている。

4) 私の砂の知覚が「誤り」であったかどうかは、プラグマティックに判断されるものである。マイが意図していたものと違っていたという意味では「誤り」であろうが、私が砂をコミュニケーション的意味をもつものとして知覚したこと自体は真である。パトナムが「自然な実在論」を擁護する際に論じたように、知覚はたとえそれが幻想であったとしても、当人にとって何らかの「意味」や「価値」のピックアップであったという面においては、「誤り」であると言うことができない。

第9章
自然や社会の事象：「気づかれていない命」
との出会い

　第7章と第8章において、リードの「充たされざる意味」の概念を用いた記述と考察を行ってきた。第7章で記述したヒロシの行為の意味も、第8章で記述した砂の意味も、異なる視点をもつ者同士のコミュニケーションのなかで発見・共有され、現実化するものであった。

　環境の「充たされざる意味」という概念は、「意味ある何かが進行している」という状況と、コミュニケーションを通してその「何か」が確定していくプロセスを記述することを可能にする。私たちは常に気づかれていない「意味」や「価値」に取り囲まれている一方で、他者とともにその「意味」や「価値」に気づいていくのだ。リードの生態学的経験科学は、環境との出会いの経験を共有し、私たちにとって潜在的な環境の「意味」や「価値」へと注意を向けていく契機となり得る。

　第9章では、保育所保育指針のいう「自然や社会の事象」に該当する環境に関して、私自身の出会いのエピソードを省察していく。私自身にとって「充たされざる意味」として存在していた自然環境について省察することで、"そこにあるが気づかれていない環境の意味や価値"との出会いが保育者あるいは子どもの知覚を変容させていく可能性をもつことについて論じる。その際に焦点化されるのが「命」との出会いである。私たちが"命あるものに囲まれつつもそれに気づかずに生活している"というリアリティは、保育の在り方を問いなおすための重要な視点となるはずである。

第Ⅲ部　生きられた環境の記述的保育実践研究

1. 保育者と子どもはどのように自然と出会うか

　倉橋惣三が「自然を愛し、自然に趣味をもつということは、子供の教育者としてもっとも大切な資格の一つである」と述べるように、自然との関わりは子どもにとっても、また保育者にとっても保育の基礎となる重要なものであると考えられてきた［倉橋 2008（1926）: 21］。保育学研究においても「自然体験」の重要性は広く浸透し、心理学・生理学・環境教育学などの観点から多角的に検討されている［井上 2003］。これらの理論的蓄積と並行して、実践においても保育者は子どもと自然との関わりを保証し、深めるべく、様々な取り組みを行っている。特に都市化によって身近な自然環境が減少した現代においては、園庭の環境構成、園外保育、動物の飼育など、それぞれの実践現場で多様な工夫がなされているといえる。

　一方、自然を体験するための環境を用意すればそれだけで豊かな保育ができるわけではないという反省もなされてきた。たとえば岡本は、「自然体験」のプログラムに参加すること自体が目的となってしまい、その中での体験内容について吟味がなされないことについて、「自然体験の自己目的化」として批判的に検討している［岡本 2010］。また、園庭の環境構成のみに焦点が当たることで保育者が自然を通した体験の深まりに行き詰まりを感じる事態を、笹田は「保育のマンネリ化」として反省的に振り返っている［笹田 2007］。

　「自然体験」が自己目的化し、マンネリ化しているという問題意識が生じるのは、保育者のなかに、子どもたちの自然体験が「十分に深められていない」という感覚があるためであろう。自然体験にはそのような「深さ」の次元があるように思われるが、どのような自然体験が深く意味のあるものであり、どのような自然体験が浅く不十分なものであるのかという議論はあまりなされていないように思われる。そもそも子どもの自然体験の成功と失敗を決めることができるのかという議論も可能であるが[1]、ここでは保育実践者の問題意識から出発して、「深い」自然体験がどのようなものであるのかについて考えてみたい。

214

第9章　自然や社会の事象：「気づかれていない命」との出会い

　これまで論じてきたエコロジカル・アプローチの観点からすれば、自然体験が十分に深まらないのは、自然という環境との出会いが固定化しているためであると推測できる。自然環境には多様な価値が潜在するが、あらかじめ設定されたねらいを実現することにとらわれ、自然環境を特定の「効用」をもつものとして手段化することで、逆に実践の可能性を狭めてしまっていることが考えられる。

　自然環境は、保育者の側のねらいに回収できない多様な出会いを可能にする。グレゴリー・ベイトソンが述べるように、人間と他の動物との交流、あるいは人間と自然との交流は、目的意識が陥る偏狭な思考様式を変容させる契機となる［Bateson 1972＝2000:594］。自然や他の動物は、人間の制御可能性を超えた自律性をもつものであり、常に人間の予想可能性を超えて存在する。自然体験に深さが見出されるのは、自然が手段−目的関係に回収することのできない「命（life）」の次元をもつからであると言えるだろう。

　「命」の体験が何であり、なぜ体験の深さをもたらすのかという問題については、本研究の射程を大きく超えるものである。ここでは、私たちが「命」にどのように出会うのか、そして「命」に出会うことにはどのような意味があるのかに焦点を当て、個別的かつ具体的な事例を用いて考察する。結論を先に述べれば、保育者と子どもの知覚の差異が、それまで気づかれていなかった自然環境の「命」としての側面に出会う可能性を開く契機となる。自己を超えるものとして「命」と出会うことで、自然は一方向的な意味付与を行うことのできる対象ではなく、自己をその一部に取り込む関係的な世界として経験されることとなる。個々の事例における出会い方は多様であり、再現可能性をもつものではない。しかし、自然との深い出会いを記述し、共有することが、保育実践者が「自然」というものの知覚や「自然」に関わる行為の様式を省察するプロセスに影響を与えることは確かである。本章では、出会いのダイナミズムを「気づかれていない命」という概念によって捉え、3つのエピソードから自然環境の意味と価値について考察する。

215

第Ⅲ部　生きられた環境の記述的保育実践研究

2. 種との出会い：「くりかえす命」のリアリティ

　以下のエピソードは、第7章と同じく、こども芸術大学にて私自身が保育を行った記録をもとに記されている。1つめのエピソードは、私と4歳の女の子（カヨ）が施設のベランダで朝顔の種を集めていたときの出来事である。こども芸術大学では、夏の日よけにするため、花を使った色水遊びのため、種まきの経験のためといったいくつかのねらいをもって、毎年朝顔の種をベランダで植えることにしていた。本エピソードは、子どもの言葉によって私自身が「命ある自然」と出会うこととなった事例である。

エピソード：「種ってくりかえすねんな」　2009年9月24日

　毎年ベランダで育てている朝顔が今年もたくさん花をつけた。種もたくさんできたので、カヨと一緒にベランダで収穫していた。カヨは丁寧に種をとり、とった種を掌の上に集めていた。ベランダは静かで温かく、私たちはとても心地よい時間を過した。しばらく集めた後、カヨは掌の上の種をじっと見つめ、それをなでながら、ふと、「種ってくりかえすねんな」とつぶやいた。私は、カヨに共感を覚えつつも、突然の言葉に一瞬どういう反応を返そうかためらい、ただ「そうやな」とだけ返した。すると、カヨは「だって、種から芽が出て、花が咲いて、それが種になって、繰り返し、繰り返し……」と自分自身に語りかけるような言葉でもう一度つぶやいた。私はカヨの中にその言葉が深く染み込んでいっているような思いでそれを聞きながら、「そうやな、くりかえすねんな」と言い、再び朝顔の種を取り始めた。私はカヨの感性に心が温かくなるような思いがした。

　カヨとベランダに出たとき、私は特に教育的な関与を意識することなく、ただひたすらに種を集めていた。種をとることは、特にカヨの自然体験を深めようとして行われたわけではなく、毎年繰り返される収穫の営みとして、当然のことのように行われた日常のひとこまであった[2]。しかし、カヨが隣

第9章　自然や社会の事象：「気づかれていない命」との出会い

で「種ってくりかえすねんな」という言葉を発したことで、私は今自分が拾っている種と改めて出会いなおすことになる。

「種」は私にとって、単に拾い集めることをアフォードするものであり、それを手のひらの上に乗せてじっと見つめたり、なでたりする「価値」をもつものではなかった。しかし、その同じ「種」に異なる「意味」と「価値」を知覚したカヨの言葉によって、私自身もその「種」のリアリティが知覚できるようになる。私が何気なく収集していた種は、「くりかえす命」をもつ「生きているもの」であった。

「種ってくりかえすねんな」という言葉に表現されたカヨの驚嘆は、命あるものが、現在を超えて過去や未来に接続していること、「生まれて死ぬ」という円環的パターンを繰り返していくことの知覚に根ざしている。「くりかえす命」の知覚は、カヨが目の前で実際に芽を出し枯れていく種を客観視することで得たものではない。「くりかえす命」の知覚は、カヨが自らの過去の経験と未来への想像力を伴って、種に没入し、動くことのないもののなかに動きのパターンを感取する知覚である。

ベイトソンは「結び合わせる法則（the pattern which connects）」を発見することの教育的価値に着目し、それが美の感覚を伴い、私たちがより大きなエコロジーの一部として存在することを感じさせるものであることについて述べている［Bateson 1979=2006: 8］。ここでの美的経験とは、自己と外界との境界が存在しなくなる「溶解体験」［矢野 2006: 120］にも通じるところであろう。「くりかえす」命の法則の発見は、結果的には植物に関する客観的知識の獲得に見えるが、その過程においては、「生きているもの」のリアリティにふれる体験である。カヨの種への驚嘆は、くりかえす命としての自然に溶解する体験であり、くりかえす命に結びつけられて生きる自己の生のリアリティの体験でもあるということができるだろう。

イディス・コッブが「驚きや喜びとして示される子どものセンス・オブ・ワンダーは、外部の刺激の神秘への反応として生じる。それは『もっと何かがある』ということ、より正確には『もっと何かすべきことがある』ということを約束するものである。それは知られたものと知られていないものに対する知覚的参与のもつ力なのである」と述べているように、このような出会

217

いは、出会う者のその後の知覚を変えていくような深さをもった体験となり得る［Cobb 1977: 28］。「自然体験を深めるにはどうすればいいのか」という関心からこの事例を捉えたとき、カヨは自ら種と出会っていたのであり、私の教育的関与がカヨを変容させたのではない。しかし、私自身がこのカヨの言葉によって変容させられ、ベランダで毎年育てる種や球根、様々な花と、「生きているもの」として出会い得るようになったことに意義があるように思われる。保育者はその生活において、子どもとともに生きる環境を共有している。意図的に「生きているもの」と出会わせることはできないが、保育者の意識のフリンジに「出会われていない命」の予感が入りこむことで、保育環境は、その体験に深さをもたらし得るものへと変化しているのではないだろうか。

3. 野菜との出会い：「食べられる命」のリアリティ

　次のエピソードは、先ほどの事例とは逆に、私自身の関与によって、子どもたちが「命」に出会ったように思われた事例である。以下に示すのは、私が3歳から6歳までの30人ほどの子どもとともに、おやつの準備をしていたときの出来事である。

エピソード：「誰にいただきます言ったん？」　2010年11月11日

　おやつの時間になり、子どもたちが徐々に席につきはじめる。私は全員で一緒にいただきますのあいさつをするため、子どもたちの前に立って、全員が揃うのを待っていた。席についた子どもにはおやつがすでに配られていたが、まだ集まってこない子どもたちがおり、しばらくはその子どもたちを待たなければならない。しだいに子どもたちは落ち着かなくなり、ざわざわし始めた。私はまだ来ていない子どもに早く来るよう声をかけたが、待っている子どもたちは「まだー？」と言い始め、少しイライラし始めているようだった。やっと全員がそろったところで私は「みんな待っててくれてありがとね。やっと全員揃

第9章　自然や社会の事象：「気づかれていない命」との出会い

いました。では、手を合わせましょう。いただきます」と声をかけた。すると、子どもたちはまるで怒りをぶちまけるかのように、「いーだきーます！」と怒鳴り声であいさつをした。私は子どもたちが全員が揃うまで待ってくれたことは立派だと思ったが、その言い方に対して「これでいいのだろうか？」と疑問を持った。そこで、とっさに「ちょっと待って。今、誰にいただきます言ったん？」と問いかけてみることにした。普段は「いただきます」の後にこのような問いかけをすることはないので、子どもたちは少し驚いたように一斉にこちらを見て、私の問いかけに答えようと何かを考えている。その後、ひとりの年長の男の子が、「（おやつを用意してくれた）お母さんに言ったー」とちょっとごまかしたような感じで答える。そこで私は、「うん、お母さんにも、そうやな。でも、いただきますって、命をいただくってことやろ。そのお野菜も畑でぐんぐん大きく育ったお野菜やねん。お野菜にもいただきますって言おうな」と言うと、それまで落ち着きのなかった子どもたちが、野菜を見つめながら何かを考えるようにおやつを食べていた。

　子どもたちが怒鳴り声で「いただきます」をした際、私は自らの態度について瞬時の判断を行わなければならなかった。遅れてきた子どもを数分の間待っていたことを考えれば、子どもたちのストレスも理解でき、私は何も言わずにその場を流してしまうこともできた。しかし、そのときどうしても見過ごすことのできない違和感が強く残り、私はその場を流すことができなかった。叱ることもそぐわないが、何かを子どもたちに働きかけなければならない。そのような状況のなかで、とっさに出てきた言葉が、「今、誰にいただきます言ったん？」という投げかけだったのである。

　「いただきます」の直後に感じられた違和感はその原因を明確に意識できるものではなかったし、子どもたちにとっても、なぜ食事が中断されたのか、その状況の意味を理解することは難しかったであろう。しかし、結果的に、誰に「いただきます」を言っているのかを考えていくなかで、その場に「充たされざる意味」として潜在していた、「命あるものとしての野菜」が気づかれていくことになる。

　「今、誰にいただきます言ったん？」という疑問に応えていくためには、

219

第Ⅲ部　生きられた環境の記述的保育実践研究

「いただく」ことが成立するための関係性を辿る想像力が必要とされる。アメリカの哲学者であるスティーブン・フェスマイアはこのような自己と環境との関係性についての想像力を「生態想像力（ecological imagination）」[Fesmire 2012: 121] という概念を用いて考察している。「いただく」という言葉を振り返ることで喚起される「生態想像力」は現在の自己と、自己が成立している場のシステムを結び付ける。「いただく」という言葉は、ただ「食べる」ことを意味するだけでなく、「与えられる」「敬意を表して高くささげる」といったニュアンスをもつ言葉である。「食事をいただく」とは、「他の命を与えられる」という響きをもっており、先の疑問に答えるためには、「私たちは何を、誰から『いただいた』のか」を想像しなければならない。その「生態想像力」は、問われた側の子どもたちだけでなく、「よくわからない」違和感（状況の「充たされざる意味」）におしとどめられ、「今、誰にいただきます言ったん？」という問いを発せざるを得なかった私自身も必要としたものであった。そして、私たちが今、何を、誰から、どのように「いただいている」のかを考える場が生じたことで、私たちは目の前にある野菜と、それ以前とは異なるリアリティをもって出会いなおすこととなったのである。

　しばらくのやりとりの後、私は野菜に「いただきます」を言うことが大事だと考えていることを伝えることになった。私自身も、「いただきます」の瞬間には、その言葉を野菜に向けて言わせようなどとは考えていなかった。しかし、このときそのような言葉が発せられたのは、私自身の想像力が、「いただきます」の瞬間の違和感の原因として、「野菜に注意を払うことなく食べようとしている」状況を知覚させたからであり、子どもたちの注意をその存在に向けたかったからであるということができる。言い換えれば、私自身が、「食べられる命」としての野菜のリアリティを明確に知覚し、その「意味」を子どもたちと共有しようとしたからであると省察できる。

　このとき、教室の雰囲気は明らかに変わっており、子どもたちは静かに野菜のことを見つめていた。「生態想像力」を伴う知覚は、現前する野菜を、より離れた関係、つまり命のつながりとして感じられる関係を含むものへと結びつける。目の前にある「野菜」は、「農場で生まれ、誰かに育てられ、

運ばれ、母親がそれを切り、皿の上に載せることによって今ここにある野菜」である。「食べられる命」としての野菜と出会うとき、そのような関係性を含む命のリアリティが知覚されることになるのである。

このことを保育実践の観点から考えてみるとき、「食べられる命」としての野菜のリアリティに気づかせることが、必ずしも教育的に「良い」ことであると断言できるわけではない。むしろここで強調したいのは、私自身がそうであったように、「命あるもの」としての野菜や肉のリアリティは、気づかれていないものとして潜在しているのだということである。

気づかないことによって秩序立てられている日常生活をあえて崩すことは教育という行為の暴力的側面に該当し、大きな注意を要する。しかし、「おいしい野菜」が、「命あるものとしての野菜」という実在の一側面をもつことは心に留めておく必要があるように思われる。本事例についても、その是非について多くの意見が聞かれることが重要であると考えるが、少なくても共有できるのは「気づかれていない命」が常にそこにあるというリアリティであり、状況に応じて、そのような「命」に気づいていくことが重要ではないかという論点である。いずれにせよ、出会いは保育者の側から子どもに押し付けられるものではなく、保育者-環境-子どもの系のなかで、保育者自身のリアリティと切り離せないかたちでなされるものである。

4. 馬との出会い：「表現する命」のリアリティ

最後のエピソードは、「表現するもの」としての命と出会う事例である。このエピソードも、私自身の関与によって子どもが「命」に出会ったと思われる事例であるが、その出会い方は2つめのエピソードと異なっている。以下は、こども芸術大学の遠足で牧場に行き、馬と接した場面の記述である。

エピソード：「お馬さんがこっちを見た」　2009年10月21日

遠足の帰り道、お弁当を食べた後に、放牧場にいる馬を見学させてもらいに

行く。私が放牧場に入る前に、「大きな声を出すと馬がびっくりするから静かにね」と伝えると、子どもたちもそれを理解し、わくわくしながら静かに厩舎に近づいていく。厩舎の前に並ぶと、担当の方が馬の名前を教えてくれ、子どもたちに鼻をなでてもいいことを伝えてくれる。子どもたちが並ぶと、先頭のほうに並んでいた子どもたちに、T先生が「お馬さんびっくりしはったらあかんし、みんな触ってもいいか聞いてから触らせてもらい」と伝えてくれている。先頭の子どもたちは、馬の前に並ぶと自分の名前を馬に伝え、「触ってもいいですか？」と聞いてから馬の鼻をなでる。話しかけている子どもは、まるで初めて会う大人に話しかけているように、馬の目をじっと見つめており、私は馬と子どもがつながっているような感じを受けた。それを見ていた後ろに並んでいる子どもたちも、同じように「触ってもいいですか？」と馬に話しかけてから触っている。

　全員が触らせてもらった後、馬にさようならを言って帰ることになる。帰る途中、放牧場の側を歩いているとき、柵の内側に一頭の白い馬が近づいてきた。このとき、私は数人の子どもたちと近くを歩いていたが、子どもたちは少し馬から気持ちが離れているような感じで、友達とふざけあっている。大きな声を出すと馬がびっくりするということも、頭から離れてしまっているようだ。そのとき年中のヒカルが「なんだこいつ」と馬を煽るような素振りをして、友達とふざけあっていた。そのときのヒカルの様子を見て、私は柵の外から動物園の動物を眺めているような感じを受け、先ほどの馬とのふれあいの時間と異なる嫌な印象を受けた。そのとき、ふとその馬がヒカルのことを見ている気がして、「あ、今、お馬さんがヒカルの方見た」と声に出した。すると、それまでふざけていたヒカルが「えっ」という感じで馬のほうを見た。馬と見つめ合っているヒカルは先ほどとはがらっと変わって、外から眺めている感じではなく、生き物としての馬と接しているようだった。それまでヒカルとふざけていたイチロウやジュンヤも立ち止まり、「ほんまや、こっち見た」「かわいいなあ」と言って、立ち止まる。私はそのとき、その場に馬の存在が戻っている気がした。

　その数分後、牧場を出たところにある芝生で、ヒカルを含めた男の子数人がしゃがみこんで議論をしていた。どうやらカマキリを見つけたのだが、ビニー

第9章　自然や社会の事象：「気づかれていない命」との出会い

ル袋がひとつしかなく、そこにすでにバッタが入っているらしい。一緒に入れたらカマキリがバッタを食べてしまうのではないかと話し合っていたのである。最終的には、イチロウが、「バッタかわいそうやから逃がしてやろう」と言ったのをきっかけに、バッタもカマキリも両方逃がしてあげていた。私は子どもたちが小さな命に向き合っているように感じた。

　ヒカルが白い馬に対して「なんだこいつ」とからかうような素振りをして友達とふざけ合っていたとき、私はうまく言葉にはしがたい嫌な印象を覚えた。それは私が出会っている馬と、ヒカルが出会っている馬に差異があったことに由来していると考えることができる。
　子どもたちが、「触ってもいいですか？」と聞きながら馬と向き合っているとき、私の目に映っていたのは、馬が「表現するもの」であるという前提に立って向き合う子どもたちの眼差しであった。そして私は、子どもたちと馬とがまるで本当に会話をしているかのように、その関わりを感じていた。一方、帰りがけに見かけたヒカルの白い馬に対する態度は、馬に対して何らかの配慮を欠いたものであったように感じられた。このとき私が出会っていた白い馬と、ヒカルが出会っている白い馬は、同じ馬でありながら異なるリアリティをもつものである。確かにヒカルの目の前には馬がいる。しかし、おそらくこのときのヒカルが知覚していたのは、自らの意志を表現するものとしての馬ではなく、柵のなかにいて一方的に働きかけられる対象としての馬だったのではないか。
　このときも、2つめのエピソードのときと同じく、私はヒカルにどのように働きかけるかについて瞬時に判断を行わなければならなかった。ヒカルの態度に嫌な印象を受けたとき、私はヒカルを叱ることもできた。しかし、私がそうしなかったのは、ヒカルの態度に問題を感じる一方で、ヒカルが悪意をもって馬と接していたわけではないことも同時に感じていたためだった。また、叱ることと同じく、「馬がかわいそう」と伝えることもためらわれた。それはその場に「なんとなくそぐわない」という感覚的な判断であったが、後から省察を加えてみれば、悪気なく馬をからかっているヒカルに対して「かわいそう」と伝えることが、必要以上にヒカルの良心を痛めさせるこ

とになるかもしれないという判断であり、私自身の出会っている世界を押しつけることが必ずしも適切な対応にはならないという判断であったように思われる。

　このような葛藤を経て出てきたのが、「あ、今、お馬さんがヒカルの方見た」という言葉であった。咎めることも流すこともできない状況でとっさに口をついたのが、自分が出会っている世界をそのまま子どもたちに伝えるという、この発言だったのである。私は本当に馬がヒカルの方を見ている気がしてこのような言葉をかけたのであったが、「見た」という言葉で馬に注意を向けたことは、結果的に馬が何かを表現している可能性について子どもたちに投げかけるものとなった。ヒカルは白い馬をじっと見つめ、周りにいたイチロウやジュンヤも「ほんまや」「かわいいなあ」と言いながら再び馬と向き合うようになった。ヒカルが、「えっ」という感じで白い馬の方を見たとき、私がそれを知覚する一方で彼にとって「充たされざる意味」として潜在していた、「表現するもの」としての白い馬が見出されたのではないだろうか。

　ヒカルが馬と出会いなおした際に経験したであろうリアリティは、「表現するもの」としての命のリアリティである。そのリアリティは、ブーバーの言う〈われ－なんじ〉の関係を生きる体験のリアリティと重なるのではないだろうか［Buber 1923=1979］。ブーバーは「世界は人間のとるふたつの態度によってふたつとなる」と述べ、そのひとつを〈われ－なんじ〉の関係として、もうひとつを〈われ－それ〉の関係として区別した。ブーバーによれば、人間は〈それ〉を対象物として知覚し、想像し、欲求し、感情の対象とし、思考する。これに対して、人間が〈われ－なんじ〉という関係を生きているとき、その出来事は、所有ではなく、ひとつの全体性として存在し、人間はただその関係のなかに立つのみである。そのような能動と受動が一体となる関係において、〈なんじ〉の閃きの中にある形体は働きかけるとともに、働きかけられるものとして存在すると述べる[3]。ヒカルが再び馬に注意を向けたときに出会ったのは、ヒカルを見つめ、ヒカルに対して何かを表現する、生きている馬である。見つめ、見つめられるという能動－受動が一体となった関係が生きられることで、白い馬は異なる仕方で出会われることと

第9章　自然や社会の事象：「気づかれていない命」との出会い

なったのである。

5.「気づかれていない命」と自然体験

　ここまで「くりかえす命」「食べられる命」「表現するものとしての命」という異なるリアリティを伴った出会いについて論じてきた。それぞれの経験の意味についての考察はここでは限定的なものにならざるを得ない[4]。しかし、これらの事例の記述から、自然環境は「命」あるものとして、日常とは異なる仕方で出会われる可能性をもつことが示唆される。

　種も、野菜も、馬も、目の前にあったにもかかわらず、あるきっかけの前後で知覚される意味や価値は大きく異なっていた。私が、あるいは子どもが、それらの対象に命あるものとして出会いなおすとき、自己そのものが関係のなかに巻き込まれ、動きゆく生命世界（life world）に触れる体験がもたらされているように思われた。また、実践的な観点からこれらの事例を省察すれば、ありふれた植物や動物との接触のなかに、重要な教育的契機があるということが浮かび上がる。命と深く出会う可能性は、目の前にありながら潜在している。その事態を「気づかれていない命」の存在として言い表すことで、「自然体験」活動の在り方について問いなおすことができるのではないか。

　「気づかれていない命」という概念が指し示すのは、私にとっての「種」やヒロシにとっての「馬」がそうであったように、人がある事物を目の前にしていながら、その生命的な意味に気づかずに行為している事態の可能性である。保育においてそのような事態は特別なものではなく、散歩中の道端に咲いている花、砂場の脇を通り過ぎていくアリといったように、多くの「そこにあるもの」のなかに「命」との出会いの可能性が潜在している。「気づかれていない命」に注意を向けていくことは、知覚者が環境と向き合う姿勢を変容させる。園で飼育しているニワトリ、園の傍の畑で育つタンポポ、室内に迷い込んできたチョウと、私たちは常に「命あるもの」として出会っているわけではない。その事態が思い起こされるとき、ありふれた自然環境は

225

新たなリアリティをもって経験される可能性をもつのである。

　保育者がときにそのような「命」と出会い、子どもとそのリアリティを共有する可能性があるのと同様に、種の事例において示したように、子どもが出会っている「命」に保育者が気づき、知覚を変容させていくこともある。むしろ、保育においては後者の出来事が生じることが多いのではないか[5]。自然体験を深めていくための方法もまた、子どもの経験世界に学びながら、その学びを子どもたちに還元していくようなかたちで考察されていくべきものであろう。

　「気づかれていない命」の概念は、現前する現象以前の環境の「意味」や「価値」についての議論を開くものである。現前する意味や価値のみによって環境を定義することは、そこに潜在する多様な「意味」や「価値」との出会いの可能性を制限することになる。現前する現象のみが実在するのではなく、経験の記述から、現前以前も実在し得、現前以後も実在し得るような環境へと注意が向けられることによって、そのリアリティの確証へ向けた対話が促されることになる[6]。私にとってそうであったのと同様に、「気づかれていない命」は他の保育実践者にとっても何らかのかたちで潜在している。その可能性に注意を向けることは、それぞれの保育実践者自身が「そこにあるもの」と別の仕方で出会い、別の経験世界への扉を開く探求を導くことになるのである。

　「命」には出会えばいいものではないし、適切な出会い方があるわけでもない。ただ、そのような出会いの可能性が、「そこにある」環境に満ち溢れていることを気に留めることは、自然体験を手段化し、出会いを固定化することを避ける姿勢を導くことになるはずである。未だ気づかざる自然の声を聴こうとすること、子どもが経験している世界を学ぼうとすることが、「自然体験を深める」保育を探求する上で重要であるように思われる。

6. エコロジカル・アプローチの射程と限界

　第Ⅲ部では、「人的環境」、「物的環境」、「自然や社会の事象」のそれぞれ

第9章　自然や社会の事象：「気づかれていない命」との出会い

の観点からリードの生態学的経験科学に基づく記述と考察を行ってきた。ここまでの議論を踏まえて、最後に、保育実践研究としてのエコロジカル・アプローチがもつ射程と限界についてまとめておきたい。

A．アフォーダンス概念による記述は、経験の機能的側面と経験の条件を明らかにする

　第4章で現象学的記述と生態心理学的記述の比較を行ったとおり、アフォーダンス概念による環境の記述は、経験の機能的側面に焦点を当てた記述となる。環境のアフォーダンスは行為として実現するまでは明らかにならず、また記述することもできない。そのため環境は、人間の行為との関係のなかで記述されることとなり、その環境の「価値」が実現する仕方が、ここで経験の機能的側面と呼ばれるものである。

　アフォーダンス理論は主観−客観の二元論的な立場には基づかないが、それが記述されるとき、知覚される「意味」や「価値」は環境に存在するものとして言語化されることになる。生活者の環境との出会いにおいて、そこで出会われているものは、自己の外部にあるものとして実感されている。本研究で「そこにあるもの」と呼ばれる環境は、トランザクションの過程で経験されているものであると同時に、生活者にとっては自己の外部にあるものとして知覚されている環境である。

　そのため、エコロジカル・アプローチにおいては、記述される経験についての省察は、主観の意味付与の過程に内省的に向かうのではなく、環境それ自体の意味作用に向けられることとなる。いいかえれば、主体に先立つ、主体の経験を可能にした条件としての環境の実在に注意が向けられることになるのである。アフォーダンス知覚は生きられた経験の条件であり、エコロジカル・アプローチはこの経験の条件としての「意味」と「価値」を探求しようとするものである。

　経験の条件としての環境を、アフォーダンスの記述を通して共有することは、「環境を通した保育」について省察するための有効な道具となる。現象学的記述によっては明らかにすることのできない、「共有可能な実在」としての環境、「共通の経験の条件」としての環境を描き出すことで、保育実践

227

者に共通するリアリティの一側面を、環境のうちに見出す道が開かれることになる。

　経験の機能的側面を記述することは、同時に経験の表情的側面についての記述を背景化するという課題がある。第9章での記述は、その出会いの条件としての種や野菜、馬のリアリティを描き出すことはできても、その出会いの表情的意味の考察については、ブーバーの現象学的関係論やコッブの世界づくりの概念を借りずして主題化することが難しかった[7]。経験を十全に理解することは、エコロジカル・アプローチの記述と考察のみによっては不可能であり、経験は保育実践の文脈のなかで、現象学的方法による研究とともに相補的に理解されていく必要がある。

B．エコロジカル・アプローチは、「保育者－環境－子ども」の系における出会いを記述する

　エコロジカル・アプローチは「生きられた環境」の記述を課題とするが、その課題は、リードの生態学的経験科学をメタ理論とした「保育者－環境－子ども」の系における出会いの記述によって取り組まれる。保育者や子どもは、環境に存在するアフォーダンスを選択的に知覚し、環境を経験している。一方、アフォーダンスの側から言えば、それは知覚者の行為によって実現するまでは環境に潜在している。そのため、環境との出会いは、アフォーダンスを知覚する主体の行為とあわせて記述されることとなる。

　原理的には、「保育者－環境」、「子ども－環境」の二項関係における行為の記述によって、アフォーダンスを研究することも可能である。たとえば「子ども－環境」の系をビデオ等によって記録し、行為の条件となっている環境の情報を分析するというかたちでもアフォーダンスは理解できる。しかし、エコロジカル・アプローチはむしろ、二項関係のうちに取り出されるアフォーダンスではなく、保育における「生きられた環境」、すなわち「保育者－環境－子ども」の系のなかで出会うアフォーダンスを探求しようとするものである。第Ⅲ部における記述は、すべてそのような立場に基づいてなされたものである。

　このようなアプローチにとって特徴的なのは、保育者（「私」）と子どもと

第9章　自然や社会の事象：「気づかれていない命」との出会い

が知覚しているアフォーダンスの差異が、「意味」と「価値」の探求の手がかりになるという点である。私が見えていなかったものを子どもが見ていたとき、あるいは子どもが見ていなかったものを私が見ていたとき、その環境の「意味」と「価値」が共有される可能性が開かれることになる。ここで記述されるアフォーダンスは、そのリアリティが対話によって検証される実践的生の文脈の上で理解されるものであり、このような環境との出会いは、保育者自身のあるいは、子ども自身の変容につながる可能性のあるものである。この点については終章でさらに詳しく論じることにしたい。

Ｃ．エコロジカル・アプローチは、環境を記述しつくすことはできないという前提に立つ

　エコロジカル・アプローチによって記述される環境は、私にとっての環境であると同時に、単独の観察者の視点からは記述しつくすことのできない環境である。第Ⅲ部では、具体的な環境の「価値」について記述したが、その記述は私にとって明らかになった環境の「価値」を、実体的なものとして保育実践のなかに一般化しようとするものではない。ひとりの保育者によって生きられた経験は確かに実在の一側面を捉えたものであるが、ひとりの保育者の視点には常に限界があり、実在は対話的に検証されるべきものである。

　エコロジカル・アプローチにおける環境との出会いの記述は、むしろ私にとって「出会われていなかった環境」を指し示すことに意義がある。本書の冒頭で示した事例における葉との出会いの記述は、「それまで出会われていなかった葉」の実在を指し示している。それは環境に潜在する「価値」の記述であり、未だ「出会われていない環境」がそこにある可能性を指し示すことでもある。そして、その経験の記述が、次なる保育実践に向かう者に読まれ、気に留められるとき、その保育実践者の周りにもまた、「出会われていない環境」が実在することとなり得る。「出会われていない環境」は、そのリアリティが実践の文脈に置かれ続けることによって、他の保育者や子どもにとって「出会われていないがそこにあるもの」の可能性を指し示し、無限化するのである。

　記述は「環境」を主題化するが、それによって環境を全体性へと還元する

ことはできない。環境それ自体は有限であるが、環境は保育者にとって常に潜在しつづける可能性をもつことで無限化する。その無限化する環境は、レヴィナスにならって、〈他なるもの〉と言い表すことが可能である。「そこにあるもの」は、常に私の意味付与の権能の及ばない〈他なるもの〉として到来する可能性をもって潜在しているのである。

　D．エコロジカル・アプローチによって記述される「そこにあるもの」の「意味」と「価値」は、他の保育者・研究者と共有されることによってそのリアリティを修正されていく
　エコロジカル・アプローチの記述は、環境の「意味」や「価値」を〈同定〉するものではない。エコロジカル・アプローチがプラグマティズムの可謬主義に基づく以上、記述された環境のリアリティが真であるか否かは、民主的な検証の過程にある。記述された環境の「意味」や「価値」のリアリティは、他の保育実践者によって問いただされ、保育実践における子どもとの関わりのなかで裁かれることで、検証され、修正されていく。それは再現可能性に基づく科学ではなく、真理が修正可能なものであることを前提として公共的な議論を開いていく保育実践の科学である。「そこにあるもの」の意味と価値を問いなおしていくプロセスのなかに、研究の公共性があるのである。
　また、環境のリアリティは、それが単に個人的な関心のみによって記述されることでは、保育環境のリアリティにはなり得ない。環境のリアリティについての記述と考察が、保育のどのような問題に関わり、どのような視点を提供するかが検討されることによって、記述は公共的に検証されるプロセスに入ることができる。保育実践研究とは、実践の記述をただ丸投げすることではなく、公共的な実践的問題の文脈に位置づけられてなされるものである。

　E．エコロジカル・アプローチは、出会いの条件となる環境を記述するが、「出会わせる」ことのできる環境は記述できない
　エコロジカル・アプローチによって記述されるアフォーダンスは、共通の

第9章　自然や社会の事象：「気づかれていない命」との出会い

経験の条件ではあるが、それは必ずしも同じ種類の経験を生起させるものではない。終章で述べるように、同じ経験を生起させようという意図の下に環境が有用性に基づいて捉えられるとき、その視線は環境を対象化し、流動する生の過程における生きられた経験のダイナミズムは見失われてしまう。子どもにとって「気づかれていない命」を保育者が指し示したとしても、それが必ず子どもの「命への気づき」につながるわけでない。「くりかえす種」のリアリティは確かに実在の一側面であり、共有可能なものであるが、それは「出会わせる」ことができないのである。経験とはそれが共有できるものであると同時に一回性のものでもある。終章で論じるように、環境はときに予想外の仕方で、自己の根本的な変容を導くような仕方で出会われることがあり、エコロジカル・アプローチにおいて環境は、そのような生成体験のメディアとして捉えられるものである。

　Ｆ．「ありふれたもの」は生活を通した保育の重要な資源である
　保育環境の意味を汲み尽くすことはできない。このことを保育者の側から見たとき、日常の保育を行っている環境は、新たな出会いを可能にする重要な資源であるということができる。生活のなかで、「ありふれたもの」に新たな意味や価値を見出すことは、自己の世界との関わり方を変容させていく重要な教育的営みである。立ち止まって「ありふれたもの」をじっと見つめてみることや、「ありふれたもの」のなかに面白さを探索することなどによって、異なる世界が知覚される可能性がある。このようなとき、有用性にとらわれ、ルーティーン化した生活は、再び活力を取り戻すこととなる。そして、このような世界の見方は、むしろ子どもから多く学ぶことのできるものである。エコロジカル・アプローチにおいて、環境に潜在している「意味」や「価値」は、ときに子どもから教えられるものとしても捉えられる。

　エコロジカル・アプローチによる環境の記述はおおむね以上のような特性をもつものとして整理される。「環境を通した保育」は対象化された環境を構成することのみでなく、環境が常に保育者の側の理解に回収され得ないものであることを考慮すべきものであろう。環境は探求されるものであると同

231

時に、その出会いは実践のなかで偶然性を伴って到来するのである。以上の議論を踏まえ、終章では、エコロジカル・アプローチの教育学的な意味について検討したい。

注

1）ここでは先行研究にならって「自然体験」という用語を用いているが、教育学で言われる「経験」と「体験」の区別からすれば、「体験」はそもそも教師によってコントロール可能な事象ではない［矢野 2008］。しかし、「自然体験活動」を行う実践者の立場に立つとき、その活動の成否について省察し、実践を向上していく志向をもつことは意味のあることであろう。本章では、体験が「非－知」であるという性質を考慮しつつ、自然を通した保育の在り方を問い、出会いの意味について省察する実践者の立場から、以下の考察を行っていく。

2）このときの種をとるという行為自体に明確な教育的意図は付随していなかった。しかし、このような経験が成立する背景には、ベランダに植物を植え、自然のサイクルを体験するという教育的意図を含んだ環境構成がある。

3）ブーバーはそのような対話的関係が人間と動物、あるいは人間と樹木の間でも成立すると説く。「樹木は印象ではなく、わたしの表象の戯れでもなく、気分によるものでもない、むしろわたしと向かい合って生き、わたしが樹木に関わりをもつように、樹木がわたしと関わりをもつ——ただその関係の仕方が異なるだけである」［Buber 1923=1979: 14］。

4）第4章でも述べたように、生態心理学の概念によって記述できるのは、経験の機能的な側面、すなわち、ある経験がいかにして可能になり、どのような行動変容を導いたのかという側面である。しかし、リードの「意味」という概念は、それと出会うことによって生きられた経験のリアリティをもたらすことになる環境の情報であり、経験の質は機能と実存に分離することはできない。本章の考察が、「充たされざる意味」の概念によって、出会いとその条件を明らかにしつつも、コップやブーバーの内面的生についての議論を援用したのは、生態心理学概念の限界を明確に自覚するためである。リードが、「適切な経験の解釈学」の必要性を述べているように、経験のリアリティは多角的に検討されるべきものである［Reed 1996a: 189］。

5）鯨岡の引用する花壇のエピソードは、端的にこのような事態を示している［鯨岡 2007: 2］。このエピソードでは、保育者が花壇の植え替えを行ったあと、子どもの「虫が迷子になった」というつぶやきを聞くことで、子どもにとっての花壇の意味に

第 9 章　自然や社会の事象：「気づかれていない命」との出会い

気づいた瞬間が記されている。

6）人間の外部にあるものの実在／リアリティという主題は、思弁的実在論の文脈でさかんに論じられている。カンタン・メイヤスーは、現象学を含む、カント以降の近代哲学が、私なしでも存在する事物の性質、つまり即時的なものを認めない「相関主義」にとらわれていることの問題点を指摘している。「相関主義」は、主観性と客観性の領域をそれぞれ独立したものとして考えるのではなく、「主体はつねにすでに対象との関係に置かれ」ておりその関係を第一に考える立場である。そのため、「相関主義」にとって、世界はそれが「世界として私に現れるときにのみ」世界という意味をもつのであって、主体との関係から分離された対象を把握することは決してできないということになる。メイヤスーによれば、このような立場は、私たちにとっての「大いなる外部」を失わせるものであり、世界が自己との関係に縛られたものである以上、私たちが十分に遠くへと自己超越することを失わせる。さらに、このような立場に基づくことによっては、天体物理学者や地質学者が探究しているような、「世界へのあらゆる形での人間的関係に先立つものとして提起された」言明（メイヤスーはこれを「祖先以前的言明」と呼ぶ）の意味について真理性を認めることができなくなる。メイヤスーはこのような問題について、世界が何の理由もなしに変化することの必然性、つまりこの世界がもつ絶対的な偶然性を証明することによって乗り越えようと試みている［Meillassoux 2006=2016］。本研究の関心は、外的な実在についての証明ではなく、保育において「人間に先立つもの」や「大いなる外部」が存在することの意義にある。「環境との出会い」は、このような外部の実在／リアリティを必要としている。

7）ひとつの出来事でも、記述が依拠する理論によって、その出来事のどのような場面や事物が選択的に描かれ、どのような方向に経験が省察されていくのかに違いが生じることになる。第 8 章で取りあげた事例についても、環境のリアリティに省察が向けられるのではなく、意味付与の内省的な過程に省察が向けられることによって、事例の記述の仕方やそこから得られる理解が変わってくる。保育実践研究では、記述者が自身の依拠する概念的な枠組みに自覚的であり、かつそれを明示することが重要であると言えるだろう。

終章
生活のなかで日常を超えるエコロジカル・アプローチ
──保育における「出会われていない環境」の探求と自己変容

　ここまで記述してきた環境との出会いは、私自身の自己変容、そして保育実践の変容の契機となるものであった。「ありふれた／共通の環境（common environment）」への視点を変えることは、自己の知覚を組みなおし、新たな仕方で世界と出会う保育実践を導くことになる。エコロジカル・アプローチに基づく保育実践研究は、環境の経験を記述し、それを他の保育実践者と共有することで、それぞれの保育実践者が「そこにある」環境の経験を更新するための道具となる。環境は、個人がそれぞれの生活のなかで、それぞれの仕方で日常を超えていくメディアであり、そのリアリティを共有することが可能な共通の資源なのである。

　環境と出会いなおすとき、ありふれた日常は異なる色彩を帯びた経験へと変容する。終章では、日常（routine）を「有用性」の原理に基づく思考・行動様式に回収される傾向をもつものであると捉え、生活（life）が日常を超え出ていくことで更新され、その活力を回復するものであることについて論じていく。日常生活における「ありふれたもの」は生成体験のメディアとなることによって、「有用性」のエコノミーに回収されることのない保育実践を生じさせる。保育者と子どもが接する環境が、「そこにある」と同時に、「出会われていない」という事態は、生活のなかで日常を超え出ていく可能性を担保し続けるのである。

235

1. 日常を超えることの教育的意味

（1）生活と日常の関係

　本研究では、日常性への固着を抜け出ることが人間形成にとって不可欠な事象であると捉え、生活のなかにその契機が内在するという立場をとる。以上の立場を明確にするために、矢野智司による「発達としての教育」と「生成としての教育」のフレームを参照しつつ議論を進めていく。

　矢野によれば、教育学の歴史のなかで、「教育」は「自然的存在としての人間」から「文化的・社会的存在としての人間」への移行に関わるものとして理解されてきた［矢野 2000: 15］。「教育」は、人間を文化化・社会化することによって、人間のなかの動物性を否定し、過剰な衝動が暴走しないような秩序を作り出す役割を担ってきたとされた。このような動物性の否定は、バタイユが述べる「労働」のモデルに基づく思考と行動の様式を導くこととなる。人間は「教育」のプロセスのなかで即時的・直接的な欲求の実現を否定するようになり、未来のために現在の欲求を断念することによって、世界を秩序立てる思考と行動の様式を身につけていく。「労働」のモデルにおいては、世界はあらかじめ予測可能・利用可能なものであり、日常は「有用性」の原理によって動かされていくことになる。

　このような思考や行動の様式は、自然的所与への従属を打ち破る点で人間の成長にとって欠かせないものであった一方、新たな形での従属を作り出すこととなった。「有用性」の原理が支配する日常では、物はすべて労働のための材料・手段となり、世界は手段 − 目的関係に分裂することとなる。そして、人間は他者や自分自身をも、事物の秩序の一部として扱うようになり、野生のもつ内奥性の次元、無秩序でありながら生命性に溢れる生の次元への接点を失っていく。言い換えれば、世界を手段としてみることの代償として、人間が世界へと溶け込み一体となる、生の全体性が失われていくのである［同書: 31］。

　子どもの生きる世界は、手段 − 目的関係によって捉えることのできるものだけではない。遊びのなかで子どもは「有用性」の枠組みを超えた自由な喜

びを生き、世界と自己との溶解を体験する。そのような、意味を語ることのできない内的体験をもつことでこそ、人間が人間として存在することができる。バタイユが述べるように、人間化のモーメントと「脱」人間化のモーメントという両義的な運動のなかで変容することに人間存在の秘密があるのである［同書 : 38］。

　人間がこのような矛盾的存在であり、人間形成が両義的なプロセスであるにもかかわらず、今日の学校教育の論理は子どもの有用な能力を発達させることを目的とする「発達としての教育」に偏ったものとなっている［矢野 2008: 123］。「有用性」のフレームから捉えられる子どもの育ちは、客観的に観察され、分析され、量的に評価され得る能力の発達である。このような能力の発達が不可欠なものであるにしても、教育という営みが手段−目的関係のみに回収されることで、生の全体性が見失われ、世界との十全なコミュニケーションによって育つ子どもの在りようを否定するシステムが構築されていくこととなる。

　矢野が「遊び」、「動物絵本を読むこと」、「ボランティア活動」など、様々な活動のなかに生成体験を見出しているように、教育のメディアの分析は、「発達」の次元のみに回収できない教育の奥深さを浮き彫りにする［矢野 2002、2006、2008］。それは学校で行われる教育に限らず、生活に内在する教育についても同様である。人が育つ上で、「日常」や「発達」をかたちづくる思考と行動の様式を超え出る、「生成としての教育」を欠かすことはできない[1]。

（2）生成体験のメディアとしての「ありふれたもの」

　「有用性」に基づく思考様式に回収される日常を脱しない限り、保育実践もまた「発達」の論理に回収されることとなる。しかし、生活のなかには、日常のエコノミーを超え出ていく通路を見出すことができるはずであり、保育学にはその道を照らしだす責任があるはずである。

　矢野による子どもの生成体験のメディアの分析は、「生成としての教育」が教育実践のなかでいかに体現されるのかを具体的に示すものである。たとえば、星座図というメディアは、発達の論理にもとづく"学習"のメディア

とも、生成の論理に基づく"体験"のメディアともなり得る。宮沢賢治の『銀河鉄道の夜』の冒頭、授業のなかで使用される星座図は科学的宇宙観の学習のメディアとして用いられている。一方、同じ星座図は、ジョバンニにさまざまな獣や蛇や魚が織りなす物語を呼び起こし、宇宙とのつながりのコスモロジーを生きさせるメディアともなっている［矢野 2008: 17］。ある物が「非-知の体験」を引き起こすとき、その物は生成体験のメディアとして出会われることになるが、『銀河鉄道の夜』における星座図のように、すべての道具や教具は原理的な可能性において、意味に回収され得ない出来事を生み出すメディアとなり得るのである［矢野 2014: 10］。

　今井康雄が述べるように、教育においてメディアは、教育する側の意図を直接に実現するのではなく、屈折して接続しなおし、当初の意図とは異なった作用を全体として引き起こすような回路を構築している［今井 2004: 36］。つまり、教育者の意図と無関係ではないが、その意図を超え出て経験や体験を引き起こす作用をもつのがメディアの特性である。教育の営みを「有用性」の論理に回収することなく、なおかつ教育実践に結びつくかたちで論じていくためには、さまざまな教材がもつメディアとしての回路と作用を分析していくことが有効であると言えよう。

　メディアの分析は、自然科学が分析の対象を取り出し、その対象に安定的に存在する性質を析出していくような方法でなし得るものではない。矢野が述べるように、道具や物がそのままメディアとなるのではなく、メディアは［技術-身体-道具］の連環をなしている［矢野 2014: 37-42］。生成体験のメディアを実践的に捉えていく上では、人間-環境のトランザクションが体験を生み出すプロセスを記述し、メディアがメディアとして立ち現れる瞬間を具体的に可視化する必要がある。

　本研究が記述してきた環境は、このような生成体験のメディアを具体的に示したものであるということができる。私自身を変容させ、子どもたちにとってもなんらかの重要な変化をもたらしたと感じられた環境との出会いを記述することは、メディアを通した生成の教育を明確に志向するものである。しかし、一方で、生成体験のメディアを記述しようとする試みは、メディアを体験の再生産のための「手段」に還元する危険も抱えている。体験

それ自体は言語化し得ず、一回性の性質をもつものであるが、その体験が生み出されるプロセスを対象化して認識しようとすることは、体験を操作可能なものとして「有用性」のエコノミーに回収することになりかねない。このような危険性を避けながら、それでも生成の教育を志そうとするのであれば、メディアの記述が、実践の文脈から読まれたときに生じる意味について考察する必要があるだろう。

2. 環境との出会いの記述がメディアとなるとき

リードの生態学的経験科学が生成体験のメディアの記述理論となり得るのは、「アフォーダンス」という概念が、個人が単独では知覚することができない環境の「意味」や「価値」の存在を明らかにする可能性をもっているためである。ギブソンが述べるように、アフォーダンスは私たちがそれを見出すかどうかにかかわらず、「知覚されるかもしれないもの」としてそこにある［Gibson 1979: 139］。いいかえれば、私たちは多様な「意味」や「価値」に取り囲まれて生活しているが、それらの多くに気づいていない。そのような環境の「意味」や「価値」が、強い印象を伴って他者との関わりのなかで出会われるとき、自己の知覚を組みなおす生成体験が生じるように思われる。

たとえば、通勤や通学で道を急ぐ人々にとって、道端の水たまりは「くつを濡らす」という意味を持った環境であり、「歩行を妨げる」というネガティブな「価値」（アフォーダンス）を持った環境であるといえるだろう。しかし、道端で遊ぶ子どもにとって、同じ「くつを濡らす」という意味は、楽しさを伴うポジティブな「価値」をもつものとして知覚されるかもしれない。さらに、水たまりをじっと見つめる別の子どもにとって、水たまりは「空を流れる雲を映す」環境として知覚されることもあり得るだろう。水たまりがアフォードする遊びの楽しさに、大人たちは気づくことなく通り過ぎていく。水たまりに映される雲の美しさは、「そこにある」にもかかわらず気づかれることがない。

終章　生活のなかで日常を超えるエコロジカル・アプローチ

　しかし、もし行き交う人々のなかのひとりがふと立ちどまり、水たまりを見つめる子どもの目線の先に流れる雲を見つけたとき、どのようなことが起こるだろうか。その人は普段通いなれた道の上に、新鮮な世界を見出すことができるかもしれない。そのときの水たまりは、移動を妨げるネガティブな環境から、「見つめる」だけの「価値」をもつポジティブな環境に転換するのではないか。このとき、子どものアフォーダンスの知覚（環境との出会い）は、大人のアフォーダンスの知覚（環境との出会い）を変容させる契機となっている。環境には、特定の個人の視点のみによっては捉えることのできないアフォーダンスが潜在しており、私たちは他者の知覚を通してその環境の「意味」や「価値」を知るのである。

　このように「自分は気づいていなかったが、他の誰かが気づいていた価値」に気づくとき、ときに「世界の区切り方を変える」［矢野 2000: 84］ような、根本的な世界観の変容が生じることがあり得る。ある人が、「そこにあった」にもかかわらず気づくことができなかった環境に出会ったとき、その人にとって、出会いのあとの「そこにある」環境は、今までの環境と同じではない。この変化は、環境知覚の仕方の変化を示しているのであり、自己と世界の関係が組み替えられることを意味している。もちろん、それは頻繁に起こるような出来事ではないだろうが、「水たまり」というありふれた環境はときとして生成体験＝自己変容のメディアとなり得るのである[2]。

　他者の環境知覚との決定的な差異に気づくことで、ありふれた環境は全く異なる「価値」をもって出会われる。そして、その出会いの記述によって明らかにされる生成体験のメディアは、それが「ありふれたもの」であることによって、それを読む者の身体にとって妥当する可能性を担保している。記述された環境のリアリティは、「私の周りにもあるかもしれないもの」として共有されるのである。

　「出会われていない環境」のリアリティは、他の保育者の生活のなかではたらくことによって「保育者−環境−子ども」の関係性の変容をもたらしうるものとなる。メディアの記述を読んだ保育者がそのリアリティに共感するとき、具体的な保育実践のなかに、「子どもは気づいているが保育者は気づいていない環境の価値」の可能性、あるいは「保育者は気づいているが子ど

もは気づいていない環境の価値」の可能性が入りこむことになる。保育者の生活の側から言えば、「出会われていない環境」のリアリティは、保育者が、「そこにあるもの」「ありふれたもの」と出会いなおすかもしれないという予感をもたらすのである。記述は保育者の生活において継承されることで、異なる時間、異なる場所での環境との出会いの種となる。このとき、記述は経験を共有し再構成するメディアとなり、「出会われていない環境」のリアリティは、保育者が自らの生活において自己と世界との関係性を変容させるメディアとなっているのだ。

　リードは、デューイが経験を共有することを経験の再構成の運動のなかに位置づけたことを引き継ぎ、アフォーダンスの記述を経験の成長の科学として位置づけた。「出会われていない環境」の記述は、記述者自身の生成体験を超えて、他の保育実践者がそのリアリティを確証していくプロセスに置かれることによって、新たな出会いをもたらすメディアとなり得るのである[3]。

3.「出会わせようとする」ことの陥穽

　記述は経験を共有し、次の実践に働くものである。しかし、記述された環境を対象化し、手段化することは出会いという生成体験を日常性のエコノミーへと引き戻してしまう危険を常に抱えている。出会いは保育者の能動的な探索であると同時に偶然性に貫かれており、予測や制御を超えたものである。実践の立場から言えば、記述によって共有された環境を現実化しようと意図すること、つまり、子どもをして何かに「出会わせよう」とすることは、逆に子ども自身の出会いを妨げることになりかねない。

　特に第9章で明らかにした「気づかれていない命」の概念は、より良い実践を目指す探求のなかで、そのような出会いを狙って引き起こそうとする意識を働かせやすいという問題がある。それは保育者としての私自身にとっても同様であり、大きな反省をもたらすこととなった。ここで私自身が、「気づかれていない命」との出会いを意図的に引き起こそうとした事例の記述を

通して、そのような意図の陥穽について述べておきたい。

　以下のエピソードは、私がこども芸術大学を退職して半年ほど経ったある日、こども芸術大学に遊びに行ったときのエピソードである。

エピソード：芋虫に出会わせようとする　2011年11月10日

　リズム遊びが始まる前、私はカズキ、ルイ、タカコと一緒に階段わきの草むらで遊んでいた。4人で山の方に散歩に行こうと歩き出したとき、私は道端の木から芋虫がぶら下がっているのを見つけた。「あ、芋虫！」と言うと、子どもたちも「ほんとだ！」と言って立ち止まり、しばらく木からぶら下がる芋虫を眺めていた。私はこのとき「気づかれていない命」についての論文を構想していたこともあり、ふと「この芋虫ともっと深く出会えるのではないか」という気持ちが起こってきた。そこで、芋虫と遊んでみようと思い、「ふーっ」と芋虫に息を吹きかけてみた。すると、ぶらさがった芋虫がぶらぶらと揺れ始める。私がそれを見て「ぶらんこみたいやな」と言うと、カズキとルイも同じように息を吹きかけはじめた。芋虫はぶらんこのように揺れ続ける。タカコははじめその輪に加わろうとしていたが、息をふきかけることはせず、しばらく黙ってその様子を見ていた。そして、ふと「……芋虫が目回ってるよ」とつぶやいた。私は、この言葉にはっと息をのみ、なにかタカコと芋虫に対して申し訳ないような気持ちが起こってきた。そして、タカコに「ほんまや」と答え、「ごめんな、芋虫さん」とつぶやいた。カズキとルイは何も言わなかったが、芋虫に息をかけるのをやめ、再び山の方に歩きはじめた。タカコは、一番後ろで少し芋虫を眺めてから、「でも顔はあんまりかわいくないね」と言って散歩の列に戻ってきた。

　私は芋虫を見つけたとき、「もっと深く芋虫と出会えるのではないか」と考え、息を吹きかけるという仕方で芋虫に働きかけた。しかし、実際にやってみるとしばらくして「何か違う」という感じも漠然と湧き上がってきた。ルイとカズキも私の真似をして息を吹きかけてみたものの、それほど面白がっている様子はなかったようであった。

終章　生活のなかで日常を超えるエコロジカル・アプローチ

　このときタカコは、おそらく芋虫と最も直接に向き合い、その何か違う感じを「目が回っている」という言葉で私たちに伝えてくれたのだろう。このとき「生きているもの」としての芋虫と深く出会っていたのは、芋虫と関わろうと働きかけた私たちでなく、自分は息を吹きかけることなく、その様子を見ていたタカコだったのである。「でも顔はあんまりかわいくないね」という不思議なタカコの言葉を、私ははじめ、タカコが私たちの遊びを妨げてしまった申し訳なさから、場をなごますために表現した言葉なのかもしれないと考えていた。しかし、この出来事を改めて記述しなおしてみたとき、タカコはこのとき本当に芋虫の「顔」と向き合っていたのかもしれないと思われてきた[4]。

　本エピソードは、生きているものと「出会おう」とする気持ちや「出会わせようとする」気持ちが、むしろ生きているものとの出会いの可能性を狭めてしまうことがあることを端的に示している。「もっと深く出会えるのではないか」という思考は、出会いの経験を生み出そうという意図が介入した世界の見方を生み出す。その意図は、たとえそれが「深い自然体験」を目指すものであり、動物とともに遊ぶ生成体験を目指すものであったとしても、世界を対象化する「有用性」に基づいた視線を生み出しているのである。世界をどこまでも手段にしていくこのような思考と行為の様式によって、命との新たな出会いが生じることはない。出会いは偶然性に貫かれて到来するのであり、生成体験を意図的に引き起こすことはできないのだ。

　しかし、タカコと私の視点の差異が私の気づきを促したように、環境のリアリティは多元的な視点を得ることで常に確証と修正を繰り返していく。私自身とは異なる視点から見た世界が共有されることで、私自身の知覚は再構成され、自己は変容する。変容の契機は外部から到来するものであり、変容は〈他なるもの〉とのコミュニケーションを通してなされるものなのである。

243

4. 保育環境への姿勢

　環境との出会いを記述し、共有することは、「生成としての教育」の可能性を探求する契機となり得る。しかし、そのような探求もまた、知覚を手段−目的的枠組みに回収する陥穽ととなり合わせになっている。このジレンマについて、メディアの記述を読む保育者の立場から考えるとき、保育者としての「私」はどのように振る舞えばよいと言えるのだろうか。

　より良い保育実践の探求は、身の回りに「出会われていない環境」が存在し、「そこにあるもの」が、今自分が見ているものとは異なる「意味」や「価値」をもって経験される可能性があり得るということを「気に留める姿勢」をもつことによって可能になる。

　第Ⅲ部で示してきたメディアの記述を「有用性」の枠組みをもって読んだとき、「砂」はコミュニケーションの手段として、「みんなにとってのその子」は集団を維持するための手段として、「野菜」や「馬」は命の教育の手段として捉えられることとなる。しかし、環境が手段としてのみ捉えることができないのは、環境の「意味」と「価値」が出来事の偶然性に貫かれて出会われるためである。矢野が述べるように、メディアは［技術−身体−道具］の連環をなすものであり、メディアがメディアとなり得るのかどうかは実践の状況に左右されている。「砂」は子どもとの関係変容をもたらす手段なのではなく、「砂」が関係変容のメディアとなるような瞬間が到来するのだ。環境との出会いの記述は、教育実践に普遍的な手段を与えるものではなく、教育実践のなかで必要とされる、臨機応変な瞬時の判断に働く経験を再構成していくものだと捉えることができるだろう[5]。

　メディアがメディアとして立ち現れるとき、その第1の条件となっているのは、手段としての環境への関心ではなく、そのときの保育における子どもへの関心である。「ヒロシの気持ちを良い方向にもっていってあげたい」という関心がなければ、「みんなにとってのヒロシ」がメディアとなることはなかった。「マイとつながりたい」という関心がなければ、「砂」がメディアとなり得ることはなかった。「子どもが今体験していること」に関心がなけ

終章　生活のなかで日常を超えるエコロジカル・アプローチ

れば、「野菜」や「馬」はメディアとなることがなかった。このような子ども
もへの関心を前提として、保育者は試行錯誤を行っているのである。

　そして、第2の条件となるのが環境の探索である。私が「マイとつながり
たい」からこそ、そのきっかけになる媒体を求めて探索したように、「環境
にはたらきかけることで状況を変え得るのではないか」という予感が実践を
助けることがある。しかし、常に変化と偶然性を伴う状況の内で、環境は必
ずしも保育者の意図どおりに「使う」ことができない。子どもへの関心を第
一として環境を探索するなかで、予期せぬかたちで実践を変容させる環境の
「意味」や「価値」が出会われることになる。その意味で環境との出会い
は、能動性と受動性の間で実現するのである。

　この試行錯誤と探索の在り方を、「出会われていない環境」の可能性を
「気に留める姿勢」として言い表すことができる。それは、子どもたちへの
より良い関わり方を探求するなかで、メディアとしての可能性に満ちた環境
を、意識のフリンジに置いておく姿勢であると言い換えることができるかも
しれない。環境の可能性を気に留めておくことは、環境を意図の実現の手段
にするのでもなく、環境を通した保育に無関心でいるのでもない、環境に異
なる「意味」や「価値」を見出す予感を備えて実践に臨むことを示してい
る。

　第7章のエピソードで示した事例については、「みんなにとってのその子」
を気に留めることによって、「環境としての子ども」を手段にするのでもな
く、「主体性のジレンマ」にとらわれることもない方向が示されていた。「み
んなにとってのその子」のリアリティは、あらかじめ保育者の意図によって
作られたものではなく、実践に固有の偶然性に貫かれた状況のなかで出会う
ものなのである。「気づかれていない命」との出会いとその陥穽についての
事例もまた、「命」に向き合う姿勢の在り方を示すものである。「出会わせよ
うとする」姿勢では「生きているもの」は手段化されたかたちで知覚される
ことになるし、その一方で、第9章で示されたような「生きているもの」に
無関心でいることができない教育的場面もあり得る。環境を「気に留める姿
勢」は、その状況のなかに、何か「出会われていない」意味や価値があるの
ではないかという意識をもちながら試行錯誤を行うことにつながるのであ

245

終章　生活のなかで日常を超えるエコロジカル・アプローチ

る。

　「そこにある」が、「出会われていない」環境は、生活のなかに潜在している。そしてそのような生成体験のメディアとしての環境は、有用性の枠組みに回収することができない。「環境を通した保育」において操作可能な環境を構成するというのは、「環境」の一側面であり、構成することのできない環境もまた、保育にとって重要な実在である。環境が操作不可能である側面をもつことを認めること、実践の場面で言えば「そこにあるもの」が「出会われていない」かもしれないという予感をもつことは、保育者として決してネガティブな事態ではない[6]。むしろ単一の視点に回収することのできない環境の価値を認め、多様なかたちで知覚される環境の価値について探求することが教育実践にとって重要であるといえるだろう[7]。子どもとともに生活を送る保育者は、自らの周りのありふれた環境の価値が、単独の視点からは知り尽くし得ないことを「気に留める姿勢」によって、「生成としての教育」に開かれていくことができるのである。

5. 私自身にとっての保育環境のリアリティ

　本研究は、私自身が保育者として自らの実践を振り返り、次の実践へ向かう者としての立場から記されてきた。本研究における「保育者は……である」という書き方は、私自身を指し示すものであり、私自身の未来の実践へ向かう生の過程として記されたものである。この書き方は、ときに読む側に尊大な印象を与えてきたかもしれず、また保育者の理想的な在り方を説くような印象を抱かせてきたかもしれない。

　本研究は、私自身の省察（過去の実践とその意味についての省察、および省察様式についての理論的・体系的記述）によって、私自身が経験した保育の生態（エコロジー）についての探求を、「エコロジカル・アプローチ」として体系化しようとするものであった。ここで私が「保育者」を代表して語ろうと試みるとき、それは私が私自身に望む「保育者」像を意味することで、尊大さを持たざるを得なかった。スタンリー・カベルが自己についての

終章　生活のなかで日常を超えるエコロジカル・アプローチ

哲学のなかで示したように、尊大に（arrogant）書かれたものは、問いただされること（interrogation）によって、「私たち」という言葉の代表性を確証していくものである［Cavel 1996=2008: 37］。その意味で、ここに記された保育のリアリティは未だ検証の過程にある。カベルが述べるように、「代表性をもちながら生きようとするならば、人は同時に自らの有限性を注視しなければならず、自分を超えるものを銘記しなければならない」［*Ibid.*, p.31］。「エコロジカル・アプローチ」は、私自身が「気づかなかったもの」についての考察であり、今後も「気づかれずにいるもの」の可能性について論じたものであることによって、その論点を継承する可能性をもたらしている。

　私自身が経験し、ここに記したエピソードはすでに数年前のものであり、「省察」と言うにはかなりの時間が経ったものである。この数年間、私自身が保育の場に立っていないことも加味すれば、日々の実践に追われる保育者にとって、このような数年にわたる「省察」が現実的なものではないことは明らかである。それでもなお、本研究が保育者としての立場で書かれなければならなかったのは、ここで記述されたエコロジカルな環境が、無人称の環境ではなく、あくまで保育に関わる個人にとっての環境を指すものであり、私自身の生きたエコロジーについてそのまま記す必要があったためである。一人称の立場から書かれることなしに、「エコロジカル・アプローチ」は成立しない。

　冒頭の事例で示した問い、すなわち「白く輝く木の葉のリアリティ」が保育にとって欠かすことのできない意味をもつのではないかという問いは、「あの葉が今もあの場所で輝いているかもしれない」という可能性を気に留めることが、保育という営みのなかでのリアリティとして重要なものであるという結論に至った。それはあなたが今この文章を読んでいるそのときに、世界のどこかで「木の葉」が誰にも気づかれることなく輝いているかもしれないというリアリティであり、次にあなたが園で子どもたちと会うときに、あなた方の上で「木の葉」が輝いているかもしれないことのリアリティである。このリアリティが気に留められるとき、ふと空を見上げてみたくなることはないだろうか。

　繰り返すが、保育者は潜在する環境の「意味」や「価値」に出会わなけれ

247

ばいけないのではない。ただ、「そこにあるもの」が発する可能性に耳を澄ませることが、子どもとともに生きるなかで、世界と新たな仕方で出会う力になるのである。

注
1）現代の教育学には、生活や体験それ自体がもつ価値を原理的に位置づけつつ、実践と有機的に結びつく理論の構築が求められると言える［上野・永田・大村 2013］。

2）このような世界の組み替えを導くものとして、矢野は「ソクラテス的対話」を挙げ、ソクラテスの対話が共同体の外部からそれを侵犯する「贈与の一撃」となることを明らかにしている［矢野 2000: 86］。「出会っていなかったがそこにあった環境」の可能性は、常に自己の外部にある〈他なるもの〉として実在する。そしてその環境が他者にとって核心的価値をもつものであったことを知るとき、このような外部性の一撃が生じるのであろう。「そこにある」環境が常に「出会われていない」可能性をもつことを意識するとき、環境は自己の外部で無限化しているといえる。

3）齋藤は、プラグマティズムを従来の道具主義、科学主義、楽観主義といった固定した批判の枠組みから解放するために、デューイの思想をカベルによる「エマソンの道徳的完成主義」と対話させることで、デューイの思想を批判的に再構築している［齋藤 2009］。保育者としての私が出会う環境のリアリティは、「達成されたと同時に未完成である完成」［同書: 12］として更新されていくものであり、この実践的経験は最終的な終点をもつことがない。環境のリアリティの批判的再検討が行われることが、記述者にとっても、記述を読む者にとっても、保育の生活のなかで達成され続けていく「終わりなき成長」に通じる道なのである。

4）第3章で述べたように、レヴィナスはことばを語る者としての人間の顔について論じたが、ここでもまた人間以外の動物との応答関係が問題になっている。動物や植物が他者としてことばを語ることを認める環境観・自然観に、人間中心主義を超えていく新たな意義を見出していくことは可能であろう。近年このような環境観・自然観の問いなおしが、環境人文学と呼ばれる分野において進められている［野田・山本・森田 2017］。

5）教師はそのつどの具体的状況のなかで、その状況にふさわしい教育的行為を判断しなければならないが、このことは「教育的タクト」の問題として、理論的・実践的に研究されている［徳永 2004、村井 2015］。

6）ポール・スタンディッシュは、合目的性に基づく「合理的－断定的思考様式」に対する「受容的－応答的思考様式」の重要性について述べ、手段－目的関係のエコ

終章　生活のなかで日常を超えるエコロジカル・アプローチ

ノミーを抜け出す際に働くこととなる「慎み深さ」の徳について論じている
［Standish 1992=2012: 60-68］。

7）環境との多様な出会いが保育者にとって重要であるという主題は、保育者養成研
　究にも結びつくものである。笠原広一は、この点について「アート・ベースド・ア
　プローチ」の観点から検討しており、保育者を目指す学生が環境の意味や価値を探
　求する授業の在り方について多くの示唆を与える［Kasahara 2015］。本研究で提示し
　た主題が保育者養成においてもつ意味について検討することは今後の課題である。

249

文献一覧

秋田喜代美　2014　「保育学研究が子どもたちの未来につながるために」『保育学研究』第 52 巻 1 号　3-4 頁

――――・増田時枝・安見克夫　2006　『保育内容「環境」』みらい

綾屋紗月・熊谷晋一郎　2008　『発達障害当事者研究――ゆっくりていねいにつながりたい』医学書院

生田久美子・北村勝朗編　2011　『わざ言語――感覚の共有を通しての「学び」へ』慶應義塾大学出版会

石倉卓子　2012　「幼児の育ちに必要な園庭環境の検討――表現行為を可能にする自然材と道具の関係性」『保育学研究』第 50 巻 3 号　18-28 頁

石野秀明　2003　「関与観察者の多様な存在のありよう――保育の場での子どもの「育ち」を捉える可能性を探り当てる試み」『発達心理学研究』第 14 巻 1 号　51-63 頁

伊藤邦武　2013　「プラグマティズムとギブソン」佐々木正人編『身体――環境とのエンカウンター』東京大学出版会

井上美智子　2003　「幼児期の自然とのかかわり――いままでは」『発達』96　42-46 頁

――――　2012　『幼児期からの環境教育――持続可能な社会にむけて環境観を育てる』昭和堂

今井康雄　2004　『メディアの教育学――「教育」の再定義のために』東京大学出版会

――――　2015　「教育にとってエビデンスとは何か――エビデンス批判を超えて」『教育学研究』第 82 巻 2 号　188-201 頁

入江重吉　2010　『ダーウィンと進化思想――人間論からのアプローチ』昭和堂

岩崎純一　2009　『音に色が見える世界――「共感覚」とは何か』PHP 研究所

岩下誠　2016　「イギリス啓蒙主義期の教育思想」眞壁宏幹編『西洋教育思想史』慶應義塾大学出版会

岩本廣美・平賀章三・前田喜四雄・上野由利子・竹内範子・木村公美・山田祐子・長谷川かおり・石田晶子・山口智佳子　2007　「自然素材を活かした幼児の感性を高める保育実践の研究――土・砂との触れ合いを中心に」『教育実践総合センター研究紀要』第 16 巻　159-167 頁

文献一覧

上野景三・永田誠・大村綾　2013　「生活体験学習研究の理論的到達点を探る」『生活体験学習学会誌』第 13 号　1-20 頁

上野ひろ美・片山紀子　1996　「子どもの相互主体関係を育てる実践的研究の視座」『奈良教育大学紀要』第 45 巻 1 号（人文・社会）　91-103 頁

魚津郁夫　2006　『プラグマティズムの思想』筑摩書房

宇田川久美子　2004　「『自閉症児の心の世界』への参入と統合保育における共生の可能性――『モノ的世界』と『ヒト的世界』の橋渡しを手がかりとして」『保育学研究』第 42 巻 1 号　59-70 頁

内井想七　2009　『ダーウィンの思想――人間と動物のあいだ』岩波書店

榎沢良彦　2001　「津守保育論と愛育養護学校」『発達』88　25-32 頁

―――　2004　『生きられる保育空間』学文社

―――・入江礼子　2006　『シードブック 保育内容環境』建帛社

大倉得史　2008　『語り合う質的心理学――体験に寄り添う知を求めて』ナカニシヤ出版

大野歩・真鍋健・岡花折一郎・七木田敦　2010　「幼稚園における非日常的な体験とその意味について――幼児たちはどのようにゴーリーと出会うか」『保育学研究』第 48 巻 1 号　48-57 頁

岡花祈一郎・杉村伸一郎・財満由美子・松本信吾・林よし恵・上松由美子・落合さゆり・山元隆春　2009　「『エピソード記述』による保育実践の省察――保育の質を高めるための実践記録と保育カンファレンスの検討」『学部・附属学校共同研究紀要』第 37 巻　229-237 頁

岡本理子　2010　「幼児期における自然体験の環境教育的意義の一考察――秋田・森の保育園の事例から」『桜美林論考 自然科学・総合科学研究』第 1 巻　39-48 頁

小川博久　1976　「いかなる意味で教育学は科学でありうるか――ザンコフの『教授学』を事例として」『東京学芸大学紀要 1 部門』第 27 巻　107-121 頁

―――　2000　『保育援助論』生活ジャーナル

―――　2016　「保育を支えてきた理論と思想」日本保育学会編『保育学とは――問いと成り立ち』東京大学出版会

奥谷浩一　2004　『哲学的人間学の系譜――シェーラー、プレスナー、ゲーレンの人間論』梓出版社

加賀裕郎　2009　『デューイ自然主義の生成と構造』晃洋書房

椛島香代　2005　「乳幼児の活動意欲を育てる保育環境――身近な「ヒト」「モノ」とのコミュニケーションを通して」『文京学院大学研究紀要』第 7 巻 1 号　139-148 頁

木田元　1970　『現象学』岩波書店

―――　1991　『現代の哲学』講談社

———— 2004 『哲学と反哲学』岩波書店

杵渕俊夫 1975 「デューイにおける教育理論の哲学的基礎——知識（思考）の
人間化をめぐって」『教育哲学研究』第 32 巻 19-35 頁

木下寛子 2017 「雰囲気が言葉になる時」『質的心理学研究』第 16 号 191-210
頁

鯨岡峻 1986 『心理の現象学』世界書院

———— 1999 『関係発達論の構築』ミネルヴァ書房

———— 2002 「ゲシュタルト心理学——現象学と人間科学としての心理学」
渡辺恒夫・村田純一・高橋澪子編『心理学の哲学』北大路書房

———— 2005 『エピソード記述入門——実践と質的研究のために』東京大学
出版会

———— 2007 『保育のためのエピソード記述入門』ミネルヴァ書房

———— 2015 「『接面』からみた人間諸科学」小林隆児・西研編『人間科学
におけるエヴィデンスとは何か』新曜社

倉橋惣三 2008（1926）『幼稚園雑草』フレーベル館

———— 2008（1934）『幼稚園真諦』フレーベル館

———— 2011（1949）「保育学の本領」『日本保育学会会報』第 150 号 1 頁

莱原昭徳 1991 「幼児と自然環境との関わり——身近な散歩コースにおける 3
才児と自然との出会い」『山口大学教育学部研究論叢（第 3 部）』第 41 巻
255-272 頁

厚生労働省 2017 『保育所保育指針』フレーベル館

河野哲也 2001 「ギブソンとメルロ゠ポンティ」『現代思想』第 29 巻 17 号
286-298 頁

———— 2003 『エコロジカルな心の哲学——ギブソンの実在論から』勁草書
房

郷康広・颯田葉子 2009 『環境を〈感じる〉——生物センサーの進化』岩波書
店

子安増生 2006「幼児教育の現場におけるパーティシペーション」『心理学評論』
第 49 巻 3 号 419-430 頁

西條剛央 2002 「母子間の「横抱き」から「縦抱き」への移行に関する縦断的
研究——ダイナミックシステムズアプローチの適用」『発達心理学研究』第 13
巻 2 号 97-108 頁

齋藤直子 2009 『〈内なる光〉と教育——プラグマティズムの再構築』法政大
学出版局

佐伯胖 2001 『幼児教育へのいざない——円熟した保育者になるために』東京
大学出版会

———— 2007 「人間発達の軸としての『共感』」佐伯胖編『共感——育ち合

う保育のなかで』ミネルヴァ書房
──────　2013　「子どもを『人間としてみる』ということ──ケアリングの3
　次元モデル」子どもと保育総合研究所編『子どもを「人間としてみる」という
　こと──子どもとともにある保育の原点』ミネルヴァ書房
境愛一郎　2012　「『境』としてのテラスは幼児にとってどのような場所である
　のか」『保育学研究』第50巻3号　309-319頁
阪本英二・木下寛子　2013　「隠れた質が存在するところ──『質的研究』再開
　のための論考」『質的心理学フォーラム』第5巻　48-56頁
佐々木正人　1994　『アフォーダンス──新しい認知の理論』岩波書店
──────　2005　『ダーウィン的方法──運動からアフォーダンスへ』岩波書店
──────　2013　「意図・空気・場所──身体の生態学的転回」佐々木正人編
　『身体──環境とのエンカウンター』東京大学出版会
──────・村田純一　1994　「アフォーダンスとは何か」『現代思想』第22巻13
　号　262-293頁
笹田玲子　2007　「幼児が自然とかかわるための援助について」『弘前大学教育
　学部研究紀要クロスロード』第11号　39-48頁
佐藤郁哉　1992　『フィールドワーク──書を持って街へ出よう』新曜社
佐藤将之・西出和彦・高橋鷹志　2004　「遊び集合の移行からみた園児と環境に
　ついての考察──園児の社会性獲得と空間との相互関係に関する研究その2」
　『日本建築学会計画系論文集』第575号　29-35頁
佐藤学　2001　「人間・津守真──祈りの心理学へ、希望の保育者へ」『発達』
　88　2-6頁
汐見稔幸・村上博文・松永静子・保坂佳一・志村洋子　2012　「乳児保育室の空
　間構成と"子どもの行為及び保育者意識"の変容」『保育学研究』第50巻3号
　64-74頁
汐見稔幸　2016　「子育てと保育」日本保育学会編『保育学とは──問いと成り
　立ち』東京大学出版会
柴崎正行　1997　「わが国において保育学はどのように探求されてきたか」『東
　京家政大学研究紀要』第37集（1）　139-145頁
柴崎正行・森上史朗　2000　『環境』東京書籍
柴山真琴　2006　『子どもエスノグラフィー入門──技法の基礎から活用まで』
　新曜社
荘司雅子　1990　『幼児教育の思想』玉川大学出版部
杉万俊夫　2009　「人間科学における主観的言説の重要性」『集団力学』第26巻
　1-13頁
菅野文彦　1988　「G.S.ホールの教育思想の成立──自然科学の進展と反復説」
　『西洋教育史研究：東京教育大学外国教育史研究室年報』第17巻　53-73頁

文献一覧

鈴木晶子　2005　「教育的まなざしの誕生」住田正樹・鈴木晶子『教育文化論——人間の発達・変容と文化環境』放送大学教育振興会
染谷昌義　2005　「生態心理学の革命性」『現象学研究年報』第 21 巻　13-23 頁
————　2017　『知覚経験の生態学——哲学へのエコロジカル・アプローチ』勁草書房
高林朋恵・藤野友紀　2002　「保育実践に迫るための方法論を求めて——城戸幡太郎と倉橋惣三における保育実践観を手がかりに」『北海道大学大学院教育学研究科紀要』第 86 巻　165-177 頁
高山静子　2014　『環境構成の理論と実践——保育の専門性に基づいて』エイデル研究所
立浪澄子　2004　「どう教える？『木は生きている』——子どもの内面形成に関心を寄せ続ける保育者の姿」『保育学研究』第 42 巻 1 号　51-58 頁
津守真　1980　『保育の体験と思索——子どもの世界の探求』大日本図書
————　1987　『子どもの世界をどうみるか——行為とその意味』日本放送出版協会
————　1989　『保育の一日とその周辺』フレーベル館
————　1997　『保育者の地平——私的体験から普遍に向けて』ミネルヴァ書房
————　1999　「保育研究転回の過程」津守真・本田和子・松井とし・浜口順子『人間現象としての保育研究（増補版）』光生館
————　2002　「保育の知を求めて」『教育学研究』第 69 巻 3 号　357-366 頁
鶴見俊輔　1991　『鶴見俊輔集 2　先行者たち』筑摩書房
徳永正直　2004　『教育的タクト論—実践的教育学の鍵概念』ナカニシヤ出版
中島寿子・山口雅史　2003　「幼稚園の中で好きなところは？——子どもの視点から園環境を考える試み」『西南女学院短期大学研究紀要』第 49 号　51-61 頁
中田基昭　1997　『現象学から授業の世界へ——対話における教師と子どもの生の解明』東京大学出版会
————　2003　「教育実践とその記述的解明」中田基昭編『重障児の現象学——孤立した生から真の人間関係へ』川島書店
————　2011　『子どもの心を探る——豊かな感受性とは』創元社
中坪史典・久原有貴・中西さやか・境愛一郎・山元隆春・林よし恵・松本信吾・日切慶子・落合さゆり　2011　「アフォーダンスの視点から探る『森の幼稚園』カリキュラム」『広島大学学部附属学校共同研究機構研究紀要』第 39 巻　135-140 頁
中村雄二郎　1992　『臨床の知とは何か』岩波書店
西平直　2005　『教育人間学のために』東京大学出版会
野島智司　2012　『ヒトの見ている世界　蝶の見ている世界』青春出版社

文献一覧

浜口順子　2014　「平成期幼稚園教育要領と保育者の専門性」『教育学研究』第81巻4号　448-459頁

浜田寿美男　1993　『発達心理学再考のための序説』ミネルヴァ書房

原寛道　2006　「子どもの集団遊びの展開と環境構成のあり方──保育の現場における自由遊びを例として」『保育学研究』第44巻2号　167-177頁

廣松渉　1989　『表情』弘文堂

藤井真樹　2010　「保育の場における関与観察者の存在の意味を探る──ある園児に投げかけられた言葉をめぐる考察から」『保育学研究』第48巻2号　123-132頁

藤永保　1995　『発達環境学へのいざない』新曜社

眞壁宏幹　2016　「『教育的世界』の誕生──コメニウス教育思想」眞壁宏幹編『西洋教育思想史』慶應義塾大学出版会

槇英子　1998　「幼児の表現活動を支援する保育環境の構成──物的環境構成の実践と理論」『保育学研究』第36巻2号　16-24頁

牧野篤　2015　「分配から生成へ、または省察的関係論的視点へ──教育学のエビデンスを問うために」『教育学研究』第82巻2号　287-298頁

増田時枝・秋田喜代美　2002　「『生き餌』理解にみる5歳児の生命認識」『乳幼児教育学研究』第11号　53-60頁

松井愛奈　2017　「保育環境における想定外の使い方と遊びの発展──2歳児から4歳児までの3年間の縦断的検討」『保育学研究』第55巻2号　64-72頁

松井とし　1999　「観察者的役割と保育者的役割と」津守真・本田和子・松井とし・浜口順子『人間現象としての保育研究（増補版）』光生館

松本光太郎　2005　「高齢者の生活において外出が持つ意味と価値──在宅高齢者の外出に同行して」『発達心理学研究』第16巻3号　265-275頁

南博文　1994　「経験に近いアプローチとしてのフィールドワークの知──embodied knowing の理論のための覚え書き」『九州大学教育学部紀要（教育心理学部門）』第39巻1号　39-52頁

────　2006　「環境との深いトランザクションの学へ──環境を系に含めることによって心理学はどう変わるか？」南博文編『環境心理学の新しいかたち』誠信書房

箕浦康子　1999　『フィールドワークの技法と実際──マイクロ・エスノグラフィー入門』ミネルヴァ書房

宮田まり子　2013　「3歳児の積み木遊びについて──行為と構造の変化に着目して」『保育学研究』第51巻1号　50-60頁

宮野安治　1996　「教育の現象学に寄せて」和田修二編『教育的日常の再構築』玉川大学出版部

無藤隆　2009　『幼児教育の原則──保育内容を徹底的に考える』ミネルヴァ書

房
──────　2013　『幼児教育のデザイン──保育の生態学』東京大学出版会
本川達雄　1992　『ゾウの時間　ネズミの時間──サイズの生物学』岩波書店
元良勇次郎　1898　「祝辞」『児童研究』第 1 巻 1 号
森上史朗　1987　「保育への人間科学的アプローチ」『保育の科学』ミネルヴァ
　　書房
──────　1998　『幼児教育への招待──いま子どもと保育が面白い』ミネル
　　ヴァ書房
──────　2001　「津守保育論に学ぶ」『発達』88　33-41 頁
──────・今井和子・田中泰行・高杉自子・後藤節美・渡辺英則　1997　『環境
　　を通しての保育とは』フレーベル館
森田尚人　1986　『デューイ教育思想の形成』新曜社
──────　1992　「ダーウィン進化論と発達概念の転換（上）」『教育学論集』第
　　34 巻　125-145 頁
──────　1994　「ダーウィン進化論と発達概念の転換（中）」『教育学論集』第
　　36 巻　173-198 頁
──────　2000　「ダーウィン進化論と発達概念の転換（下）」『教育学論集』第
　　42 巻　125-139 頁
文部科学省　2017　『幼稚園教育要領』フレーベル館
──────　2008　『幼稚園教育要領解説』フレーベル館
村井尚子　2015　「教師教育における『省察』の意義の再検討──教師の専門性
　　としての教育的タクトを身につけるために」『大阪樟蔭女子大学研究紀要』第
　　5 巻　175-183 頁
野田研一・山本洋平・森田系太郎　2017　『他者としての自然』勉誠出版
八杉竜一　1969　『進化論の歴史』岩波書店
柳沢昌一　2011　「実践と省察の組織化としての教育実践研究」『教育学研究』
　　第 78 巻 4 号　423-438 頁
矢野智司　1995　『子どもという思想』玉川大学出版部
──────　1996　『ソクラテスのダブル・バインド──意味生成の教育人間学』
　　世織書房
──────　2000　『自己変容という物語──生成・贈与・教育』金子書房
──────　2002　『動物絵本をめぐる冒険──動物-人間学のレッスン』勁草書
　　房
──────　2006　『意味が躍動する生とは何か──遊ぶ子どもの人間学』世織書
　　房
──────　2008　『贈与と交換の教育学──漱石、賢治と純粋贈与のレッスン』
　　東京大学出版会

文献一覧

――――　2014　『幼児理解の現象学――メディアが開く子どもの生命世界』萌
　文書林
山崎徳子　2010　「『みんなの中の私』という意識はいかに育つか――自閉症の
　ある中学生の自己意識の変容の事例から」『保育学研究』第48巻1号　23-35
　頁
山﨑高哉　1996　「教育学と現象学との対話――その軌跡と展望」和田修二編
　『教育的日常の再構築』玉川大学出版部
山田恵美　2011　「保育における空間構成と活動の発展的相互対応――アクショ
　ンリサーチによる絵本コーナーの検討」『保育学研究』第49巻3号　20-28頁
やまだようこ・サトウタツヤ・南博文編　2001　『カタログ現場心理学――表現
　の冒険』金子書房
山根薫子・恩藤芳典　1989　「幼児の自然についての体験に関する分析的研
　究――3歳児の事例」『中国短期大学紀要』第20巻　121-136頁
山本一成　2008　「挑戦可能な環境の発見」　九州大学提出修士論文
――――　2015　「教育哲学の言語と教師の言語による対話を通した「別の仕方
　での教育」――『自己を超えて』が提示する「沈黙」の教育実践をめぐって」
　『臨床教育人間学』第13号　23-30頁
山本敏子　2013　「教育実践と人間理解――倉橋惣三の児童研究論に学ぶ」『駒
　澤大学教育学研究論集』第29巻　25-45頁
湯川嘉津美　2016　「保育という語の成立と展開」日本保育学会編『保育学と
　は――問いと成り立ち』東京大学出版会
横井紘子　2006　「保育における『遊び』の捉えについての一考察――現象学的
　視座から『遊び』理解の内実を探る」『保育学研究』第44巻2号　189-199頁
横山洋子　1998　「子どものことばが生まれる背景としての空間――ことばの視
　点からの保育場面の考察」『保育学研究』第36巻2号　38-44頁
吉村香・吉岡晶子・柴崎正行　2001　「保育における子どもの主体性と保育者の
　環境構成――選択の構造をめぐって」『乳幼児教育学研究』第10巻　21-31頁
渡辺恒夫　2002　「心理学の哲学とは何か」渡辺恒夫・村田純一・高橋澪子編
　『心理学の哲学』北大路書房
和田修二　1982　『子どもの人間学』第一法規
――――　1988　「後近代と教育の復活」和田修二・山﨑高哉編『人間の生涯と
　教育の課題――新自然主義の教育学試論』昭和堂

Adolph, K.E., Joh, A.S. & Eppler, M.A.,　2010　Infants' perception of affordances of
　slopes under high- and low-friction conditions.　*Journal of Experimental
　Psychology: Human Perception and Performance*, 36, 797-811.
Agamben, G.,　2002　*L'aperto: L'uomo e l'animale*, Trino: Bollati Boringhieri.= 2011

岡田温司・多賀健太郎訳『開かれ——人間と動物』平凡社

Bateson, G., 1955 The message 'this is play.' In B. Shaffer (ed.) *Group Processes*, New York: The Macy Foundation.

——— 1972 *Steps to an Ecology of Mind: A Revolutionary Approach to Man's Understanding of Himself*, New York: Ballantine Books.=2000 (1990) 佐藤良明訳『精神の生態学（改訂第2版）』新思索社

——— 1979 *Mind and Nature*, New York: Brockman.=2006 (2001) 佐藤良明訳『精神と自然（改訂版）』新思索社

Bollnow, O.F., 1965 *Die Anthropologische Betrachtungsweise in der Pädagogik*, Essen: Neue Deutsche Schule Verlagsgesellschaft mbH.=1977 岡本英明訳『教育学における人間学的見方』玉川大学出版部

Branch, G.M., 1979 Aggression by limpets against invertebrate predators. *Animal Behaviour*, 27 (2), 408-410.

Buber, M., 1923 *Ich und Du, Zwiesprache*, Gütersloh: Gütersloher Verlagshaus.=1979 植田重雄訳『我と汝・対話』岩波書店

Cavell, S., 1972 *The Senses of Walden*, Chicago: The University of Chicago Press.=2005 齋藤直子訳『センス・オブ・ウォールデン』法政大学出版局

——— 1996 *A Pitch of Philosophy: Autobiographical Exercises*, Cambridge: Harvard University Press.=2008 中川雄一訳『哲学の〈声〉——デリダのオースティン批判論駁』春秋社

Cobb, E., 1977 *The Ecology of Imagination in Childhood*, New York: Columbia University Press.=1986 黒坂三和子・滝川秀子訳『イマジネーションの生態学』思索社

Darwin, C., 1964 (1859) *On the Origin of Species by Charles Darwin: A Facsimile of the First Edition*, Cambridge: Harvard University Press.=2009 渡辺政隆訳『種の起源（上）』光文社

Derrida, J., 1987 *De l'esprit: Heidegger et la Question*, Paris: Galilée.=2010 港道隆訳『精神について——ハイデガーと問い』平凡社

——— 2006 *L'animal que donc je suis*, Paris: Galilée.=2014 鵜飼哲訳『動物を追う、ゆえに私は（動物で）ある』筑摩書房

Dewey, J., 1910 *The influence of Darwin on Philosophy and Other Essays in Contemporary Thought*, New York: Henry Holt and Company.

——— 1917 The need for a recovery of philosophy. In *Creative Intelligence: Essays in the Pragmatic Attitude*, New York: Henry Holt and Company.

——— 1920 *Reconstruction in Philosophy*, New York: Henry Holt and Company.=1968 清水幾太郎・清水禮子訳『哲学の改造』岩波書店

——— 1976 (1900) *The School and Society*, In *John Dewey the Middle Works*,

Vol.1, Carbondale: Southern Illinois University Press.=1998　市村尚久訳『学校と社会』講談社

───── 1984（1929）　The source of a science of education. In *John Dewey the Later Works*, Vol. 5, Carbondale: Southern Illinois University Press.

───── 1988（1938）　*Experience and Education*. In *John Dewey the Later Works*, Vol.13, Carbondale: Southern Illinois University Press.=2004　市村尚久訳『経験と教育』講談社

───── 2004（1916）　*Democracy and Education（Dover edition）*, New York: Dover Publications.=1975　松野安男訳『民主主義と教育』岩波書店

───── & Bentley, A.F., 1949　*Knowing and the Known*, Boston: Beacon Press.

Fesmire, S., 2012　Ecological imagination and aims of moral education through the Kyoto School and American Pragmatism. In Standish, P. & Saito, N.（eds.）*Education and the Kyoto School of Philosophy*, Dordrecht: Springer, 109-130.

Flick, U., 1995　*Qualitative Forschung*, Hamburg: Rowohlt Taschenbuch Verlag GmbH.=2000　小田博志・山本則子・春日常・宮地尚子訳『質的研究入門──人間科学のための方法論』春秋社

Fogel, A., 1993　*Developing through Relationships: Origins of Communication, Self and Culture*, Chicago: University of Chicago Press.

Gibson, J.J., 1950　*The Perception of the Visual World*, Cambridge: The Riverside Press.=2011　東山篤規・竹澤智美・村上嵩至訳『視覚ワールドの知覚』新曜社

───── 1966　*The Senses Considered as Perceptual Systems*, Boston: Houghton Mifflin Company.=2011　佐々木正人・古山宣洋・三嶋博之監訳『ギブソン生態学的知覚システム──感性をとらえなおす』東京大学出版会

───── 1979　*The Ecological Approach to Visual Perception*, Boston: Houghton Mifflin Company.=1985　古崎敬・古崎愛子・辻敬一郎・村瀬旻訳『生態学的視覚論──ヒトの知覚世界を探る』サイエンス社

───── 1982　*Reasons for realism*, London: Lawrence Erlbaum.=2004　境敦史・河野哲也訳『ギブソン心理学論集──直接知覚論の根拠』勁草書房

Giorgi, A., 1970　*Psychology as a Human Science: A Phenomenologically Based Approach*, New York: Harper & Row.=1980　早坂泰次郎監訳『現象学的心理学の系譜』勁草書房

Heft, H., 2001　*Ecological Psychology in Context: James Gibson, Roger Barker, and the Legacy of William James's Radical Empiricism*, London: Lawrence Erlbaum.

Hall, G.S., 1907　The Contents of Children's Minds on Entering School. =1968　岸本弘・岸本紀子訳「新入学児の心的内容」『子どもの心理と教育』明治図書出版

Heidegger, M., 1983 *Die Grundbegriffe der Metaphysik*, Frankfurt: Vittorio Klostermann.=1998 川原栄峰・セヴェリン・ミュラー訳『形而上学の根本諸概念——世界‐有限性‐孤独』創文社

Husserl, E., 1954（1936） *Die Krisis der europäischen Wissenschaften und die transzendentale Phänomenologie*, Haag: Marnius Nijhoff.=1974 細谷恒夫・木田元訳『ヨーロッパ諸学の危機と超越論的現象学』中央公論新社

Ingold, T., 2011 *The Perception of the Environment*, New York: Routledge.

James,W., 1892 *Psychology, Briefer Course*, New York: Henry Holt and Company.=1992 今田寛訳『心理学（上）（下）』岩波書店

———— 1912 *Essays in Radical Empiricism*, New York: Longmans.=2004 伊藤邦武編訳『純粋経験の哲学』岩波書店

———— 1995（1907） *Pragmatism（Dover edition）*, New York: Dover Publication.=1957 桝田啓三郎訳『プラグマティズム』岩波書店

———— 2009（1899） On a certain blindness in human beings. In *On a Certain Blindness in Human Beings*, London: Penguin Books.

Kant, I., 1923（1803） *Pädagogik*, Berlin: Reimer.=1959 清水清訳『人間学・教育学』玉川大学出版部

Kasahara, K., 2015 How students learn an arts-based approach to early childhood education. *Critical Approaches to Arts-Based Research: Special Edition of UNESCO Observatory Multi-Disciplinary Journal in the Arts*, 5（1）1-26.

König, E., 1975 *Theorie der Erziehungswissenschaft: Wissenschaftstheoretische Richtungen der Pädagogik*, München: Wilhelm Fink Verlag.=1980 クラウス・ルーメル、江島正子訳『教育科学理論——教育学における科学理論の動向』学苑社

Kohn, E., 2014 *How Forests Think: Toward an Anthropology Beyond the Human*, Oakland: The Regents of the University of California.=2016 奥野克巳・近藤宏監訳『森は考える——人間的なるものを超えた人類学』亜紀書房

Langeveld, M.J., 1958 Disintegration and Reintegration of Pedagogy. *International Review of Education*, 4（1）, 51-66.=1966 和田修二訳「教育学の解体と再統合」『教育の人間学的考察』未来社

———— 1959 *Kind und Jugendlicher in anthropologischer Sich*, Heidelberg: Eine Skizze.=1966 和田修二訳「子供の人間学」『教育の人間学的考察』未来社

———— & Danner, H., 1981 *Methodologie und "Sinn" - Orientierung in der Pädagogik*, München: Ernst Reinhardt Verlag.=1989 山﨑高哉監訳『意味への教育——学的方法論と人間学的基礎』玉川大学出版部

Lévinas, E., 1961 *Totalité et Infini: Essai sur l'extériotité*, La Haye: Martinus Nijhoff.=2005, 2006 熊野純彦訳『全体性と無限（上）（下）』岩波書店

Lombard, T.J., 1987 *The Reciprocity of Perceiver and Environment: The Evolution* of *James Gibson's Ecological Psychology*, London: Lawrence Erlbaum.=2000　古崎敬・境敦史・河野哲也監訳『ギブソンの生態学的心理学――その哲学的・科学史的背景』勁草書房

Mayr, E.,　1991　*One Long Argument: Charles Darwin and the Genesis of Modern Evolutionary Thought*, Cambridge: Harvard University Press.=1994　養老孟司訳『ダーウィン進化論の現在』岩波書店

Meillassoux, Q.,　2006　*Aprés la finitude: Essai sur la nécessité de la contingence*, Paris: Seuil.=2016　千葉雅也・大橋完太郎・星野太訳『有限性の後で――偶然性の必然性についての試論』人文書院

Meltzoff, A. & Moore, J.,　1977　Imitation official and manual gestures by human neonates. *Science*, 198, 75-78.

Merleau-Ponty, M.,　1964　*L'œil et l'esprit*, Paris: Gallimard.=1966　滝浦静雄・木田元訳『眼と精神』みすず書房

Noddings, N.,　1992　*The Challenge to Care in Schools: An Alternative Approach to Education*, New York: Teachers College Press.=2007　佐藤学監訳『学校におけるケアの挑戦――もうひとつの教育を求めて』ゆみる出版

Pascalis, O., Haan, M. & Nelson, C.A.,　2002　Is face processing species-specific during the first year of life?, *Science*, 296, 1321-1323.

Peirce, C.S.,　1960（1877）　How to make our ideas clear. In *Collected Papers of Charles Sanders Peirce*, Vol. 5, Cambridge: Belknap Press.=1980　上山春平訳『パース・ジェイムズ・デューイ』中央公論社

Popper, K.R.,　1984　*Auf der Suche nach einer besseren Welt*, München: R. Piper GmbH & Co.=1995　小河原誠・蔭山泰之訳『よりよき世界を求めて』未来社

Putnam, H.,　1990　*Realism with a Human Face*, Cambridge: Harvard University Press.

————　1995　*Pragmatism: An Open Question*, Cambridge: Blackwell.=2013　高頭直樹訳『プラグマティズム――限りなき探求』晃洋書房

————　1999　*The Threefold Cord: Mind, Body, and World*, New York: Columbia University Press.=2005　野本和幸監訳　関口浩喜・渡辺大地・入江さつき・岩沢宏和訳『心・身体・世界――三つ撚りの綱／自然な実在論』法政大学出版局

————　2012　From quantum mechanics to ethics and back again. In De Caro, M. & Macarthur, D.（eds.）*Philosophy in an Age of Science: Physics, Mathematics, and Skepticism*, Cambridge: Harvard University Press.

Reed, E.S.,　1978　Darwin's evolutionary philosophy: the laws of change. Acta Biotheoretica, 27（3-4）, 201-235.=2001　細田直哉訳「ダーウィン進化論の哲学――変化の諸法則」佐々木正人・三嶋博之編『アフォーダンスの構想――知覚研究の生態心理学的デザイン』東京大学出版会

———— 1988 *James J. Gibson and the Psychology of Perception*, London: Yale University Press.=2006　佐々木正人監訳　柴田崇・高橋綾訳『伝記ジェームズ・ギブソン——知覚理論の革命』勁草書房

———— 1996a *Encountering the World: Toward an Ecological Psychology*, Oxford: Oxford University Press.=2000　細田直哉訳・佐々木正人監修『アフォーダンスの心理学——生態心理学への道』新曜社

———— 1996b *The Necessity of Experience*, London: Yale University Press.=2010 菅野盾樹訳『経験のための戦い——情報の生態学から社会哲学へ』新曜社

———— 1997 *From Soul to Mind: The Emergence of Psychology, from Erasmus Darwin to William James*, London: Yale University Press.=2000　村田純一・染谷昌義・鈴木貴之訳『魂から心へ——心理学の誕生』青土社

Rogoff, B., 2003 *The Cultural Nature of Human Development*, Oxford: Oxford University Press.=2006　當眞千賀子訳『文化的営みとしての発達——個人、世代、コミュニティ』 新曜社

Scheler, M., 1927 *Die Stellung des Menschen im Kosmos*, Bonn: Bouvier Verlag.= 2012　亀井裕・山本達訳『宇宙における人間の地位』白水社

Schmuckler, M.A., 2001 What Is Ecological Validity? A Dimensional Analysis, *INFANCY*, 2（4）, 419-436.

Schön, D.A., 1983 *The Reflective Practitioner: How Professionals Think in Action*, New York: Basic Books.=2001　佐藤学・秋田喜代美訳『専門家の知恵——反省的実践家は行為しながら考える』ゆみる出版

Shusterman, R., 1997 *Practicing Philosophy: Pragmatism and the Philosophical Life*, London: Routledge.=2012　樋口聡・青木孝夫・丸山恭司訳『プラグマティズムと哲学の実践』世織書房

Standish, P., 1992 *Beyond the Self: Wittgenstein, Heidegger and the limits of language*, Avebury: Aldershot.=2012　齋藤直子訳『自己を超えて——ウィトゲンシュタイン、ハイデガー、レヴィナスと言語の限界』法政大学出版局

———— 2001 Ethics before equality: Moral education after Levinas.=2012　齋藤直子訳「平等に先立つ倫理——レヴィナスに続く道徳教育」『自己を超えて——ウィトゲンシュタイン、ハイデガー、レヴィナスと言語の限界』法政大学出版局

———— & Saito. N., 2014 Hilary Putnam interviewed by Naoko Saito and Paul Standish. *Journal of Philosophy of Education*, 48（1）, 1-27.

Storli, R. & Hagen, T.L., 2010 Affordances in outdoor environments and children's physically active play in pre-school. *European Early Childhood Education Research Journal*, 18（4）, 445-456.

Van Manen, M., 1990 *Researching Lived Experience: Human Science for an Action*

Sensitive Pedagogy, London: The University of Western Ontario.=2011　村井尚子訳『生きられた経験の探究――人間科学がひらく感受性豊かな〈教育〉の世界』ゆみる出版

Viveiros de Castro, E.,　2005　Perspectivism and Multinaturalism in Indigenous America. In *The Land Within: Indigenous Territory and the Perception of Environment*, Copenhagen: Iwgia.=2016　近藤宏訳「アメリカ大陸先住民のパースペクティヴィズムと多自然主義」『現代思想』第44巻5号　41-79頁

Von Uexküll, J.,　1921　*Umwelt und Innenwelt der Tiere*, Berlin: Verlag von Julius Springer.=2012　前野佳彦訳『動物の環境と内的世界』みすず書房

──────　& Kriszat, G.,　1970（1934）　*Streifzüge durch die Umwelten von Tieren und Menschen*, Frankfurt am Main: Fischer Verlag.=1973　日高敏隆・野田保之訳『生物から見た世界』思索社、=2005　日高敏隆・羽田節子訳『生物から見た世界』岩波書店

Walker, A., & Gibson, E.J.,　1986　What develops in bimodal perception? In Lipsitt, L. & Rovee-Collier, C.（eds.）*Advances in Infancy Research*（Vol. 4; pp.171-181）, NJ: Ablex.

あとがき

　保育の仕事は忙しい。朝、誰もいない園庭をほうきで掃くことから始まり、子どもたちとのにぎやかな生活を終えたら、すっかり日の沈んだ教室で、ひとり次の日の保育の準備にいそしむ。帰路につくときは、自転車をゆったりとこぎながら、その日あった子どもたちとの出来事を想い浮かべる。気がつけば家に着き、ふっとベッドに倒れ込むと、一瞬で深いまどろみの世界が到来し、目が覚めると時計の針は深夜を指している。そんな生活を送っていたように思う。

　子どもたちから溢れ出るエネルギーの渦に巻きこまれながら送る日々は、充実感に満ちたものであった。しかし、その一方で、子どもたちとともに出会っているひとつひとつの素敵な出来事が、駆け抜けていく日々のなかで、置き去りにされてしまっているような印象も覚えていた。私は、保育のなかで出会った大切な出来事の意味を、もっと言葉にしたい。そう感じたとき、私は保育の仕事を退職し、臨床教育学を学ぶために大学院に入りなおした。

　2017 年に京都大学に提出した博士論文「保育環境における意味と価値の探求──保育実践へのエコロジカル・アプローチ」は、私が保育のなかで出会った出来事への長い長い省察の結果であり、それに加筆・修正を加えることで、本書が生まれることになった。

　思えばずいぶんと遠いところに来てしまった気がするが、子どもたちと一緒に過ごしたあの山は、今でもずっとあの場所にどっしりと構えていて、新しくやってきた小さな子どもたちを迎えている。そう思うと、私自身があの場所で生きた時間のリアリティが蘇り、長い時間をかけて言葉にしてきた探

265

あとがき

求が無駄でなかったようにも感じてくる。ただし、それは私自身がそう感じているにすぎないことで、そのような環境の実在／リアリティについての記述が、この世界で何らかの意味を伝えていってくれるものになるかどうかは、読者の批判に委ねられなければならないだろう。

本書が生まれるにあたり、お世話になった方々への感謝を記したい。まず、私自身の経験を研究として書きおこし、発表することを許してくださった京都造形芸術大学こども芸術大学、Ｌ保育所の皆さまにお礼を申し上げたい。このような素晴らしい場所で、多くの人に出会えたおかげで、私は様々なことを学び成長することができた。特に京都造形芸術大学こども芸術大学校長田中洋一先生には、私が在職中は上司として多くのご指導を賜り、本書のカバー写真の選定にもご協力いただいた。退職のことを相談した際、私の人生のことを第一に考え、温かく背中を押してくださったことが、今でも心に焼き付いている。また、保育者として働いている間に出会った子どもたちに感謝したい。共に笑い、共に泣き、たくさんのことを私に教えてくれた。小さかった彼らも今ではきっと立派な若者に成長しているであろう。

保育の現場で得た経験の意味を考え続け、それを論文にするという作業は非常に困難なものだった。手探りで研究を続けるなかで、臨床教育学講座の仲間と出会えたことは大きな刺激となった。これからも一緒に学び続けていきたいと願っている。また、臨床教育学講座の西平直先生、齋藤直子先生には、研究を進めるにあたり貴重なアドバイスをいただいた。他に類を見ない優れた環境で学ぶことができたことを本当に幸福に思う。

本書の発想の多くは、エドワード・リードの『アフォーダンスの心理学——生態心理学への道』から得られたものである。広範な知識を駆使して大作を著したリードとともに、監修者である佐々木正人先生、翻訳者である細田直哉先生に敬意を表したい。心理学を学んでいた学部生時代、細田先生の丁寧で温かみのある訳文に、吸い込まれるようにして読みふけったことを覚えている。この本に出会えなければ私の人生は変わっていただろう。

また、京都大学からいただいた若手研究者出版助成のおかげで、本書が日の目をみることができた。出版に際しては、九州大学出版会の奥野有希氏に多大なサポートをいただいたことにも感謝したい。

あとがき

　博士論文の主査をしていただいた矢野智司先生は、何度も丁寧に原稿に目を通し、厳しいながらも温かい眼で見守り、論文の完成を支えてくださった。超えることのできない背中を追いながら、これからも研究に努めていきたい。

　最後に、研究の道で生きていくことを支えてくれた両親と、いつも私を支えてくれる家族に、心からの感謝を伝え、本書の結びとしたい。

2018 年 12 月 3 日

山本一成

索　引

あ行

アガンベン　39, 47

アスペクト　4, 10, 16, 162-163, 167, 169, 173-175

アフォーダンス　4-5, 51, 119-120, 122-123, 137-145, 150, 154-157, 161, 163, 169-178, 180, 185-186, 203-205, 227-230, 239-241

ありふれた（もの）　2, 6, 11, 13, 152-154, 161, 163, 176, 201, 203, 205, 210, 225, 231, 235, 237

意味

「意味」　4-7, 10-13, 109-110, 120, 137-138, 141-144, 149-151, 154, 156-157, 161, 173, 196, 203-205, 207-210, 213, 217, 220, 226-227, 229-231, 239-240, 244-245, 247

意味作用　9, 12, 89, 103, 106-108, 175, 227

意味付与　9-11, 47, 62, 89, 99-109, 215, 227, 230

充たされざる意味　13, 184, 187-189, 194-196, 203-209, 213, 219-220, 224

エコノミー　6-7, 105, 108, 235, 237, 239, 241

エコロジカル・アプローチ　4-13, 62, 79, 109-110, 117, 161, 190, 198, 226-232, 235, 246-247

榎沢良彦　96, 100, 202, 211

か行

確証　4, 151, 155, 161, 167-173, 226, 241, 243

「価値」　4-7, 10-13, 109-110, 120, 137-138, 141-144, 149-157, 161, 173, 204-205, 208-210, 213, 217, 226-227, 229-231, 239-240, 244-245, 247

環境

生きられた環境　3, 8-11, 20, 25-26, 34, 36, 39-40, 48, 59-63, 67, 75, 78, 109, 156, 228

環境としての子ども　189, 197, 245

環境との出会い　5-7, 11, 13, 85, 102, 108, 120, 144, 151, 153, 155, 202-203, 210, 227-229, 238-241, 244-245

環境（を）構成（する）　3, 13, 58, 75-76, 176, 201, 203, 214, 231, 246

環境を通した保育　2-4, 9, 72-78, 201-202, 209-210, 227, 231, 245-246

共通の環境　110, 173, 235

生態学的環境　6, 63, 151, 153, 247

出会われていない環境　7, 13, 108, 229, 240-241, 244-245

間接知覚論　162-166

気づかれていない命　221, 225-226, 231, 241-242, 245

気に留める（姿勢）　13, 226, 244-247

機能主義的　34-40, 48

機能（的）　10, 19, 25, 30-40, 60-62, 117, 120-121, 125-128, 132, 155, 227-228

客観主義　67-75, 78-79, 82-85, 92, 95-96,

99, 109, 119

教育的状況　9, 44, 46, 48, 59-63, 75

共有可能（性）　6, 10, 63, 120, 162, 167, 169, 210, 227, 231

偶然性　6-7, 77-78, 80, 86, 232

鯨岡峻　39, 96-102, 111, 134, 136, 232

経験

　生きられた経験　11, 77, 84-85, 89, 92-94, 98, 102, 109, 119, 146, 155, 163, 227, 229, 231

　経験の共有　11, 150-154, 156, 161

　生態学的経験科学　4, 10-12, 20, 110, 137-138, 156, 161, 173, 184, 213, 227-228, 239

現象学　9-12, 45, 48, 63, 78, 81, 84-85, 89-109, 116-122, 128, 132, 140, 227-228, 233

さ行

佐伯胖　77, 84, 114, 158

佐々木正人　37-39, 135, 139, 170

ジェームズ　10, 49-51, 60, 65, 69, 85, 110, 121, 125-126, 131-132, 135, 137-138, 146-149, 153, 159, 161-163, 165-169, 172, 176-177

シェーラー　8-9, 19-20, 40-46, 50, 61

自己変容　7, 13, 235, 240

実在

　共通の実在　10, 64, 161-169, 172-175

　自然な実在論　161-174

　実在／リアリティ　2-7, 11, 99, 102, 109-110, 127-128, 131-132, 142-149, 151-155, 161-163, 166-169, 172-175, 196-197, 203, 208, 213, 217-226, 228-231, 233

　実在論　5, 10, 51, 89, 103, 109-110, 161-174, 211

実際的　125-129, 132-133, 166, 172

省察　2, 4, 6, 10-12, 54-57, 59, 81-82, 99, 101-102, 109-110, 117-118, 133-134, 190, 197-198, 227, 233, 246-247

情報　5, 120, 139-144, 150-152, 157, 170, 185, 188, 203-204, 228

生活

　生活　6-7, 9, 11, 52, 74-75, 77-78, 82-85, 118, 141-144, 152-154, 156-157, 163, 168-169, 176, 231, 235-237, 240-241, 246

　生活への愛　152-154

生成体験　231, 235, 237-241, 243, 246

生態想像力　220

成長　9-11, 27, 51-52, 55-59, 131, 137, 149-152, 154-157, 173, 182, 241

世界

　意味世界　2, 69-70, 100, 108, 145

　外部世界　162, 164

　経験世界　12, 133, 138, 145, 148-149, 152, 154-156, 173-174, 176, 226

　生活世界　89-98, 100, 118-119

潜在　5, 7, 12-13, 51, 122, 135, 170-175, 188-189, 196, 201, 203, 205, 208-210, 213, 215, 219, 221, 224-226, 228-231, 240, 246-247

相互作用　15, 19, 37, 40, 50-62

促進行為場　184-187, 194-196

そこにある（もの）　6, 11, 13, 109, 161, 163, 166-169, 172-175, 213, 221, 225-230, 235, 239-241, 244, 246, 248

た行

ダーウィン　8-9, 19-28, 37-41, 48-53, 60-63, 68-71, 79, 138, 147

他なるもの　7, 45, 107-109, 230, 243

魂　49, 51, 145-149, 153

探求　4-7, 10-14, 62, 83, 109-110, 117, 127-132, 137-138, 149-150, 155-156, 161-

269

163, 168-169, 173-175, 226-229

直接知覚（論）　10, 63, 120, 137, 139, 167, 169-173

津守真　72, 79-84, 95, 111, 135-136, 162

適応　21-29, 36-37, 52-57, 60-61, 143, 185, 187

デューイ　8-10, 20, 27, 49-60, 62, 69, 71, 110, 121, 124-131, 133, 138, 150, 153-154, 163, 182-183, 190, 201, 241

デリダ　46, 113-114, 158

トランザクション　6, 9, 15-16, 20, 27, 49, 51, 54-55, 59, 62, 65, 71, 86, 120, 134, 183-184, 227, 238

な行

二元論　50-53, 70-72, 75-76, 91-94, 100, 118-119, 142, 148, 170, 176, 193, 227

は行

パトナム　10, 51, 110, 161-169, 211

表情（的）　10-11, 117-128, 132, 228

フッサール　85, 89-106

プラグマティズム　9-10, 12, 26, 48-49, 51, 59, 63, 109-110, 117, 120-121, 125, 127-128, 131-132, 137-138, 150, 153, 156,

230

保育実践研究　8-12, 82, 89, 109-110, 117-119, 124-134, 138, 155-157, 198, 210, 227, 230, 235

ボルノー　44, 95

ま行

メタ理論　9-12, 60, 62, 67, 78, 83-85, 89, 97, 99-102, 105, 109, 118-121, 137, 156, 228

メディア　59-60, 176, 202, 209-210, 231, 235-241, 244-246

や行

矢野智司　66, 181, 217, 232, 236-240, 244

有用性　76-78, 86, 152, 231, 235-239, 243-244

ユクスキュル　8, 19, 25-42, 45, 48, 52, 60-63, 149, 178

ら行

ランゲフェルト　44, 46, 59, 76, 95

レヴィナス　89, 103-109, 230

〈著者紹介〉

山本 一成（やまもと　いっせい）

1983 年、埼玉県生まれ。九州大学大学院人間環境学府を修了後、京都造形芸術大学こども芸術大学にて芸術教育士として勤務し、保育実践の経験を積む。退職後、京都大学大学院教育学研究科にて博士号を取得（教育学）。現在、滋賀大学教育学部准教授。

保育実践へのエコロジカル・アプローチ
──アフォーダンス理論で世界と出会う──

2019 年 4 月 30 日　初版発行
2023 年 8 月 10 日　初版第 2 刷発行

著　者　山本　一成

発行者　清水　和裕

発行所　一般財団法人　九州大学出版会
　　　　〒 819-0385　福岡県福岡市西区元岡 744
　　　　九州大学パブリック 4 号館　302 号室
　　　　E-mail　info@kup.or.jp
　　　　URL　https://kup.or.jp/
　　　　印刷・製本／シナノ書籍印刷（株）

Ⓒ Issei Yamamoto 2019
Printed in Japan　ISBN978-4-7985-0256-4